Raum und Landwirtschaft 8

Die Zukunft des ländlichen Raumes
– Grundlagen und Ansätze –

VERÖFFENTLICHUNGEN
DER AKADEMIE FÜR RAUMFORSCHUNG UND LANDESPLANUNG

Forschungs- und Sitzungsberichte
Band 66

Die Zukunft des ländlichen Raumes

1. Teil

Grundlagen und Ansätze

Forschungsberichte des Ausschusses „Raum und Landwirtschaft"
der Akademie für Raumforschung und Landesplanung

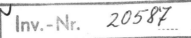

GEBRÜDER JÄNECKE VERLAG · HANNOVER · 1971

Der Forschungsausschuß stellt sich als Ganzes seine Aufgaben und Themen und diskutiert die einzelnen Beiträge mit den Autoren. Die wissenschaftliche Verantwortung für jeden Beitrag trägt der Autor allein.

ISBN 3 7792 50 54 3

Alle Rechte vorbehalten · Gebrüder Jänecke Verlag · 1971

Gesamtherstellung: Gebrüder Jänecke, Druck- und Verlagshaus GmbH, Hannover

Auslieferung durch den Verlag

INHALTSVERZEICHNIS

Zur Einführung

Die Zielvorstellungen zur Entwicklung ländlicher Räume haben in den letzten Jahren entscheidende Veränderungen erfahren. Im Bundesraumordnungsgesetz von 1965 werden noch Ziele verfolgt, wie die Schaffung ausgewogener Wirtschafts- und Lebensverhältnisse in allen Teilen des Bundesgebietes, die wenige Jahre später (1969) vom Beirat für Raumordnung in seiner zweiten Folge von Empfehlungen in dieser Verallgemeinerung nicht mehr aufrechterhalten werden. In Kreisen der Wissenschaft hat sich die Erkenntnis durchgesetzt, daß bei der notwendigen Differenzierung der Zielsetzungen für die einzelnen Räume ein „geordneter Rückzug aus der Fläche" — fälschlich „Passiv-Sanierung" genannt — nicht mehr überall auszuschließen ist. Parallel zu dieser Entwicklung der Zielvorstellungen für die regionale Entwicklung hat man sich im agrarpolitischen Bereich nicht länger der Einsicht verschließen können, daß ein sehr viel weiter gehender Strukturwandel in der Landwirtschaft erforderlich sein wird, weil entwicklungsfähige Betriebe größere Produktionskapazitäten aufweisen müssen, als man es bislang für erforderlich hielt.

Die neuesten Förderungsmaßnahmen der Bundes- und Länderregierungen tragen diesen Erkenntnissen Rechnung. Damit wird eine Fülle von Folgewirkungen ausgelöst, deren Tragweite man weder in der Wissenschaft noch in der Verwaltung oder in der Politik auch nur annähernd übersieht. Diese Aufgabe hat der Forschungsausschuß „Raum und Landwirtschaft" mit vorbereitenden Diskussionen im Frühjahr 1969 aufgegriffen. Mit den vorhergehenden Arbeiten hatte sich dieser Forschungsausschuß bereits den Fragen des Zusammenhanges von regionaler und landwirtschaftlicher Entwicklung zugewandt. In der von ihm gestalteten Veröffentlichung der Akademie für Raumforschung und Landesplanung „Grundlagen und Methoden der landwirtschaftlichen Raumplanung" wurde ein zusammenfassender Überblick über Mittel und Instrumente der Agrarplanung innerhalb der Raumordnung zur Lösung der für den ländlichen Raum dringenden Fragen gegeben. In Raum und Landwirtschaft, Band 6, wurde „der Beitrag der Landwirtschaft zur regionalen Entwicklung" aufgezeigt. Raum und Landwirtschaft, Band 7, enthält eine Darstellung der „Versorgungsnahbereiche als Kleinzentren im ländlichen Raum". In diesen beiden Bänden wurden die aufgegriffenen Fragen in Grundsatzbeiträgen und an typischen Beispielen behandelt.

In Fortführung des einmal gewählten Themenkomplexes ergab es sich fast zwangsläufig, daß sich der Forschungsausschuß nunmehr dem umfassenden, zur Zeit besonders aktuellen Thema der „Zielvorstellungen zur Entwicklung ländlicher Räume" zuwandte. Der ländliche Raum wird dabei nicht isoliert betrachtet. Seine Entwicklung ist nur im Zusammenwirken mit den von ihm umgebenen Verdichtungsräumen, den Randzonen dieser Räume sowie den außerhalb dieser Gebiete liegenden, zentralörtlich bedeutsamen Siedlungsschwerpunkten, den Mittel- und Großstädten im ländlichen Raum, möglich.

In kleinen Arbeitsgruppen aus Mitgliedern des Forschungsausschusses wurde das Programm für das Arbeitsvorhaben erstellt und nach Diskussionen im Forschungsausschuß fortentwickelt. Dabei ergab sich vorläufig ein dreigliedriges Arbeitsprogramm. In der ersten Phase wurden von Mitgliedern und Gästen des Forschungsausschusses grundsätzliche Fragen der Entwicklung des ländlichen Raumes diskutiert. Die wesentlichsten Beiträge aus diesen einleitenden Diskussionen werden in dem vorliegenden Band veröffentlicht. Aufgabe in der zweiten Phase, die bereits eingeleitet wurde, ist es, Kriterien und

Maßstäbe zur Beurteilung der Entwicklung in den verschiedenen Sachbereichen zu erarbeiten. Ein wesentlicher Teil dieser Aufgabe besteht darin, die Interdependenzen zwischen den einzelnen Sach- und Fachbereichen darzustellen. Es soll versucht werden, aufzuzeigen, welche Zielvorstellungen sich für einzelne Typen ländlicher Räume ergeben, wenn eine optimale Abstimmung der Entwicklungsziele für die einzelnen Sach- und Fachbereiche untereinander gelingt. Die dritte Phase wird sich zeitlich mit der zweiten Phase teilweise überlappen müssen. Die aus der Erarbeitung der Kriterien und Maßstäbe für die Entwicklung in den einzelnen Sachbereichen gewonnenen Daten sollen dazu benutzt werden, Modelle für die Entwicklung ländlicher Räume zu erstellen. Mit deren Hilfe soll aufgezeigt werden, wie von Fall zu Fall eine zweckmäßige Abstimmung der Entwicklungsziele für die einzelnen Sach- und Fachbereiche zu erreichen ist, um optimale Gesamtlösungen im Zielsystem für die Entwicklung ländlicher Räume zu ermöglichen.

Die Mitglieder und Gäste des Forschungsausschusses „Raum und Landwirtschaft" gehören verschiedenen Fachdisziplinen an. Dennoch ist der Ausschuß bei der Bearbeitung dieses weitgespannten Themenkreises auf die Zusammenarbeit mit Wissenschaftlern und Praktikern der anderen Forschungsausschüsse der Akademie für Raumforschung und Landesplanung sowie auf die Mitarbeit weiterer interessierter Wissenschaftler angewiesen. Weil eine derartige interdisziplinäre Teamarbeit in der Akademie für Raumforschung und Landesplanung möglich ist, können neue, praktikable Forschungsergebnisse erwartet werden, deren Erkenntnisse der Entwicklung ländlicher Räume zugute kommen sollen.

Göttingen   *Friedrich Riemann*

Zielvorstellungen für die Entwicklung ländlicher Räume

von

Viktor Frhr. v. Malchus, Freiburg i. Br.

Gliederung

I. Einleitung: Entwicklungsziele – ländliche Räume

Weder Wissenschaft noch Verwaltung haben bisher für die künftige Entwicklung ländlicher Räume eine klare Entwicklungskonzeption und Entwicklungsstrategie erarbeiten können (37)*). Dieser Mangel soll nun relativ bald mit Hilfe eines Bundesraumordnungsprogramms und -plans behoben werden (27, S. 657). Bevor jedoch ein derartiges Programm erstellt werden kann, müssen wohl noch vielfältige wissenschaftliche Vorarbeiten geleistet werden, denn für den ländlichen Raum besteht ein eindeutiger Planungsrückstand (39, S. 1). Dieser Beitrag soll in aller Kürze die Entwicklungs- und Zielvorstellungen aufzeigen, die bisher für ländliche Räume erarbeitet wurden und aus denen sich die derzeitigen Leitbilder für raumordnungs- und wirtschaftspolitische Maßnahmen ableiten lassen.

Mit GIERSCH verstehen wir unter gedanklichen Leitbildern oder Entwicklungskonzeptionen Ziel-Mittel-Systeme für eine anzustrebende Raumordnungs- oder Wirtschaftsgestaltung. Eine Entwicklungskonzeption muß ein geschlossener und in sich widerspruchsfreier Zusammenhang von Zielen, Grundsätzen und zielkonformen Institutionen und Maßnahmen sein (36, S. 135). Ist eine derartige Widerspruchsfreiheit nicht gegeben, dann handelt es sich bei den Leitbildern nicht um Entwicklungskonzeptionen, sondern um raumordnungs- oder wirtschaftspolitische Ideologien. Denn rational ist eine Politik nur dann, wenn sie planmäßig auf die Verwirklichung eines umfassenden, wohldurchdachten und in sich ausgewogenen Zielsystems ausgerichtet ist.

Im Gegensatz zu dieser klaren Begriffsbestimmung gibt es noch keine allgemein verbindliche und allseits anerkannte Definition für die Begriffe „ländlicher Raum" oder „Landschaft". Hier wird davon ausgegangen, daß „ländlicher Raum" all die Gebiete umfaßt, die nicht „Verdichtungsräume im engsten Sinne" (Verdichtungskerne) sind, also möglichst auch noch die weiteste Auslegung des Begriffs „Landschaft" mit einschließt, die auch den unbebauten Raum einschließlich der Umweltbedingungen in den bebauten Gebieten mit in die Abgrenzung einbezieht. Ländliche Räume oder Landschaft sind nach unserer Auffassung also auch noch die Grünzonen, die weit in verdichtete Zonen hineinragen, also auch die Puffergrünzonen in den gegliederten, verdichteten Entwicklungsbändern (74). Eine zu enge Auslegung des Begriffs „ländlicher Raum" kann die Ausarbeitung einer Entwicklungskonzeption nur erschweren, wenn nicht sogar — entsprechend der Begriffsbestimmung — unmöglich machen, weil die zumeist aus Zuständigkeitserwägungen abgeleiteten Definitionsversuche widerspruchsfreie materielle Lösungen dieser Aufgabe wohl kaum zulassen.

Die Darstellung der verschiedenen Zielvorstellungen — die in nicht unerheblichem Ausmaß von den wirtschaftspolitischen Systemen, aber auch von Vorurteilen und weltanschaulichen oder interessenbedingten Wunschvorstellungen beeinflußt werden — wird durch Definitionsprobleme allerdings nur im geringen Ausmaße beeinträchtigt. Trotzdem erscheint es notwendig, die speziellen neueren „Zielvorstellungen für die Entwicklung ländlicher Räume" vor dem Hintergrund früherer und sachlich übergeordneter Ideen und Leitbilder zur Ordnung des Raumes zu betrachten.

---

*) Die Zahlen in Klammern verweisen auf die Literaturhinweise am Schluß dieses Beitrages.

II. Ideen zur Ordnung des Raumes

1. Zur Entwicklung der Leitbilder

Das heutige Leitbild der Raumordnung in der Bundesrepublik Deutschland wird häufig — bewußt oder unbewußt — von räumlichen Ordnungs- und Zielvorstellungen mitbestimmt, die in früheren Zeitepochen und wirtschaftspolitischen Systemen tonangebend waren. Diese wirtschaftspolitischen Systeme, wie Merkantilismus, Liberalismus, Interventionismus und Marktwirtschaft, mit ihren verschiedenartigen Ausformungen haben alle bestimmte räumliche Leitbilder provoziert, die praktische Raumordnungs- und Wirtschaftspolitik positiv beeinflußt oder wirken in der Form von Vorurteilen und Wunschvorstellungen, die mit der sozial-ökonomischen Wirklichkeit nichts mehr zu tun haben, bis in unsere Zeit fort.

Die Raumforschung hat sich, wie MEYER-LINDEMANN hervorhebt, im Rahmen der „Standortgestaltungslehre" schon frühzeitig mit den Leitbildvorstellungen für eine regionalwirtschaftliche Raumstruktur befaßt (56, S. 29). Durch sie soll nicht mehr die konkrete räumliche Ordnung der Wirtschaft, die volkswirtschaftliche Standortstruktur, theoretisch durch Standortlehren erklärt werden, sondern sie hat nach seiner Auffassung „die Ziele und Mittel ihrer wirtschaftspolitischen Lenkung zu untersuchen" (2, S. 53). Der Begriff „Standortgestaltungslehre" wird in der neueren Literatur durch die Bezeichnung „Raumordnung" ersetzt (48, S. 26). Man meint damit dann „die Raumordnung im Sinne einer wertbetonten und normativen Ordnungsvorstellung und charakterisiert sie damit als etwas dem Staat (und seinen Gliedkörperschaften) Aufgegebenes" (67, S. 11), die entweder von den freien Kräften des Marktes erstellt (48, S. 26) oder durch aktives und planvolles Ordnen des Raumes, durch „Raumordnungspolitik" (31, S. 11) herbeigeführt wird.

In den meisten Diskussionen und Analysen der Standortlehre und Raumordnungspolitik werden, wie durch die Werturteilsdebatte bekannt (68, S. 191 f.) und es in letzter Zeit insbesondere von GIERSCH erneut herausgearbeitet wurde, positive und normative Aussagen häufig vermengt (36, S. 22 ff.). Dieser Vermengung kann man nur entgehen, wenn versucht wird, die wertbetonten und normativen Ordnungsvorstellungen über die ideale Regionalstruktur, die dem jeweiligen sich ändernden Leitbild einer Raumordnung zugrunde liegen, herauszuarbeiten. Dieser Aufgabe haben sich in neuerer Zeit insbesondere DITTRICH (29; 30; 31), KLOTEN/MÜLLER (48, S. 27 ff.), MÜLLER (59; 60, S. 55 ff.) und JOCHIMSEN/TREUNER (43; 44) stark angenommen.

Ausgehend von diesen Arbeiten kann man in bewußt grober Vereinfachung vier Epochen oder Zeiträume mit unterschiedlich dominierenden Ideen zur Ordnung des Raumes herausarbeiten:

— die Epoche des *Merkantilismus,* die im wesentlichen auf die *Hebung der Produktivkräfte* abzielte, um die Wirtschaft und dadurch den Staat zu fördern;

— die Epoche des *Liberalismus* bis ins erste Viertel des 20. Jahrhunderts, in der *Wohlstandszielsetzungen* und *wirtschaftliches Effizienzkriterium* dominierten;

— die Epoche des *Staatsinterventionismus,* die gekennzeichnet ist durch negative Erfahrungen der Wirtschaftskrisen, insbesondere der Weltwirtschaftskrise, und die es angeraten scheinen ließen, eine *krisenfeste Struktur der Wirtschaftsräume* zu fördern;

— die Epoche der *sozialen Marktwirtschaft* nach dem Zweiten Weltkrieg, in der es galt — und noch immer gilt —, im *marktwirtschaftlichen Ordnungssystem den Freiheitsgedanken mit sozialen und wohlstandspolitischen Überlegungen* in Einklang zu bringen, zunächst durch globale sektorale Förderung, in den letzten Jahren mit deutlichem Trend zu gezielten *regionalen* und *sektoralen* Förderungsmaßnahmen.

3

Alle Ideen zur Neuordnung des Raumes setzten sich in zunehmendem Maße mit dem „Phänomen der Raumdifferenzierung" (60, S. 19—44) auseinander, denn erst die raumdifferenzierenden Faktoren (z. B. natürliche Faktoren, historische Komponenten, Transportkosten, externe und interne Effekte, Zentralitäten, Agglomerationstendenzen) machen den Raum zu einem Problem der Raumordnungspolitik.

2. Stärkung der staatlichen Macht als Ordnungsprinzip

Die Stärkung der staatlichen Macht durch Verbesserung der produktiven Kräfte kann als oberstes Ziel des merkantilistischen Systems angesehen werden. Für diese Wirtschaftspolitik, die seit der Reformation bis etwa in die Mitte des 18. Jahrhunderts in den europäischen National- und Territorialstaaten erhebliche Unterschiede aufwies, ist eine aktive Politik bezeichnend. Der Steigerung des Sozialprodukts dienten vor allem eine aktive Bevölkerungs- und Einwanderungspolitik und eine vielseitige Landwirtschafts- und Gewerbepolitik (36, S. 138). In den deutschen Landen sollten vor allem durch die Bevölkerungspolitik die Verluste des Dreißigjährigen Krieges ausgeglichen, durch Gründung staatlicher Fabriken und sonstige Gewerbeförderungsmaßnahmen Arbeitsplätze geschaffen und durch aktive Landeskulturpolitik (Innere Kolonisation) und Ansätze zu Agrarverfassungsreformen eine Steigerung der landwirtschaftlichen Produktion herbeigeführt werden.

Die Theoretiker des Merkantilismus erkannten bereits recht klar, daß mit dem Steigen der Bevölkerungszahl die Macht eines Staatswesens wächst. Sie erkannten aber auch, wie z. B. BECHER in seinem Diskurs über die Ursachen der Entwicklung der Städte und Länder (1), die Tragfähigkeitsproblematik, d. h. das Spannungsverhältnis zwischen Bevölkerung und Nahrungsmittelproduktion einerseits und Bevölkerung und Beschäftigung andererseits. Im Mittelpunkt all ihrer dynamischen Überlegungen stand immer die auch heute noch aktuelle Frage, „unter welchen Bedingungen das Wachstum der gewerblichen Produktion erreicht werden kann" (68, S. 20), allerdings unter der übergeordneten Zielsetzung der Stärkung staatlicher Macht. Die Erkenntnis wirtschaftlicher Gesamtzusammenhänge blieb den merkantilistischen Schriftstellern jedoch versagt.

3. Hebung des Volkswohlstandes als Ordnungsprinzip

Im Gegensatz zu den merkantilistischen Autoren hatten die englischen Klassiker eine hinreichend klare Vorstellung von der Interdependenz aller ökonomischen Vorgänge und vom Zusammenhang zwischen Wirtschaftsordnung und Rechtsordnung (25, S. 141). Viele Vorschläge klassischer Autoren der Wirtschaftswissenschaften zur ökonomisch zweckmäßigen Raumnutzung sind noch heute für die Diskussion über die Zielvorstellungen zur Entwicklung ländlicher Räume sehr interessant und geben wichtige Anregungen. Für die Theoretiker A. SMITH, F. LIST und J. H. v. THÜNEN galt es, eine Raumstruktur zu entwickeln, die sich weitgehend allein an der „Hebung des Volkswohlstandes" orientierte. A. SMITH macht es u. a. bereits dem Staat zur Pflicht, öffentliche Einrichtungen zu schaffen und öffentliche Arbeiten zu übernehmen, deren gesellschaftlicher Nutzen ihre Kosten übersteigt (36, S. 144).

In einer Auseinandersetzung mit A. SMITH z. B. warf LIST u. a. SMITH vor, daß seine Ableitung der Vorteile der Arbeitsteilung zu sehr auf den landwirtschaftlichen und industriellen Einzelbetrieb bezogen sei und er es unterlassen habe, „sein Prinzip auf ganze Gegenden und Provinzen auszudehnen" (50, S. 242). In seiner Beweisführung betont LIST besonders die wechselseitige örtliche Ergänzung von Landwirtschaft und Industrie: „Wie aber die ökonomische Wohlfahrt des Getreidepflanzers fordert, daß der Getreidemüller in seiner Nähe wohne, so fordert die Wohlfahrt des flachen Landes, daß sich eine wohl-

4

habende und gewerbefähige Stadt in ihrer Mitte befinde, so fordert die Wohlfahrt der ganzen Agrarkultur eines Landes, daß die eigene Manufakturkraft desselben höchstmöglich ausgebildet sei" (50, S. 249 f.). Diese Gedanken hat v. Thünen einer exakten Analyse unterzogen. Bei ihm finden sich viele Überlegungen einer „funktionellen Raumordnung", die Fragen der Städteverteilung und Städteauflockerung betreffen und die sich mit der Zuordnung von industriellen und agrarischen Produktionsstandorten zu Groß- und Kleinstädten beschäftigen (48, S. 28). In seiner auf streng ökonomische Ausrichtung bedachten Idealkonzeption des „isolierten Staates" kommt v. Thünen zu dem Ergebnis, daß „die Verteilung der Stadt in lauter kleine über das Land verstreute Städte" (71, S. 121) die ideale Lösung einer zweckmäßigen Raumnutzung sei. In seiner theoretischen Abwägung aller Vor- und Nachteile einer derartigen Ideallösung kommt er dennoch zu der Erkenntnis, eine breitere Streuung des Gewerbes im ländlichen Raum sei nicht durchsetzbar. Deshalb müssen städtische Schwerpunkte in der Landwirtschaft, im ländlichen Raum gebildet werden, die jeweils bestimmter, im einzelnen beschriebener Voraussetzungen bedürfen, um lebensfähig zu sein (63; 48, S. 29).

In dem industriell wenig entwickelten deutschen Raum setzten sich die liberalen Ordnungsideen nur sehr langsam und relativ spät durch und fanden ihren Niederschlag in der Gesetzgebung, die Gewerbefreiheit (ab 1810), Bauernbefreiung (1811) und schließlich Freihandel (1862) und Vertragsfreiheit (1900) brachte.

4. Krisensicherung der Wirtschaftsräume als Ordnungsprinzip

Vorschläge zur besseren Gestaltung des Wirtschaftsraumes sind in der vom liberalen Gedankengut geprägten zweiten Hälfte des 19. Jahrhunderts und im ersten Viertel des 20. Jahrhunderts selten und kaum erwähnenswert. Das Streben nach einer krisenfesten Regionalstruktur ist dominierendes Ziel raumordnerischer Ideen der Zeit nach der Weltwirtschaftskrise. Es läßt die Raumordnungsgedanken, die sich schon früh mit dem Unbehagen über die Entwicklung der Regionalstrukturen — den im Zuge des Industrialisierungsprozesses und der Landwirtschaftskrise auftretenden regionalen Ballungs- und Entleerungstendenzen — befassen, zunächst in den Hintergrund treten. Erst die negativen Erfahrungen der Weltwirtschaftskrise und die politischen Tendenzen der damaligen Zeit bewirkten ein neues Überdenken der bisherigen raumordnerischen Denkansätze. Gegenüber der wirtschaftlichen Betrachtungsweise rückten immer mehr veränderte soziale und politische Wertvorstellungen in den Vordergrund und übten ihren Einfluß auf die raumordnerischen Leitbilder aus.

Als Repräsentant einer Richtung in dieser raumordnungspolitischen Diskussion kann H. Weigmann gelten, dessen raumordnungspolitische Vorschläge auf eine Aufteilung des Staatsgebietes in relativ selbständige Versorgungsräume hinausliefen, um damit die auf eine Ballung hintendierenden ökonomischen Standortgesetze auszuschalten (56, S. 156; 56, S. 28). Er war sich durchaus bewußt, daß die Durchsetzung derartiger Strukturkonzeptionen im Widerspruch zur Wohlstandszielsetzung stehen könne. Ob wohlstandspolitischen oder anderen Zielsetzungen (z. B. soziale Aufstiegsmöglichkeit, politische und wirtschaftliche Unabhängigkeit vom Ausland u. a. m.) der Vorzug gegeben werden soll, beruht jedoch nach seiner Ansicht auf reinem Werturteil und ist eine Frage der Gewichtung der einzelnen Grundanliegen (48, S. 31 f.). Thalheim, der diese raumordnungspolitischen Vorschläge Weigmanns ausbaut und durchdenkt, lehnt sie ab, weil sie die Vorteile volkswirtschaftlicher Arbeitsteilung und Verflechtung übersehen und sich zu stark über Kostenerwägungen hinwegsetzen. Eine ideale, allgemeingültige räumliche Wirtschaftsstruktur gibt es nach seiner Ansicht nicht, sie sollte je nach den gegebenen wirtschaftspolitischen Zielen gestaltungsfähig sein (70, S. 467 ff.).

Von den Verfechtern idealer Raumstrukturen muß besonders E. Preiser hervorgehoben werden. Aus seiner für den württembergischen Raum nachgewiesenen engen Verbindung von Industrie und Landwirtschaft leitet er folgende These ab: „Zwei Vorzüge sind es, die gerade die württembergische Wirtschaft zum Vorbild und Muster bestimmt haben: ihre gesunde soziale Struktur und ihre Widerstandskraft gegen die Krise" (64, S. 2). Nach seiner Auffassung zeichnet sich dieser Raum durch eine enge Verbindung des Menschen mit dem Boden (Nebenerwerbsmöglichkeit, Grundlage für Notzeiten, Handwerkstätigkeit, Eigenheim usw.) und durch eine enge Verbindung zur Industrie (Qualitätsarbeit, Gemeinschaftsgeist, keine Anonymität usw.) aus (48, S. 33). E. Egner hingegen, der die rhein-mainischen Wirtschaftsräume untersuchte, warnte vor der zu engen Nachbarschaft von Industrie und Landwirtschaft, weil die andersartigen Lebensauffassungen der Industriearbeiter „zu einem dauernden Gefahrenherd für den bäuerlichen Charakter des Landvolkes werden. Je mehr dieser Einfluß steigt, um so mehr droht das Landvolk vom *städtischen Lebensstil* überfremdet zu werden, selbst zu verstädtern" (32, S. 568). Egner urteilt dabei aus der Sicht eines Ballungsreviers mit großen Industriebetrieben und tritt für den Abbau einseitig aufgeblähter Industrielandschaften ein und gegen die Auszehrung verkümmernder Agrarlandschaften auf. Unüberhörbar sind jedoch seine Warnungen vor einer Verstädterung weiter Gebiete, vor der daraus resultierenden seelischen Vermassung und vor dadurch zu erwartenden sozialen Spannungen.

Auch A. Lösch beschäftigt sich neben seiner Standorttheorie mit der Frage einer idealen Regionalstruktur, denn „das eigentliche Geschäft des Ökonomen ist es nicht, die miserable Wirklichkeit zu erklären, sondern zu verbessern" (51, S. 2). Mit Hilfe seiner Netztheorie entwarf er das Leitbild einer Wirtschaftslandschaft, dem zwei entscheidende Kräfte innewohnen: die Tendenz zum Ausgleich der einzelwirtschaftlichen Vorteile und die Tendenz zur Maximierung selbständiger Tendenzen, die den gesellschaftspolitischen Zielvorstellungen von Lösch (gesunde Mischung von Stadt und Land, Berücksichtigung landsmannschaftlicher Eigenarten, möglichst große Zahl Selbständiger und wirtschaftlich Unabhängiger, Schutz der Erzeuger vor übermäßigem Wettbewerb, der Verbraucher vor übermäßigen Preisen, großes Volkseinkommen und Gleichgewicht trotz Freiheit) besonders dienlich sind (48, S. 37). Für Lösch gibt es eine große Anzahl von Gesichtspunkten, die über der „wirtschaftlichen Zweckmäßigkeit" stehen und somit eine Modifikation des marktwirtschaftlichen Systems durch Raumplanung insbesondere aus gesellschaftspolitischen Erwägungen notwendig machen (51, S. 246 f.).

5. Gesellschaftspolitische Strukturkonzeption im marktwirtschaftlichen System

In der Bundesrepublik Deutschland wird die gesellschaftspolitische Strukturkonzeption vor allem durch die Grundgedanken der sozialen Marktwirtschaft bestimmt. Nach den Konzeptionen von Eucken und Müller-Armack gilt es, innerhalb dieses Ordnungssystems den individuellen Wünschen der Wirtschaftseinheiten zum Durchbruch zu verhelfen (34). Die Entscheidung über den Wirtschaftsablauf soll primär von der Fülle einzelwirtschaftlicher Plandispositionen abhängen, die über den Markt-Preis-Mechanismus unter Wettbewerbsbedingungen das Lenkungsproblem lösen. Dort, wo das Ergebnis dieser Wirtschaftsordnung nicht den gegebenen gesellschaftspolitischen Vorstellungen entspricht, muß die staatliche Wirtschaftspolitik korrigierend eingreifen.

Bevor nach dem Zweiten Weltkrieg die ordnungspolitische Debatte einsetzte, galt es zunächst, die Probleme des Flüchtlingsstromes zu bewältigen. Die damit verbundenen Diskussionen wurden maßgeblich von G. Isenbergs Tragfähigkeitskonzeption beeinflußt. Die Tragfähigkeit stellt nach Isenberg die mögliche Volksdichte dar, die in einem Gebiet auf Grund der strukturellen Gegebenheiten unter bestimmten Voraussetzungen Existenzmöglichkeiten findet (41, S. 4). Die Existenzmöglichkeiten hängen dabei entscheidend von den primären Erwerbsquellen ab, insbesondere von der fernbedarfstätigen Industrie. Die Größe der sekundären Erwerbsquellen hängt von der Größe der primären Erwerbsquellen ab. Auf der Grundlage dieser Regionalkonzeption können auch heute noch wichtige raumordnerische Entscheidungen gefällt werden.

Neben dieser vorwiegend von wirtschaftlichen Gesichtspunkten geprägten Raumordnungskonzeption hat die vorwiegend gesellschaftspolitisch bestimmte Strukturkonzeption von W. RÖPKE großen Einfluß auf die Raumordnungsdebatte bekommen. RÖPKE wollte mit Hilfe einer „wirtschaftlich-sozialen Strukturpolitik" (sozialer Ausgleich, Dezentralisation, Wirtschaftsbinaismus) eine tiefgreifende Wirtschafts- und Gesellschaftspolitik durchsetzen. Sein Leitbild war eine „natürliche Ordnung", die er über *Dezentralisation* in allen Bereichen anstrebt, die eine Entproletarisierung, breite Verteilung des Eigentums, bessere Nachbarschaftsverhältnisse herbeiführt und Vermassungen, Mechanisierung und Devitalisierung unserer Kultur entgegenwirkt (48, S. 14). Den Kräften der Konzentration entgegenzuarbeiten ist nach RÖPKES Ansicht die vornehmste Aufgabe der Landesplanung (66, S. 290). Die romantischen Ideale einer Entballung von Industrieräumen RÖPKES werden u. a. vom Begründer der sozialen Marktwirtschaft, A. MÜLLER-ARMACK, heftig kritisiert, weil er damit, nach Ansicht MÜLLER-ARMACKS, mit dazu beigetragen habe, „das echte Anliegen einer Raumordnung in Mißkredit zu bringen" (62, S. 36). Aber auch er fordert die Entwicklung eines *gesellschaftspolitischen Leitbildes*, das von der Massengesellschaft mitvollzogen und innerlich bejaht werden könne (62, S. 30).

Die wichtigsten *gesellschaftspolitischen Zielsetzungen und Prinzipien*, die heute für die Raumordnung maßgebend sind, wurden vom Sachverständigenausschuß für Raumordnung (SARO) in einem Gutachten zusammengestellt (67). In diesem Gutachten knüpfen die Leitbildvorstellungen stark an die frühere Diskussion der Leitbilder des Ausschußmitgliedes E. DITTRICH an und übernehmen sie zum Teil (29; 30; 31). Ausgehend von den Wandlungen des Raumgefüges durch den Industrialisierungsprozeß analysiert das SARO-Gutachten die räumliche Ordnung der Gegenwart und beurteilt sie nach den Gesichtspunkten (67, S. 40 ff.):

— *Wirtschaftlichkeit*, worunter neben effizientem Faktoreneinsatz das Prinzip der „allgemeinen Tragfähigkeit" berücksichtigt wird,

— *Vitalsituation*, unter der man das allgemeine Wohlbefinden, die Pflege des Nachwuchses, die Förderung der schöpferischen Kräfte, die Bodenständigkeit u. a. m. versteht, und die Vorrang vor der Wirtschaftlichkeit haben soll,

— *Schutzbereitschaft*, die zur Abwehr von äußeren Angriffen oder Katastrophen und der Sicherung nach innen gegenüber Bürgerkrieg und Generalstreik u. a. dienen soll, und

— *Landschaftsbewahrung*, durch die dem Menschen die „naturhaft gewachsene Landschaft" erhalten und das „biologische, wasserwirtschaftliche und klimatische Gleichgewicht der von der Industriegesellschaft überforderten Landschaft" gewahrt und wiederhergestellt werden soll.

Ergebnis dieser Beurteilung im SARO-Gutachten ist die Feststellung, daß die gegenwärtige räumliche Ordnung des Staatswesens als Faktum genommen viele und oft sogar bedenkliche Züge der Unordnung aufweist (67, S. 49). Der Staat muß hier helfend einspringen, um „eine Raumordnung zu fördern, die den sozialen, wirtschaftlichen und landschaftlichen Erfordernissen im Bundesgebiet Rechnung trägt."

III. Leitbilder der Raumordnung in der Bundesrepublik Deutschland

1. Prinzipien des gesellschaftspolitischen Leitbildes

Die tragenden Prinzipien des gesellschaftspolitischen Leitbildes der Raumordnung sind nach dem SARO-Gutachten: Freiheit, sozialer Ausgleich und Sicherheit. Sie begreifen das in sich, „was das Grundgesetz der Bundesrepublik Deutschland mit der Vorstellung des ‚sozialen Rechtsstaats' meint" (67, S. 52). Die Leitbilder „sozialer Ausgleich" und „Sicherheit" sind in Verbindung mit dem Vorstellungskreis „sozialer Rechtsstaat" relativ deutlich umrissen. Schwieriger wird es hinsichtlich begrifflicher Klarheit und Eindeutigkeit mit dem Leitgedanken „Freiheit". Dieser wandelt sich u. U. sehr rasch nach dem jeweiligen politischen Leitbild, und es gibt nicht die Freiheit schlechthin, sondern viele „Freiheiten" (67, S. 52). Raumordnungsrelevant sind vor allem die Freiheit der Niederlassung, des Konsumierens, der Berufswahl, des Produzierens und die der Wahl des Arbeitsplatzes.

Es ist nicht möglich, allen gewünschten Freiheiten unbegrenzten Spielraum zu lassen. So erfährt z. B. die Freiheit der Niederlassung und die des Produzierens ihre Begrenzung in der Bauleitplanung. Daraus können Konfliktsituationen entstehen, die nur durch klares Aufzeigen von Grenzen und Rangordnungen, entsprechend dem gesellschaftspolitischen Leitbild, beseitigt werden können. Hierin liegen Ordnungsprinzip und Ordnungsaufgabe der Raumordnung.

Nach Auffassung des SARO-Gutachtens bedeutet in diesem Zusammenhang Ordnung: „Behebung der von der Raumbeanspruchung herkommenden Spannungen, Ausgleich aus den übergeordneten Gesichtspunkten der Wohlfahrt, Stufung der beanspruchten Freiheiten gemäß dem gegebenen einzelnen Fall, Umwandlung des Widerstreites der einzelnen Interessen in ein System von koordinierenden Rechten, d. h. also: Verwirklichung des Leitbildes" (67, S. 53). Die Bewältigung der Ordnungsaufgabe, das Setzen von Grenzen, die Aufstellung von Rangordnungen, der Ausgleich der Freiheiten überhaupt ist grundsätzlich eine politische Aufgabe, die um so eher Anerkennung finden wird, je mehr sie sich den anerkannten gesellschaftspolitischen Leitbildvorstellungen nähert.

Die allgemein anerkannten Prinzipien des gesellschaftspolitischen Leitbildes heute umfassen aber noch zusätzlich zu den Zielen Freiheit, sozialer Ausgleich (Gerechtigkeit) und Sicherheit, wie sie vom SARO-Gutachten postuliert wurden, die des „Friedens" und des „Wohlstandes". Alle Unterziele der Raumordnungspolitik in einer Marktwirtschaft müssen diese obersten Ziele berücksichtigen. Unterziele werden zu Mitteln im Ziel-Mittel-System. Eine Trennung zwischen Zielen und Mitteln wird praktisch unmöglich (36, S. 51 —68). Die daraus entstehenden unvermeidbaren Konflikte zwingen zu verantwortungsbewußter Entscheidung, verpflichten zur Toleranz und fordern einen wertbewußten Kompromiß heraus.

2. Ausgewählte Leitbilder des SARO-Gutachtens

a) Ballung und Dezentralisation

Das raumordnerische Problem einer raumgerechten Verteilung von Bevölkerung und Arbeitsstätten hat schon, wie oben aufgezeigt, viele Autoren beschäftigt und steht noch heute im Mittelpunkt der Diskussion. Das SARO-Gutachten sieht im Komplex „Ballung—Dezentralisation" nicht ausschließlich eine Antithese. Es kommt auf Grund seiner Analyse zu dem Ergebnis, daß die „Begrenzung der Ballung auf ein Optimum" angestrebt und die „Förderung einer raumgerechten Dezentralisation" wichtiges Ordnungsziel sein sollte, um gemäß Art. 72 Abs. 2 Nr. 3 GG auf die geforderte „Gleichmäßigkeit der Lebensverhältnisse" hinwirken zu können. Keineswegs wird aber die Zerschlagung der Ballung und

„eine Beseitigung des normalen, in der Regel auf natürlichen Gegebenheiten beruhenden wirtschaftlichen und sozialen Raumgefälles gefordert", „... denn auf ihm beruht eine wesentliche Antriebskraft der wirtschaftlichen und sozialen Entwicklung überhaupt" (67, S. 56).

b) Beseitigung der Notstandsgebiete

Notstand bedeutet die Gefährdung der Vitalsituation der in diesen Gebieten lebenden Bevölkerung. Das Gleichmaß der Betreuung des einzelnen Staatsbürgers in diesen Räumen entspricht nicht den Anforderungen des sozialen Rechtsstaates und muß deshalb wieder hergestellt werden. Die Sanierung der Notstandsgebiete ist, entsprechend den gesellschaftspolitischen Leitbildern, eine wichtige politische Aufgabe.

c) Verhinderung einer „sozialen Erosion"

Abwanderung von Industriebetrieben und Bevölkerung aus Notstandsgebieten, insbesondere der Zonenrandgebiete, ist mit den raumordnerischen Leitbildern der Freiheit und der sozialen Sicherheit nicht vereinbar und deshalb zu unterbinden.

d) Förderung gesunder Agrargebiete

Mit diesem Leitbild wird ein „räumlich annähernd ausgewogenes Wirtschafts- und Sozialgefüge" (67, S. 57) angestrebt. Gebiete mit guter oder entwicklungsfähiger Agrarstruktur sollen als Agrargebiete erhalten und gefördert werden, wobei Industrieansiedlung auf dem Lande in Schwerpunkten nicht ausgeschlossen wird. Die zentralen Funktionen der Städte dieser Gebiete sind zu erhalten.

e) Verbesserung der Stadt-Umland-Verhältnisse

Stadt und Umland müssen auf einen angemessenen Ausgleich und eine Abstimmung ihrer Funktionen bedacht sein. Entsprechend der Interdependenz der räumlichen Entwicklungen bedingen überdimensionierte Ballungsräume notwendigerweise unterentwickelte Gebiete. Die Raumordnung muß sich des Ausgleichs zwischen Stadt und Umland annehmen und auch für eine bessere Funktionsteilung der Städte untereinander sorgen.

f) Schaffung krisenfester Räume

Im Rahmen der geltenden Wirtschaftsordnung wird von der Wirtschaft Wachstum gefordert. Dieses Wachstum soll aber stetig sein (Leitbild des sozialen Ausgleichs, der Gerechtigkeit, der Sicherheit). Dies erfordert eine entwicklungsfähige industrielle Branchenmischung, Schaffung von Arbeitsplätzen für brachliegende weibliche Arbeitskraft und eine Vielseitigkeit von Erwerbsmöglichkeiten, durch die die Auswirkungen struktureller Arbeitslosigkeit aufgefangen werden können. Gefordert wird schon im SARO-Gutachten die Schwerpunktbildung für Industrie und die Anlage sog. Industriebänder, die einen leichten Zugang zum Hinterland eröffnen (67, S. 61).

g) Bessere Zuordnung von Wohnung und Arbeitsplatz

Zur Vermeidung unzumutbarer Pendlerwege, die wirtschaftlich und sozial nicht mehr tragbar sind, sollten Wohn- und Arbeitsplätze einander besser zugeordnet werden. „Soweit es die Familie angeht, wird dem Leitbild mit seinem Ideal einer aufgelockerten Siedlungsweise in der Stadtlandschaft das Familieneigentum am besten gerecht, das einen angemessenen Standard und eine soziale Sicherheit verbürgt und durch die Verbindung mit dem Grund und Boden enge Beziehungen des Menschen zur Natur und zur Landschaft vermittelt, zu einer gesünderen Lebensweise führt und die Entfaltung eines gesunden

Familienlebens, insbesondere für kinderreiche Familien, begünstigt" (67, S. 62). Zur Freiheit des Menschen gehört auch Eigentum, und deshalb entspricht dieses Leitbild den sozialen Vorstellungen der Gegenwart.

h) Landschaftspflege — Landespflege

Der Bereitstellung von Erholungsgebieten kommt nach Auffassung des SARO-Gutachtens wachsende Bedeutung zu (67, S. 62). Die Auswahl der Erholungsgebiete soll jedoch nicht einseitig von bestimmten landschaftlichen Vorstellungen her erfolgen, sondern dabei sollen auch Gesichtspunkte der bequemen, billigen und nicht viel Zeit raubenden Hin- und Rückfahrt, preiswerte Unterkunft und das Vorhandensein von Feriendörfern berücksichtigt, also mehr Rücksicht auf die Bedürfnisse der Menschen genommen werden. Die Pflege der Landschaft ist aber auch notwendig, um die Grundlage des menschlichen Lebens überhaupt, die Wasservorkommen und das Klima zu schützen. Die Sicherung der nachhaltigen Nutzung der von der Natur dargebotenen Gaben ist eine Lebensvoraussetzung.

3. Raumordnungsziele des Bundes als Leitbild der Raumordnung

Auf der Grundlage des SARO-Gutachtens, das erstmals umfassend zu den materiellen Zielen der Raumordnung Stellung nahm, wurden Entwürfe für ein Bundesraumordnungsgesetz erarbeitet, das am 12. Februar 1965 fast einstimmig vom Bundestag angenommen wurde. In den §§ 1 und 2 des Raumordnungsgesetzes vom 8. April 1965 (BGBl. I, S. 306) wurde das *Leitbild der Raumordnung* für das Bundesgebiet festgelegt. Die Richtlinien des § 1 ROG bilden den Rahmen und die Grundlage für die Herausarbeitung der Raumordnungsziele, d. h. sie enthalten das allgemeine Leitbild der Raumordnung. Nach § 1 Abs. 1 ROG ist „das Bundesgebiet in seiner allgemeinen räumlichen Struktur einer Entwicklung zuzuführen, die der freien Entfaltung der Persönlichkeit in der Gemeinschaft am besten dient". Diese Leitvorstellung entnimmt das Raumordnungsgesetz aus der verfassungsmäßigen Ordnung (Art. 2 Abs. 1 GG). Die freie Entfaltung der Persönlichkeit ist aber nicht unbegrenzt, sondern sozial gebunden.

Das Individuum muß sich Beschränkungen gefallen lassen, die für das gedeihliche Zusammenleben aller erforderlich sind (3, S. 5). Als allgemeines Prinzip der Raumordnung wird z. B. in § 1 Abs. 4 ROG festgelegt, die Ordnung der Einzelräume soll sich in die Ordnung des Gesamtraumes einfügen und der Gesamtraum soll die Erfordernisse der Einzelräume berücksichtigen.

Erst durch die strikte Bindung der materiellen Raumordnungsgrundsätze im § 2 ROG an das unserer gesellschaftlichen Ordnung immanente Leitbild einer „freien Entfaltung der Persönlichkeit in der Gemeinschaft" (§ 1 Abs. 1 ROG) erhalten die Grundsätze ihren Sinn und Inhalt (25, S. 3). Andererseits bedarf das Leitbild der Raumordnung der materiellen Festlegungen des § 2 ROG, weil die Ziele sonst keine fachlich bindende Wirkung entfalten können. Dies ist aber notwendig, weil sonst die Verwirklichung der Raumordnungsziele in Frage gestellt wird, denn die Raumordnungspolitik ist auf die in einzelnen Fachbereichen eingesetzten Mittel angewiesen, wenn sie ihre eigenen Ziele verwirklichen will (25, S. 4).

Zusammenfassend muß man feststellen, daß mit dem Raumordnungsgesetz für die Gegenwart auf der Grundlage unserer Gesellschaftsordnung ein „Leitbild der sozialen Raumordnung" entwickelt worden ist. Viele dieser Leitbilder und Grundsätze (Oberziele) sind jedoch sehr allgemein formuliert, werden von der Wissenschaft oft als „Leerziele" apostrophiert und bedürfen für ihre Anwendung noch einer weitgehenden Konkretisierung, denn will man die Situation z. B. des ländlichen Raumes diagnostizieren, so setzt dies bereits konkrete Zielvorstellungen voraus (36, S. 269 ff.). Für quantitative Ziele muß das Optimum bestimmt werden; Maximalziele sind durch Nebenbedingungen zu konkretisieren, Strukturziele durch ein System von Unterzielen.

IV. Spezielle Ziele für die Entwicklung ländlicher Räume

1. Allgemeine Grundsätze und politische Vorentscheidungen

Für die Entwicklung „ländlicher Gebiete" als gesonderte Gebietskategorie sind in den Grundsätzen der Raumordnung (§ 2 Abs. 1 ROG) folgende wichtige „Oberziele" festgelegt worden:

§ 2 Abs. 1 Nr. 1: „Die räumliche Struktur der Gebiete mit gesunden Lebens- und Arbeitsbedingungen sowie ausgewogenen wirtschaftlichen, sozialen und kulturellen Verhältnissen soll gesichert und weiter entwickelt werden.
In Gebieten, in denen eine solche Struktur nicht besteht, sollen Maßnahmen zur Strukturverbesserung ergriffen werden."

§ 2 Abs. 1 Nr. 2: „Eine Verdichtung von Wohn- und Arbeitsstätten, die dazu beiträgt, räumliche Strukturen mit gesunden Lebens- und Arbeitsbedingungen sowie ausgewogenen wirtschaftlichen, sozialen und kulturellen Verhältnissen zu erhalten, zu verbessern oder zu schaffen, soll angestrebt werden."

§ 2 Abs. 1 Nr. 3: „In Gebieten, in denen die Lebensbedingungen in ihrer Gesamtheit im Verhältnis zum Bundesdurchschnitt wesentlich zurückgeblieben sind oder ein solches Zurückbleiben zu befürchten ist, sollen die allgemeinen wirtschaftlichen und sozialen Verhältnisse sowie die kulturellen Einrichtungen verbessert werden.
In den Gemeinden dieser Gebiete sollen die Lebensbedingungen der Bevölkerung, insbesondere die Wohnverhältnisse sowie die Verkehrs- und Versorgungseinrichtungen allgemein verbessert werden. In einer für ihre Bewohner zumutbaren Entfernung sollen Gemeinden mit zentralörtlicher Bedeutung einschließlich der zugehörigen Bildungs-, Kultur- und Verwaltungseinrichtungen gefördert werden."

§ 2 Abs. 1 Nr. 5: „Für ländliche Gebiete sind eine ausreichende Bevölkerungsdichte und eine angemessene wirtschaftliche Leistungsfähigkeit sowie ausreichende Erwerbsmöglichkeiten, auch außerhalb der Land- und Forstwirtschaft, anzustreben."

§ 2 Abs. 1 Nr. 7: „Für die Erhaltung, den Schutz und die Pflege der Landschaft einschließlich des Waldes sowie für die Sicherung und Gestaltung von Erholungsgebieten ist zu sorgen.
Für die Reinhaltung des Wassers, die Sicherung der Wasserversorgung und für die Reinhaltung der Luft sowie für den Schutz der Allgemeinheit vor Lärmbelästigungen ist ausreichend Sorge zu tragen."

Darüber hinaus sind im § 2 Abs. 1 ROG noch eine große Anzahl fachlicher Einzelziele festgelegt, die für den ländlichen Raum besondere Bedeutung erlangen können. Zu den ländlichen Räumen im Sinne der raumordnerischen Gebietskategorie „ländliche Gebiete" zählt man Räume, in denen die Land- und Forstwirtschaft überwiegend die Bodennutzung bestimmt, die Bevölkerungsdichte im Regelfall derzeit unter 200 Einwohner/qkm liegt (38, S. 3) und die nicht Verdichtungsräume sind. Diese Definition wird man wohl, wie einleitend bereits erwähnt, aufgeben müssen.

Mit diesen im Raumordnungsgesetz enthaltenen Zielen ist bereits eine ganze Reihe grundsätzlicher *politischer* Entscheidungen getroffen worden (38, S. 4), so etwa:

— eine *passive Sanierung* des ländlichen Raumes insgesamt, d. h. eine Förderung der Abwanderung der Bevölkerung, *kann nicht angestrebt werden;*

— das *Prinzip der Verdichtung* auch im ländlichen Raum, d. h. mehr Einwohner je ha Siedlungsfläche, erhält als bestimmendes Element künftiger Raumstrukturen (zentrale Orte, Siedlungs- und Entwicklungsbänder, Schwerpunkte der Industrieansiedlung) erhöhte Bedeutung;

— die *Erhaltung und Bewahrung guter Böden* für die Entwicklung der Landwirtschaft; und

— die *Sicherung der natürlichen Lebensgrundlagen* durch Schutz und Pflege der Landschaft.

Die allgemeinen Grundsätze für die Entwicklung ländlicher Räume bedürfen, wie schon oben ausgeführt, weiterer Konkretisierung für *überfachliche Entscheidungen* und für die *räumlich fachbezogenen Entwicklungsziele.* Auf diesem Gebiet ist man in den letzten Jahren nicht untätig gewesen. Insbesondere sind einige der politischen Vorentscheidungen, wie z. B. „der ländliche Raum soll überall aktiv saniert werden" oder „alle guten Böden sind zu erhalten", neuerdings relativiert worden.

2. Weitere Konkretisierung allgemeiner raumordnerischer Ziele

Im Rahmen des von der Bundesregierung und den Landesregierungen, gemäß § 8 ROG, geschlossenen Verwaltungsabkommens (Bundesanzeiger Nr. 122 vom 5. Juli 1967, S. 1) ist als Institut zur Aufstellung von konkreten Raumordnungszielen die Ministerkonferenz für Raumordnung (MKRO) tätig geworden (38, S. 5) und hat für den ländlichen Raum folgende Ziele festgelegt 18, S. 149 ff.):

— das *Prinzip der Förderung zentraler Orte aller Stufen* gilt für das ganze Bundesgebiet; als Einwohnerzahl für Nahbereiche sollen mindestens 5 000 Einwohner angenommen werden; die Verflechtungsbereiche sollen unabhängig von der gegenwärtigen Verwaltungsgliederung abgegrenzt und bei kommunaler Neugliederung berücksichtigt werden;

— die *Bundesfernstraßenplanung* hat sich nach den Leitbildern der §§ 1 und 2 ROG auszurichten; der Ausbau soll in Dichte und Leistungsfähigkeit dem zu erwartenden Verkehr Rechnung tragen, insbesondere sind Entwicklungsgesichtspunkte bei zurückgebliebenen ländlichen Räumen zu berücksichtigen und durch verkehrsmäßige Anbindung ist der Ausbau von zentralen Orten zu fördern;

— durch *Abgrenzung der Verdichtungsräume* und Kennzeichnung ihrer Randgebiete soll ein „Ordnungsraum besonderer Art" geschaffen werden, für den eine planerische Gesamtkonzeption zu entwickeln ist, die eine ringförmige Ausdehnung des Verdichtungsraumes vermeidet und eine Entwicklung von Schwerpunkten in die Tiefe des Ordnungsraumes anstrebt; dadurch sollen Entwicklungsimpulse bis weit in den ländlichen Raum, der als Residuum übrigbleibt, hineingetragen werden;

— mit *Hilfe der Förderung des Gleisanschlußverkehrs* soll die Schwerpunktbildung der Industrie in oder in Verbindung mit dem Ausbau zentraler Orte vorangetragen und eine ausgewogene Verteilung des Verkehrs zur Entlastung der Straßen herbeigeführt werden;

— im Zuge der Verwaltungsreform sollen die *Sitze größerer Verwaltungsdienststellen* mit großem Publikumsandrang möglichst zentral in ihrem Zuständigkeitsbereich verkehrsgünstig angelegt werden; als Standorte für derartige Behördensitze und Behördenzentren sollten zentrale Orte entsprechender Stufe ausgewählt werden; sind Verwaltungsdienststellen nicht an einen bestimmten Standort gebunden, so sollten sie zur wirtschaftlichen Stärkung in geeigneten Zentralorten strukturschwacher Gebiete oder in den angestrebten Entlastungsorten errichtet werden.

3. Verbindliche raumordnungsrelevante Ziele für einzelne Fachbereiche

Ein umfassendes überfachliches Zielsystem für alle Regionen des ländlichen Raumes in der Bundesrepublik Deutschland gibt es bisher noch nicht. Noch stößt die Erstellung eines derartigen Zielsystems, in dem vor allem die vielen wechselseitigen Abhängigkeiten (z. B. Flurbereinigung — Abwasserbeseitigung — Verkehrsausbau — Industrieansiedlung), Rangordnung und Reihenfolge der Maßnahmen abgeklärt werden, auf scheinbar unüberwindliche Schwierigkeiten. Die bis heute formulierten Ziele für die Entwicklung ländlicher Gebiete für die einzelnen Fachgebiete lassen sich in Anlehnung an HÜBLER (38) und unter Berücksichtigung neuester Zielformulierungen wie folgt darstellen:

a) Umweltgestaltung

Erste Ansätze für eine Zielbestimmung in Fragen des Umweltschutzes, bezogen auf die Raumordnung, finden sich bereits im SARO-Gutachten. Diese Ansätze wurden wesentlich erweitert durch einen Katalog abstrakt formulierter Ziele zur Landespflege in der „Grünen Charta von der Mainau" (1961). Ausgehend von der Feststellung: „Die gesunde Landschaft wird in alarmierendem Ausmaß verbraucht", fordert dieses Manifest als Leitbild der Landespflege: „Um des Menschen Willen ist der Aufbau und die Sicherung einer gesunden Wohn- und Erholungslandschaft, Agrar- und Industrielandschaft unerläßlich". An der Spitze der daraus abgeleiteten zwölf Unterziele steht die Forderung nach einer rechtlich durchsetzbaren, d. h. wirksamen Raumordnung unter Berücksichtigung der natürlichen Gegebenheiten, die die Erhaltung und Entwicklung der Landschaft auf der Grundlage ihres natürlichen Potentials sichert (5).

Diese Forderungen haben in § 1 und § 2 ROG (vgl. Kap. IV/1) ihren Niederschlag gefunden. Danach steht die Berücksichtigung der natürlichen Leistungsfähigkeit eines Raumes als Maßstab für räumliche Entwicklungsplanungen (Raumordnung, Landesplanung, Regionalplanung, Bauleitplanung) gleichrangig neben anderen Entwicklungszielen, denn ein langfristiges Wirtschaftswachstum ist unmittelbar abhängig von der Erhaltung und Regeneration der natürlichen Lebensgrundlagen Boden, Wasser und Luft, die durch viele konkurrierende Ansprüche beeinträchtigt werden. Die Raumordnung soll für einen Ausgleich dieser Ansprüche sorgen. Raumordnung und Strukturpolitik sind demnach nicht ausschließlich Wachstumspolitik (19, S. 39). Eine derartige Raumordnungspolitik setzt jedoch voraus, daß die örtlichen und regionalen Zusammenhänge im Naturhaushalt, die biologisch-ökologischen Faktoren bekannt sind. Denn nur dann kann die Erhaltung der natürlichen Lebensgrundlagen als Entwicklungsziel bei Entwicklungsplanungen ausreichend berücksichtigt werden. Deshalb gilt es, der landschaftsökologischen Aufgabe der Erfassung der natürlichen Lebensgrundlagen höchste Priorität einzuräumen, ebenso wie der Erhebung exakter Daten über die Umweltbeeinträchtigungen. Diese Erkenntnis hat das Sofortprogramm der Bundesregierung für den Umweltschutz 1970 berücksichtigt (10, S. 29).

Dieses Sofortprogramm wurde ergänzt durch ein umfassendes „Umweltprogramm 1971", das erstmals im Zusammenhang mit dem Raumordnungsbericht 1970 die Verzahnung von Raumordnung und Umweltschutz als ein untrennbares Ganzes deutlich macht. Nach diesem Programm sind in den ländlichen Gebieten Umweltbedingungen anzustreben, die den dort verbleibenden Bewohnern mit Verdichtungsräumen vergleichbare

Umweltbedingungen (Kanalisation, Wasserversorgung, Abfallbeseitigung) bieten. Weiterhin ist die Regenerationsfähigkeit der einzelnen Umweltfaktoren in den ländlichen Räumen so zu verbessern, daß sie positiv auf jene Gebiete wirken, in denen die Umweltverhältnisse nachteilig beeinflußt worden sind. Landesplanung, Regionalplanung und Bauleitplanung haben bei der Ausweisung von Siedlungsflächen, Gewerbeanlagen, Infrastruktur- und Erholungseinrichtungen die ökologischen Grenzen und die zu erwartenden Beeinträchtigungen der Umwelt in der Art zu berücksichtigen, daß diese Rahmenbedingungen für die Planung schlechthin sind.

b) Städtebau und Gemeindeentwicklung

Die Entwicklung der Verdichtungsräume ist eng mit der Entwicklung der ländlichen Räume verknüpft, wie insbesondere die jetzt seit vielen Jahrzehnten andauernde Bevölkerungswanderung aus ländlichen Gebieten in die Verdichtungsräume beweist. Die sich daraus ergebenden Probleme der Ballung und Dezentralisation sind von der Raumforschung ausgiebig diskutiert (vgl. Kap. II/4/5; III/2) worden. Die Ergebnisse dieser Diskussion haben sich in § 2 Abs. 1 ROG niedergeschlagen. Deutlich weist der Gesetzgeber darin auf die gleichwertige Förderung der ländlichen Räume und der Verdichtungsräume hin und hebt das „Verdichtungsprinzip" auch für ländliche Gebiete hervor.

Erste Ansätze einer Zielbestimmung für den Städtebau im ländlichen Raum enthält das Bundesbaugesetz vom 23. Juni 1960 (BGBl. I, S. 341), vor allem der § 1 Abs. 1, 3, 4 und 5, der § 5 Abs. 1 und Abs. 2 und § 35. Besonders wichtig ist die Bestimmung im § 1 Abs. 3 BBauG, wonach die Bauleitpläne den Zielen der Raumordnung und Landesplanung anzupassen sind. Diese Bestimmung bietet für die Zukunft große Möglichkeiten zur Durchsetzung landes- und regionalplanerischer Ziele im Sinne einer vernünftigen Raumordnung. Bis heute jedoch gibt es nur in sehr wenigen Teilen der BRD hinreichend konkrete landes- und regionalplanerische Ziele, die eine Anwendung dieser Bestimmung gestatten. So ist z. B. in seiner Auslegung der § 5 Abs. 1 BBauG problematisch, nach dem die beabsichtigte Art der Bodennutzung einer Gemeinde im Flächennutzungsplan nach den „voraussehbaren Bedürfnissen" erfolgen soll. Denn es wird nirgendwo festgelegt, ob der künftigen Bevölkerungszahl einer Gemeinde eine Trendprognose (alles geht so weiter wie bisher) oder eine Zielprognose (Durchsetzung des Verdichtungsprinzips, Schwerpunktbildung) zu Grunde gelegt werden soll. Wegen des Fehlens konkreter landes- und regionalpolitischer Ziele wird von den kommunalen Entscheidungsgremien auf Grund einer falsch verstandenen „Planungshoheit der Gemeinde" die Zersiedlung der Landschaft planmäßig weiter vorangetrieben. Die Genehmigungs- und Aufsichtsbehörden verhindern diese Entwicklung aus sog. „politischen Gründen" nicht. Die Gefahr einer Zersiedlung wird aber von diesen Behörden bei der Auslegung des § 35 BBauG, der die Bebauung von Außenbereichsfällen regelt, immer wieder beschworen. Grundsätzlich ist dieser Regelung zuzustimmen, aber für die Landbewirtschaftung in strukturschwachen Räumen, insbesondere in Mittel- und Hochgebirgslagen, und für die Erhaltung der Besiedlungsdichte dieser zumeist abgelegenen ländlichen Räume entspricht eine zu strenge Auslegung des § 35 BBauG nicht den Zielen der Raumordnung. Denn werden auch künftig Bauvorhaben im Außenbereich dieser Gebiete nicht zugelassen, so werden wohl sehr bald nach den weichenden Erben auch die Hofeigentümer ihren Wohnsitz verlassen und die Landschaft ungepflegt sich selbst überlassen.

Die neuesten städtebaulichen Zielvorstellungen für den ländlichen Raum finden sich im Städtebaubericht 1970 der Bundesregierung. Es werden dort jedoch für den ländlichen Raum nur die Aufgaben angesprochen, die sich auf vorhandene oder auszubauende Siedlungsschwerpunkte beziehen (22, S. 6). Ausgehend vom Konzept der zentralen Orte wird die Auffassung vertreten, daß es im Hinblick auf die Größenordnung der einzelnen Zentralitätsstufen (Maßstabsvergrößerung) und auf seine Verwirklichung im Rahmen der Entwicklungsachsen fortentwickelt werden müsse. Nach seiner Auffassung wird die zentralörtliche Gliederung zunehmend von wirtschaftlichen und technischen Mindestgrößen der Infrastruktureinrichtungen bestimmt. Da diese laufend anwachsen, muß sich auch die Bevölkerungsbasis für eine wirtschaftliche Nutzung der infrastrukturellen Anlagen vergrößern. Daraus ergeben sich Auswirkungen auf Zahl und Größe der zentralen Orte. Die Zahl der zur Aktivierung ländlicher Räume geeigneten zentralen Orte wird zurückgehen; die Bevölkerungszahl in den Verflechtungsbereichen dieser Zentralorte wird sich erhöhen (22, S. 17 ff.). *Daraus resultiert als wichtigstes städtebauliches Ziel in ländlichen Räumen der schwerpunktmäßige Einsatz städtebaulicher Investitionen in Nebenzentren, Entlastungsorten und Entwicklungsschwerpunkten.* Diese sollen der vorgegebenen Siedlungsstruktur angepaßt werden, in Entwicklungsachsen liegen, den geplanten Infrastruktureinrichtungen entsprechend groß genug geplant sein, über ausreichende Arbeitsplätze verfügen und an ein Schnellverkehrssystem angeschlossen sein.

Besondere Bedeutung für die Entwicklung ländlicher Räume wird das „*Städtebauförderungsgesetz*" erhalten, in das die oben angeführten Zielvorstellungen eingegangen sind (21). Durch dieses Gesetz sollen gemäß § 1 Abs. 3 seines Entwurfs die Ziele der Raumordnung und Landesplanung mehr Durchsetzungskraft bekommen. Gefördert werden soll z. B. der Aufbau eneuer Zentralorte in ländlichen Gebieten zur Entlastung von Verdichtungsräumen oder zur Entwicklung der hinter der allgemeinen Entwicklung zurückgebliebenen Gebiete. In einem besonderen Teil des Gesetzentwurfes (IV. Teil) wird sogar für ländliche Gebiete verlangt, daß im Interesse des gezielten Einsatzes öffentlicher Mittel und zur Vermeidung von Fehlinvestitionen die Maßnahmen zur Verbesserung der Agrarstruktur und städtebauliche Sanierungs- und Entwicklungsmaßnahmen, wenn möglich, rechtzeitig aufeinander abgestimmt werden. All diese Entwicklungsmaßnahmen sollen gemäß §§ 55—59 gefördert werden, insbesondere gemäß § 55 Abs. 1 des Gesetzentwurfes u. a. Maßnahmen, die die Verdichtung von Wohn- und Arbeitsstätten im Zuge von Entwicklungsachsen oder den Ausbau von Entwicklungsschwerpunkten außerhalb der Verdichtungsgebiete zum Gegenstand haben. Die Anpassung der Siedlungsstruktur im ländlichen Raum, entsprechend dem Prinzip der Verdichtung in Entwicklungsschwerpunkten, und der Ausbau von Entwicklungsachsen zur Verhinderung einer weiteren Zersiedlung der Landschaft sind die wichtigsten städtebaulichen Zielvorstellungen für den ländlichen Raum.

c) Land- und Forstwirtschaft

Wissenschaftliche und praktische Agrarpolitik haben sich seit Bestehen der BRD intensiv mit landwirtschaftlichen Zielvorstellungen auseinandergesetzt (28, S. 184 ff.; 54, S. 136 ff.) Im Ringen um die Ziele der künftigen Agrarpolitik wurde mit dem Landwirtschaftsgesetz vom 5. September 1955 (BGBl. I, S. 565) ein Kompromiß gefunden, aus dem noch nicht klar hervorgeht, zu welchen Leitbildern sich die praktische Agrarpolitik bekennt (47, S. 42). Dieser Rückstand wurde jedoch im letzten Jahrzehnt aufgeholt.

Das 1968 von der Bundesregierung verabschiedete Arbeitsprogramm (sog. HÖCHERL-Plan) hat zum Ziel, den strukturellen Anpassungsprozeß der Landwirtschaft verstärkt zu fördern (6). Dieses Programm enthält eine Vielzahl allerdings noch konkretisierungsbedürftiger raumordnungsrelevanter Ziele (6, S. 9 f.), wie etwa:

— möglichst hohes Einkommen, verbunden mit möglichst hohem Sozialstatus für die in der Landwirtschaft Tätigen, bei preisgünstiger Versorgung der Verbraucher mit Nahrungsmitteln;

— Aufrechterhaltung des handelspolitisch erforderlichen Warenaustausches mit Drittländern.

Da diese übergeordneten landwirtschaftlichen Ziele schon nicht miteinander vereinbar sind, wurde versucht, durch die Formulierung von Unter- und Einzelzielen in Verbindung mit Nebenbedingungen einen Kompromiß herbeizuführen:

— Es sollen nur noch Betriebs- und Unternehmensformen entwickelt werden, die einen rationellen Einsatz der Produktionsfaktoren Arbeit, Boden und Kapital ermöglichen (wo dies nicht möglich ist, soll eine Verringerung der Bevölkerungsdichte vermieden, eine drohende Verödung der Gebiete verhindert werden);
— Förderung des Ausscheidens weiterer landwirtschaftlicher Arbeitskräfte in Verbindung mit der Einrichtung außerlandwirtschaftlicher Arbeitsplätze und Verbesserung der dazu notwendigen Infrastruktur, insbesondere Verkehrserschließung und -bedienung, Energieversorgung und Wohnungsbau;
— Fortführung der bisherigen Maßnahmen zur Verbesserung der Agrarstruktur, allerdings mit veränderten Unterzielen, so etwa:
  — räumliche Schwerpunktbildung der Maßnahmen und Abgrenzung der Gebiete künftig unrentabler Landbewirtschaftung;
  — Flurbereinigung nur im richtigen Zeitpunkt des strukturellen Entwicklungsprozesses;
  — ländliche Siedlung wird eingeschränkt und nur noch zur wirklichen Verbesserung der Agrarstruktur eingesetzt;
  — bessere Fachausbildung und Wirtschaftsberatung;
— Vergabe von Bewirtschaftungszuschüssen für die Erhaltung der Kulturlandschaft und Förderung der Einrichtung von Erholungsgebieten;
— Erleichterung des landwirtschaftlichen Grundstücksverkehrs durch entsprechende Auslegung des Grundstücksverkehrsgesetzes und des Bundesbaugesetzes, ohne dadurch einer Zersiedlung der Landschaft Vorschub zu leisten;
— Förderung und Verbesserung der Allgemeinbildung auf dem Lande zum Abbau des Bildungsgefälles durch Verbesserung des Bildungsangebotes in zentralen Orten;
— ausreichende und preisgünstige Versorgung des Marktes mit Holz; Erhaltung und Förderung der an Bedeutung gewinnenden außerwirtschaftlichen Wirkungen des Waldes, wobei die außerwirtschaftlichen Funktionen des Waldes Vorrang erhalten sollen.

Im Juni 1968 wurde vom Bundeskabinett der Beschluß gefaßt, einen Kabinettsausschuß zu bilden, der die Ziele und Maßnahmen für eine durch Regionalpolitik ergänzte Agrarstrukturpolitik festlegen soll. Gegenüber der bisherigen Globalsteuerung agrarpolitischer Maßnahmen will man künftig den regionalen Besonderheiten und Problemen der Einzelbetriebe in verstärktem Umfang Rechnung tragen (6, S. 18 ff.). Deshalb hat die Bundesregierung 1970 versucht, in einem zusammenfassenden Förderungsprogramm, im *„Einzelbetrieblichen Förderungs- und sozialen Ergänzungsprogramm für die Land- und Forstwirtschaft"*, dem Anpassungsprozeß der Landwirtschaft durch spezifische Maßnahmen Rechnung zu tragen, durch gezielte Anpassungshilfen a) für die langfristig in der Landwirtschaft Verbleibenden (einzelbetriebliche Investitionsförderung), b) für die aus der hauptberuflichen Landwirtschaft Ausscheidenden (Landabgaberenten, Einkauf in die allgemeine Rentenversicherung, Prämie zur Existenzgründung außerhalb der Landwirtschaft, Umschulungsbeihilfen) und c) für diejenigen, die nur noch vorübergehend hauptberufliche Landwirte (zeitlich begrenzte Überbrückungsbeihilfen) bleiben wollen (7). Da-

16

mit werden den in der Landwirtschaft Verbleibenden Hilfen für Investitionen angeboten, die Flächenaufstockung und Rationalisierungsbestrebungen ermöglichen. Gleichzeitig erleichtern die sozialen Hilfen die weitere Freisetzung von Arbeitskräften, wenn in Verbindung damit außerlandwirtschaftliche Arbeitsplätze durch regionale Strukturpolitik geschaffen werden. In Ergänzung des *Mansholt-Memorandums von 1968* hat die EWG-Kommission im April 1970 neue Vorschläge zur „Reform der Landwirtschaft" vorgelegt. Die darin enthaltenen Leitbilder entsprechen weitgehend den in der BRD entwickelten Intentionen zur Agrarstrukturverbesserung (19, S. 36). Der Agrarbericht 1971 legt die Ziele und Schwerpunkte der Agrarpolitik eingehend dar (23, S. 15 u. 68 f.).

Wie diese Zielsetzungen zeigen, soll die ländliche Strukturpolitik immer mehr aus ihrer allein agrarwirtschaftlichen Isolierung herausgeführt und, wie von der Wissenschaft schon lange gewünscht (24, S. 50 ff.; 28, S. 256 ff.), in ein Konzept zur regionalen Gesamtentwicklung ländlicher Räume eingegliedert werden (20, S. 145). Kernstück dieses Konzeptes ist — wie das folgende Kapitel zeigen wird — *die neue regionale Wirtschaftspolitik.* Das Bundeslandwirtschaftsministerium hat durch Grundlagenforschung zu dieser Politik und durch eigene Überlegungen und Projektionen zur Entwicklung der Landwirtschaft bis 1975 und 1980 mit zur Abschätzung der landwirtschaftlichen Entwicklungsmöglichkeiten beigetragen (20, S. 130—142). Aus all diesen Überlegungen wird deutlich, daß die Landwirtschaft noch immer vor bedeutenden und tiefgreifenden Strukturwandlungen steht. Dieser Strukturwandel kann nur, und darüber besteht bei der wissenschaftlichen und praktischen Agrarpolitik völlige Einigkeit, mit Hilfe einer intensiven regionalen Strukturpolitik bewältigt werden. Die zunehmende Interdependenz der Wirkungen einzelner Maßnahmen im Rahmen der Agrarstrukturpolitik und im Rahmen der regionalen Wirtschaftspolitik zur Durchsetzung der Zielvorstellungen für die Entwicklung ländlicher Räume zwingt in erhöhtem Ausmaß zur Ressortkooperation und zu enger Zusammenarbeit der regionalen Fachbehörden. Dabei sind größere Widerstände zu überwinden. Die langfristige Abstimmung der Maßnahmen im Bereich der Agrar-, Infra- und Wirtschaftsstrukturverbesserungen soll im Bundesraumordnungsprogramm (vgl. Kap. V) erfolgen (23, S. 76). Das Bundesraumordnungsprogramm soll den Koordinierungsrahmen für alle künftigen räumlich-strukturell wirkenden Maßnahmen des Bundes bilden.

d) Wirtschaft

Nach Auffassung der EWG-Kommission (49, S. 24) hat die Regionalpolitik zum Ziel: „Schaffung, Verbesserung und Erhaltung der Standortbedingungen für die Wirtschaftstätigkeiten und die Menschen unter Berücksichtigung der Erfordernisse der Technik und der Wirtschaft, der Bedürfnisse und Ansprüche der Bevölkerung sowie des Charakters der Gebiete", und die Regionalpolitik soll versuchen, „die gesamte Bevölkerung in höchstem Maße an der Erreichung des wirtschaftlichen Optimums zu beteiligen" (49, S. 24 f.).

Im Jahre 1968 hat der Bundesminister für Wirtschaft seine Vorschläge *„zur Intensivierung und Koordinierung der regionalen Strukturpolitik"* (15) als sog. „SCHILLER-Plan" erarbeitet und damit auch Ziele für die Neuordnung des ländlichen Raumes entwickelt, die sich auf quantitative Vorausschätzungen und Projektionen abstützen und in ihren qualitativen Zielformulierungen auf Überlegungen beruhen, die JOCHIMSEN/TREUNER entwickelt haben (43; 45). Darüber hinaus hat die Bundesregierung gemeinsam mit den Ländern Grundsätze zur sektoralen und regionalen Strukturpolitik (Bundestagsdrucksache V/2469) erarbeitet. Diese Grundsätze der regionalen Strukturpolitik enthalten die Zielformulierungen und das gesamte Instrumentarium der neuen regionalen Wirtschaftspolitik. Die Maßnahmen der regionalen Wirtschaftspolitik beziehen sich allerdings vor-

läufig noch vorwiegend auf die zurückgebliebenen ländlichen Gebiete (Bundesfördergebiete). Überragende Ziele dieser Regionalpolitik sind:
— die Schaffung optimaler regionaler Wirtschaftsstrukturen;
— die Hebung der Produktivität ungenutzter oder schlecht genutzter Produktionsfaktoren in allen Gebieten zur Mobilisierung des allgemeinen Wirtschaftswachstums.

Für die Entwicklung ländlicher Räume haben folgende Unterziele bzw. Mittel der Regionalpolitik zukünftig größere Bedeutung:
— die gewerblichen Standortbedingungen in ländlichen Räumen, insbesondere in den zurückgebliebenen ländlichen Gebieten (Fördergebieten) sollen verbessert, die Schwerpunktbildung für industrielle Schwerpunktorte mit einem Mindesteinzugsbereich von 20 000 Einwohnern vorangetrieben werden;
— bei der Industrieansiedlung im ländlichen Raum sind Wachstumsindustrien zu bevorzugen;
— die Bereitstellung von Arbeitskräften aus der Landwirtschaft für diese Industrieansiedlung, damit sie wesentlich zur schnelleren Umstrukturierung und Verbesserung der wirtschaftlichen Situation der Landwirtschaft beitragen kann;
— die Verbesserung des Wohnwertes einer Stadt oder einer Landschaft, weil ohne derartige Maßnahmen künftig kaum noch Industrieansiedlung möglich sein wird.

Allgemein ist man sich völlig darüber im klaren, daß eine positive Entwicklung der ländlichen Räume nur erwartet werden kann, wenn es in relativ kurzer Zeit gelingt, zusätzliche außerlandwirtschaftliche Arbeitsplätze in ausreichender Zahl und Qualität zu schaffen, denn führende Wirtschaftsforschungsinstitute stimmen in der Auffassung überein, daß Industrieansiedlung in größerem Umfang nach 1975 wohl kaum noch möglich sein wird (18, S. 46).

Aus diesem Grund hat die Bundesregierung in Zusammenarbeit mit den Ländern, wie in den „Vorschlägen zur Intensivierung und Koordinierung der Regionalpolitik" erstmals angeregt (15, S. 22 f.), ihre Regionalförderung auf sog. *„Regionale Aktionsprogramme"* umgestellt. In den Jahren 1969/70 hat der Interministerielle Ausschuß für regionale Wirtschaftspolitik (IMNOS) insgesamt zwanzig Aktionsprogramme in Kraft gesetzt, die, entsprechend dem Verfassungsauftrag (Art. 91a GG), nach dem Gesetz über die Gemeinschaftsaufgabe „Verbesserung der regionalen Wirtschaftsstruktur" (BGBl I/1969, S. 1861 ff.) von Bund und Ländern nach einem Rahmenplan in einem gemeinsamen Planungsausschuß beraten worden sind und gemeinsam gefördert werden sollen. Diese regionalen Aktionsprogramme, mit denen sich die Bundesregierung ein modernes Planungsinstrument geschaffen hat, sollen die Zielsetzungen und Programme der Landesplanung und Raumordnung berücksichtigen und deren Grundsätze beachten. Sie selbst haben folgende Zielsetzung:
— in den strukturschwachen Gebieten soll die notwendige Anzahl neuer Arbeitsplätze durch Investitionshilfe geschaffen werden,
— die vorhandenen Arbeitsplätze sind durch Rationalisierungs- und Umstellungshilfen zu sichern,
— die kommunale Infrastruktur ist, entsprechend den sich aus der Industrieansiedlung ergebenden Bedürfnissen, mit öffentlicher Hilfe auszubauen, und
— überall dort, wo es möglich ist, soll der Fremdenverkehr gefördert werden.

Mit Hilfe dieser Ziele und den entsprechenden Maßnahmen wird in den Räumen der Aktionsprogramme auch ein Beitrag zur Lösung der Probleme in der Landwirtschaft geleistet werden. Aus der Landwirtschaft ausscheidende Arbeitskräfte sollen in zumutbarer Entfernung einen gewerblichen Arbeitsplatz finden. Eine Förderung bei der Schaffung von gewerblichen Arbeitsplätzen wird im Rahmen der Aktionsprogramme nur noch in Schwerpunktorten erfolgen, die vom IMNOS festgelegt worden sind. Das in diesen Programmen verwirklichte *„Schwerpunktprinzip"* verbessert die Fühlungsvorteile der Industrie und damit das Industrieklima in den Schwerpunktorten, dient dem konzentrierten Ausbau der Infrastruktur und damit der Anhebung des „Wohn- und Freizeitwertes". Man weiß, daß das Ziel der Konzentration der Industrieansiedlung in regionalen Schwerpunkten bei gleichzeitiger Erhaltung des Wohnsitzes für die aus der Landwirtschaft ausscheidenden Erwerbstätigen u. a. nur erreicht werden kann, wenn gut ausgebaute Straßen und günstige Verkehrsverbindungen zu den Arbeitsplätzen vorhanden sind oder geschaffen werden (15, S. 28). Die verkehrspolitischen Ziele und Maßnahmen werden deshalb zur Entwicklung der ländlichen Räume erhöhte Bedeutung erlangen.

e) Verkehr

Mit dem *„Verkehrspolitischen Programm der Bundesregierung 1968 bis 1972"* wurde eine Wende in der deutschen Verkehrspolitik eingeleitet. Nicht mehr die Probleme einzelner Verkehrsträger und deren Lösung standen im Vordergrund, sondern die Aufstellung eines Gesamtprogramms für eine „Verkehrspolitik aus einem Guß", in dem Verkehrspolitik und Raumordnungspolitik u. a. gemeinsam hinwirken wollen auf (10, S. 67):

— die Entwicklung ländlicher Räume durch möglichst intensive Förderung gezielter verkehrspolitischer Maßnahmen mit geringen volkswirtschaftlichen Kosten, und
— die Beseitigung negativer räumlicher Auswirkungen der gegenwärtigen Verkehrsstruktur, durch moderne Verkehrsbedienung in der Fläche, durch verbesserte Zusammenarbeit der Verkehrsunternehmen, vor allem im kombinierten Verkehr und durch Schaffung eines auf den künftigen Bedarf ausgerichteten Verkehrswegenetzes.

Die Bundesregierung beabsichtigt, den mit dem Verkehrspolitischen Programm begonnenen Weg fortzusetzen und ein *Bundesverkehrswegeprogramm* für Schiene, Straße, Wasserstraße, Rohrleitungen und Luftverkehr aufzustellen (14, S. 62 ff.).

Die verkehrspolitischen Vorstellungen wurden wesentlich mitgeprägt durch ein mit der Raumordnung abgestimmtes Zielsystem für den Verkehrsausbau in den Regionen der Bundesrepublik Deutschland. Zur Konkretisierung des raumordnerischen Zielsystems haben vor allem die Empfehlungen des Beirats für Raumordnung „Raumordnerische Grundvorstellungen zur Fernstraßenplanung" aus dem Jahre 1967 (10, S. 156 ff.) und die Entschließung der Ministerkonferenz für Raumordnung „Raumordnung und Fernstraßenplanung" aus dem Jahre 1968 (10, S. 149 f.) beigetragen.

Die neuen Zielsetzungen der Verkehrspolitik gehen aus von einem bestimmten gesellschaftspolitischen Leitbild und den sich daraus ergebenden verkehrspolitischen Hauptaufgaben (14, S. 26). Hauptziel ist, einen größtmöglichen Beitrag zum allgemeinen Wohl zu leisten. Für die Bundesverkehrswegeplanung wurden daraus folgende für den ländlichen Raum wichtige Unterziele vorgegeben (14, S. 62):

— Der Neu- und Ausbau von Verkehrswegen muß — unter Beachtung der Wahlfreiheit der Verkehrsmittel — einen größtmöglichen Beitrag zum Wirtschaftswachstum erbringen;
— die Planung der Verkehrswege hat alle schädlichen Einflüsse auf die Umwelt möglichst zu vermeiden;
— die Verkehrsplanung muß die Ziele der Raumordnung berücksichtigen (gesunde Lebens- und Arbeitsbedingungen, ausgewogene und gleichwertige wirtschaftliche, soziale und kulturelle Verhältnisse in allen Teilen der Bundesrepublik Deutschland);
— die europäische Integration ist durch den Ausbau der Verkehrsinfrastruktur zu fördern.

Als erster Teil der Bundesverkehrswegeplanung wurde der *Ausbauplan für Bundesfernstraßen 1971 bis 1985* fertiggestellt. Dieser Plan verfolgt folgende, für den ländlichen Raum wichtige Ziele (13, S. 7):

— Der Plan muß sich auf die wachsende Zahl von Kraftfahrzeugen und den zunehmenden Güterverkehr einrichten;

— in die Planung einbezogen werden muß auch der heftig ansteigende tägliche Naherholungs-, Wochenend- und Urlaubsreiseverkehr;

— unter Berücksichtigung der Ziele der Raumordnung gilt es für die Straßenplanung vor allem, abgelegene, ländliche Gebiete zu erschließen und Zentren miteinander zu verbinden, um innerhalb der Bundesrepublik Deutschland überall gleichwertige Lebensbedingungen zu schaffen.

Künftige und weitere Aufgabe der Verkehrsplanung wird es sein, die Planungen für die verschiedenen Verkehrsträger untereinander und aufeinander abzustimmen und — weil sich schon schwerwiegende Mängel herausgestellt haben — in einem ständigen Planungsprozeß laufend zu überprüfen, fortzuschreiben und miteinander zu verzahnen.

4. Allgemeine Empfehlungen für die weitere Konkretisierung gebietsunabhängiger Entwicklungsziele durch den Beirat für Raumordnung

Der Beirat für Raumordnung beim Bundesinnenministerium veröffentlichte im November 1969 die 2. Folge seiner Beschlüsse mit zwei Empfehlungen über:

— die Entwicklung des ländlichen Raumes;
— die Belastbarkeit des Landschaftshaushaltes.

Beide Empfehlungen sind für die weitere Entwicklung des ländlichen Raumes wichtig; besonders aktuell ist jedoch die spezielle Empfehlung. Sie bringt — nach Auffassung der Verfasser — über die Ansätze der vorhandenen sektoral ausgerichteten Zielvorstellungen und Programme hinaus integrale, alle Fachbereiche *umfassende Strategien,* die den Einsatz des entwicklungspolitischen Instrumentariums in den verschiedenen ländlichen Gebietstypen ziel-, zeit- und sachgerecht ermöglichen (9, S. 7). Da es nach den Empfehlungen *ein Zielsystem* und *eine Strategie* für die Entwicklung des ländlichen Raumes nicht geben kann, weil die strukturellen Unterschiede zu groß sind, unterscheidet der Beirat nach dem regionalen Wirtschaftsniveau und dem regionalen Wirtschaftswachstum folgende Gebietstypen mit unterschiedlicher Wirtschaftskraft:

A. *Gebiete mit starker Wirtschaftskraft*
— Starkes Wachstum auf hohem Niveau —

B. *Gebiete mit mittlerer Wirtschaftskraft*
1. Gebiete mit überdurchschnittlichem Wachstum;
2. Gebiete mit überdurchschnittlichem Niveau;
3. sonstige Gebiete mit mittlerer Wirtschaftskraft.

C. *Gebiete mit schwacher Wirtschaftskraft*
— Schwaches Wachstum auf niedrigem Niveau —

und hat auf Kreisebene die Bundesrepublik Deutschland auf verschiedene Gebietstypen aufgeteilt, die unter Berücksichtigung der gesamtwirtschaftlichen Typisierung zu „Programmregionen" zusammenzufassen sind (9, S. 10).

Für den gesamten ländlichen Raum wurden in dieser Empfehlung sog. *gebietsunabhängige Anforderungen an die Entwicklungsstrategie* gestellt, also Ziele, die für alle Gebietstypen zu beachten sind:

— Regionale Entwicklungspolitik muß auch in den ländlichen Räumen produktionsorientiert sein, d. h. jede Region muß, interdisziplinär koordiniert, nach ihrem Entwicklungspotential beurteilt und erst daraus dürfen konkrete Entwicklungsziele abgeleitet werden;
— die Mitarbeit der Öffentlichkeit an Planung und Durchführung der regionalen Entwicklung muß sichergestellt werden durch umfassende und rechtzeitige Information und glaubwürdige Entwicklungsprogramme;
— die Entwicklungsplanung muß insbesondere zum Zwecke der besseren Koordination institutionalisiert werden und über ein Bundesraumordnungsprogramm für einzelne Teilgebiete eine zeitliche, sachliche und räumliche Bindung für alle Ebenen der Verwaltung nach sich ziehen;
— die Produktivitätsorientierung erfordert den koordinierten und konzentrierten Einsatz der Maßnahmen aller Fachbereiche in den noch festzulegenden förderungswürdigen Zentralorten;
— für die im Umstrukturierungsprozeß zu erwartende Umwidmung landwirtschaftlicher Flächen müssen vorausschauend landespflegerische Maßnahmen eingeleitet werden;
— die im ländlichen Raum notwendigen städtebaulichen Sanierungs- und Entwicklungsaufgaben müssen wegen der Knappheit der öffentlichen Mittel zunächst auf die Schwerpunkte der wirtschaftlichen Entwicklung konzentriert werden.

5. Spezielle Empfehlungen des Beirats für Raumordnung für gebietsabhängige Entwicklungsstrategien im ländlichen Raum

a) Gebiete mit starker Wirtschaftskraft (Typ A)

Zur Sicherung der Entwicklung in diesen ländlichen Räumen sollten folgende Grundsätze beachtet werden (9, S. 13 f.):
— Infrastrukturelle „Begleitmaßnahmen" der Entwicklung sollten das Entstehen von Engpässen in der öffentlichen Versorgung verhindern;
— durch Sicherung der Land- und Forstwirtschaft ist unter Beachtung landespflegerischer Gesichtspunkte der Verfall der Kulturlandschaft zu verhüten;
— die Förderung der Investitionen landwirtschaftlicher Betriebe sollte jedoch nur produktivitätsorientiert erfolgen und dort, wo eine langfristige Fortführung der landwirtschaftlichen Nutzung zu erwarten ist.

b) Gebiete mit mittlerer Wirtschaftskraft (Typ B)

Bei den Zielsetzungen zur Entwicklung dieser Gebiete muß man grob zwischen Gebieten mit überdurchschnittlichem (a) und unterdurchschnittlichem (b) Wachstum unterscheiden (9, S. 14 f.):
a) — Infrastrukturelle Begleitmaßnahmen (wie bei Typ A), aber mit besonderem Augenmerk auf Verbesserung der Ausbildung;
— durch Sogwirkung der Industrie ausgelöste Strukturwandlungen im Agrarbereich sind zu unterstützen und zu steuern;
b) — wo Wachstum fehlt, ist dieses durch Weckung der Wachstumskräfte zu fördern, um Dauersubventionen überflüssig zu machen;
— Strukturwandlungen im industriellen Bereich sind zu unterstützen, aber gleichzeitig neue Arbeitsplätze zu schaffen;
— Gebiete mit niedriger agrarischer Produktionsleistung, die aber in absehbarer Zeit eine Umstrukturierung erwarten lassen, sollen solange durch unmittelbare Einkommensübertragungen gestützt werden, bis ausreichende Einkommensmöglichkeiten bestehen.

c) Gebiete mit schwacher Wirtschaftskraft (Typ C)

Nach Auffassung des Beirats ist bei der Ausarbeitung der Strategie für diese Gebiete von Fall zu Fall zu prüfen und zu entscheiden, „ob auch hier bei entsprechender Förderung die Entwicklungschancen positiv beurteilt werden können. Dabei ist von 2 Grundsätzen auszugehen" (9, S. 15):

1. Keine Vergeudung von Produktionsfaktoren.
2. Ausschließlich Anpassungssubventionen, aber keine Erhaltungssubventionen.

Aus diesen beiden Grundsätzen ergeben sich die Strategien für:

— a) *Aktivsanierung* — oder — b) *Passivsanierung* —

Zu a) Aktivsanierung bedeutet die Voraussetzungen für Kapitalzufluß und Zuwanderung qualifizierter Arbeitskräfte zu schaffen, mit dem Ziel (9, S. 15):

— Ausbau entwicklungsfähiger Schwerpunkte mit einem Verflechtungsbereich von mehr als 20 000 Einwohnern mit Industrieansiedlung, möglichst in der Nähe eines wirtschaftlich aktiven Raumes;
— der Förderung von Industrieansiedlung ist die Förderung des Fremdenverkehrs gleichzusetzen, wobei sich bei vorrangiger Förderung des Fremdenverkehrs die Industrieansiedlung unterzuordnen hat.

Zu b) Passivsanierung bedeutet, daß die in diesen Räumen lebenden Menschen in die Lage versetzt werden, in anderen Räumen ein befriedigendes Einkommen erzielen zu können.

Klar wird als Ziel herausgestellt (9, S. 16):

— Passivsanierung ist dort anzuwenden, wo das vorhandene Entwicklungspotential weder zur Industrieansiedlung noch zur Förderung des Fremdenverkehrs ausreicht;
— in den dafür — nach eingehender Prüfung — vorzusehenden Gebieten ist die Mobilität der Menschen durch bildungs- und verkehrspolitische Maßnahmen zu erhöhen und ein Minimum an öffentlichen Dienstleistungen zu erhalten;
— für die der passiven Sanierung überlassenen Gebiete müssen in jedem Falle Reaktivierungsmöglichkeiten offen gehalten werden.

Mit dieser Empfehlung für die Entwicklungsstrategie unterschiedlicher Gebietstypen haben jahrelange Überlegungen der Wissenschaft und der Verwaltung auf Bundesebene ein entscheidendes Stadium erreicht (44, S. 46). Es wird nunmehr eine der großen Reformaufgaben der Verwaltung sein, mit Hilfe eines umfassenden Programms verbindliche Ziel-Mittel-Systeme für die künftige Entwicklung der ländlichen Räume aufzustellen.

Die bisherigen Bemühungen des Beirats für Raumordnung und die Beratungen in der Ministerkonferenz für Raumordnung um eine räumlich-konkrete Ausformung der Grundsätze des § 2 ROG haben gezeigt, daß die dabei gewonnenen Erkenntnisse und Ergebnisse — wie z. B. in den oben dargelegten Zielsetzungen für die Entwicklung ländlicher Räume — oft nur die Form allgemeiner und abstrakter Aussagen haben konnten. Auch die Abstimmung zwischen Bund und Ländern bei der Aufstellung von Landesentwicklungsplänen und -programmen führte nicht zu einer derartigen Angleichung und Übereinstimmung, die dem Bund erlaubt hätte, eine Summierung dieser Planungen zur Grundlage eigener Fachplanungen zu machen (19, S. 27). Die Bundesraumordnung wurde darüber hinaus durch den sektoralen Zuschnitt der Fachplanungen weitgehend in ihren Möglichkeiten eingeschränkt. Planungen und Maßnahmen des Bundes nach räumlichen und sachlichen Schwerpunkten und Prioritäten waren praktisch nicht möglich.

V. Konkretisierung der Zielvorstellungen im Bundesraumordnungsprogramm

1. Aufgabenstellung

Das Bundesverfassungsgericht hat den Bund im Rahmen eines Rechtsgutachtens (BVerfGE 3, 428) bereits 1954 die Vollkompetenz für eine Bundesplanung auf dem Gebiet der Raumordnung zugesprochen (27, S. 657). Nach Verabschiedung des *Raumordnungsgesetzes* (ROG) des Bundes im Jahre 1965 hat sich gezeigt, daß die darin enthaltenen Leitbilder und Grundsätze nach § 1 und § 2 ROG, die in sich kein geschlossenes, befristetes Zielsystem sind, nicht ausreichen, um daraus für die Fachplanungen den notwendigen, einheitlichen Bezugsrahmen abzuleiten. Die allgemeinen raumordnungspolitischen Leitbilder und Grundsätze des ROG wurden deshalb von der Wissenschaft häufig als *„Leerformeln"* bezeichnet.

Auf die Notwendigkeit gesamtwirtschaftlicher Rahmenplanungen als Bezugsrahmen für landes- und regionalplanerische und fachliche Entwicklungsplanungen haben die Wirtschaftswissenschaftler in den 60er Jahren unermüdlich hingewiesen. Sie forderten eine *„gesamtwirtschaftliche Konzeption der Raumordnungspolitik"* als Grundlage für eine realistische Konzeption der Regionalpolitik (35, S. 398 ff.; 61, S. 368 ff.; 52, S. 200 ff.). Der konsequenteste Lösungsvorschlag wurde von JOCHIMSEN vorgetragen. Er forderte die Aufstellung eines *Bundesentwicklungsplanes* (42, S. 237 ff.). Nicht zuletzt dadurch ist das Interesse der Öffentlichkeit an den Fragen einer besseren Koordination der Raumordnungspolitik, an der Einführung einer überfachlichen koordinierten Gesamtplanung gewachsen.

Auf der Grundlage des Raumordnungsberichts 1968, der die räumlichen Entwicklungstendenzen der Bundesrepublik Deutschland aufzeigt (18, S. 1—48) und der deutlich macht, daß der regional gezielte Ausbau der Infrastruktur allein nicht ausreicht, um die Entwicklung in bestimmten zurückgebliebenen Gebieten in Gang zu setzen, hat der Deutsche Bundestag, einem Antrag des 9. Bundestagsausschusses folgend (BT-Drs. V/4372), beschlossen, „die Bundesregierung zu ersuchen, ... auf der Grundlage einer konkreten räumlichen Zielvorstellung für die Entwicklung des Bundesgebietes die regionale Verteilung der raumwirksamen Bundesmittel in einem Bundesraumordnungsprogramm festzulegen" (27, S. 657). Schon heute ist abzusehen, daß die in der Verfassung niedergelegten allgemeinen Ziele mit raumwirksamer Bedeutung (vgl. Kap. III/1), die Grundsätze des ROG (vgl. Kap. III/3) wie auch die neuesten wirtschafts- und raumordnungspolitischen Ziele der Bundesregierung (vgl. Kap. IV) bei ihrer Durchsetzung erhebliche raumstrukturelle Auswirkungen haben (19, S. 27). Den sich daraus ergebenden Veränderungen von Umwelt- und Lebensverhältnissen muß durch systematische Vorausschau und Planung Rechnung getragen werden. Dieses soll in einem *Bundesraumordnungsprogramm* geschehen.

Im Bundesraumordnungsprogramm sollen die Zielvorstellungen der Bundesregierung für die räumlich-strukturelle Entwicklung weiter konkretisiert und erstmals in einem Gesamtzusammenhang dargestellt und damit eine langfristige, überfachliche Gesamtkonzeption für die räumliche Entwicklung des Bundesgebietes erarbeitet werden (12, S. 4). Die Ziele und Maßnahmen der Umweltplanung, des Städte- und Wohnungsbaus, der Agrarpolitik, der regionalen Strukturpolitik, der Verkehrspolitik u. a. m. haben sich auf der Grundlage der Ziele nach § 1 und § 2 ROG in dieses Programm einzufügen. Sie sollen im Rahmen des Interministeriellen Ausschusses für Raumordnung (IMARO) aufeinander abgestimmt werden, um die regionale Entwicklungspolitik transparenter zu machen und um sie so besser koordinieren zu können. Die Abstimmung mit den Ländern soll im „Gegenstromverfahren" im Rahmen der Ministerkonferenz für Raumordnung erfolgen.

Eine regionalisierte Prognose der regionalen Entwicklung von Wirtschaft und Bevölkerung bis 1980 soll dem Bundesraumordnungsprogramm, unter Berücksichtigung der voraussehbaren räumlich-strukturellen Entwicklungstendenzen, als Orientierungs- und Entscheidungshilfe für die Zielfindung dienen. Dabei sollen erkennbare positive räumlich-strukturelle Entwicklungstendenzen gefördert, negative möglichst unterbunden oder abgeschwächt werden (19, S. 28). Das Programm wird für den Zeitraum 1980/85 aufgestellt, damit die Ziele innerhalb eines überschaubaren Zeitraumes realisiert werden können. Eine regionalisierte Darstellung der zu koordinierenden raumwirksamen Bundesmaßnahmen soll ermöglichen, aus den Zielen räumliche und sachliche Schwerpunkte und Prioritäten abzuleiten. Damit will das Bundesraumordnungsprogramm über ein allgemeines raumordnerisches Leitbild hinaus eine konkrete Zielkonzeption anstreben, denn dieses ist Voraussetzung für eine wirkungsvolle sachliche, zeitliche, räumliche und finanzielle Koordinierung der Fachprogramme.

Nach DIETRICHS / HÜBLER (27, S. 659) hat das *Bundesraumordnungsprogramm als verwaltungsmäßiges Instrument* vor allem drei Hauptaufgaben zu erfüllen:

— „Für die Bundesressorts legt es die raumordnungspolitischen Ziele durch die langfristigen räumlichen und sachlichen Planungen, Maßnahmen und Investitionen für die Teilräume des Bundesgebietes fest,

— bei den Gemeinschaftsaufgaben nach Art. 91 a GG bildet das Bundesraumordnungsprogramm die inhaltliche Ausfüllung der zu verfolgenden räumlichen Ziele und

— für die Länder stellt es als Orientierungshilfe den Rahmen dar, in dem sie ihre Entscheidungen über ihre speziellen räumlichen Ziele treffen können."

Die Aufgaben des Bundesraumordnungsprogrammes sind also zweierlei Art: einmal sollen die räumlichen Ziele regional konkretisiert, zum anderen die raumwirksamen Bundesmittel diesen Zielen entsprechend regional verteilt werden.

Das Bundesraumordnungsprogramm muß zur Erfüllung dieser Aufgaben vor allem grundsätzlich darauf bedacht sein:

— ein möglichst *widerspruchsfreies Zielsystem* für räumliche, sachliche und zeitliche Zielkategorien zu formulieren und

— dabei nur solche Ziele aufzustellen, die unter Einschätzung der langfristig politisch wirkenden Kräfte auch *objektiv durchsetzbar* sind.

Die damit aufgeworfene Problematik wird nicht einfach zu lösen sein, weil bei der Aufstellung des Bundesraumordnungsprogrammes noch viele methodische Schwierigkeiten überwunden werden müssen und es im Hinblick auf eine Regionalisierung der Zielvorstellung bisher noch in vielen Fachbereichen an exakter Grundlagenforschung fehlt.

2. Ausgewählte methodische Probleme und Zielkonflikte

a) Gliederung des Bundesgebietes in Raumordnungseinheiten

Eine Regionalisierung der Zielvorstellungen im Bundesraumordnungsprogramm setzt eine Gliederung des Bundesgebietes in *Raumeinheiten* voraus. Eine derartige Gliederung der Bundesrepublik Deutschland wurde im Auftrage des Bundesministeriums des Innern 1967/68 vom Institut für Raumordnung in der Bundesforschungsanstalt für Landeskunde und Raumordnung im Einvernehmen mit den Ländern vorgenommen. Sie hatte zum Ziel, in 78 Raumeinheiten der Bundesrepublik Deutschland Bevölkerungs- und Beschäftigungsprognosen als Grundlage für die Bundesfernstraßenplanung „Zweiter Ausbauplan 1971 bis 1985" zu erarbeiten. Bei den Ländern, in denen bereits eine Einteilung nach Regionen bzw. Planungsräumen besteht, wie z. B. in Baden-Württemberg, stimmen die Raumeinheiten ganz oder weitgehend mit den statistischen Raumeinheiten überein (18, S. 49), woraus sich für die einzelnen Regionen gute Kontrollmöglichkeiten ergeben.

Dem Bundesraumordnungsprogramm werden fortgeschriebene Prognosen für Gebietseinheiten als Grundlage für die regionale Zielbestimmung dienen. „Von den Ländern bereits festgelegte landes- und regionalplanerische Abgrenzungen sollen soweit wie möglich berücksichtigt werden, jedoch werden die Gebietseinheiten häufig größere Räume umfassen müssen" (19, S. 28; 27, S. 665). Dabei sollen die Gebietseinheiten möglichst nicht strukturell homogene Räume voneinander abgrenzen, so die Verdichtungsräume von den ländlichen Räumen, sondern *einander funktionell ergänzende Räume zusammenfassen*, so die Verdichtungsräume mit den zu ihrem Verflechtungsbereich gehörenden ländlichen Räumen.

Dieser methodische Ansatz ist zu begrüßen. Er sollte mit allem Nachdruck durchgesetzt werden. Problematisch ist jedoch im Bundesraumordnungsbericht der Hinweis auf die Notwendigkeit einer Gliederung der Bundesrepublik Deutschland in größere Gebietseinheiten, weil diese sich dann u. U. nicht mehr mit regionalplanerischen Gebietseinhieten decken und somit eine Überprüfung der planerischen Ansätze erschweren, wenn nicht sogar unmöglich machen. Hier sollte sich das Bundesraumordnungsprogramm konsequent an die bisherigen Grundsätze der Regionalisierung halten und landes- und regionalplanerische Gebietsabgrenzungen — soweit wie möglich — nach dem neuesten Stand der gebietlichen Verwaltungsreform berücksichtigen, wenn diese für eine zukunftsweisende Regionalplanung groß genug sind. Gewarnt werden muß dabei allerdings auch vor einer allzu starken regionalen Unterteilung, wie sie häufig von regionalen Instanzen gewünscht wird, weil diese eine erfolgreiche Tätigkeit der Raumordnungspolitik geradezu in Frage stellen kann (60, S. 67). Durch eine Abgrenzung der Gebietseinheiten nach Regionen, wie sie heute z. B. bereits in Rheinland-Pfalz, Hessen und Baden-Württemberg zu finden sind, ließe sich im Bundesraumordnungsprogramm die gegenseitige Abstimmung im *„Gegenstromverfahren"* zwischen Bund, Ländern und Regionen erheblich erleichtern. Die dabei sicherlich auftretenden Zielkonflikte würden dadurch möglicherweise auf ein erträgliches Maß verringert.

b) Prognosen und Zielbestimmung für Gebietseinheiten

Dem Bundesraumordnungsprogramm sollen Prognosen über die Regionalstruktur als Entscheidungshilfe für die raumordnerische Zielfindung dienen. Determinanten dieser Zielfindung müssen sein (72, S. 35):
— Gewährleistung einer möglichst optimalen Verwendung aller potentiellen Produktionsfaktoren,
— Verhinderung langfristiger interregionaler Nettoabwanderungen,
— Erhaltung ökologisch ausgeglichener Umweltverhältnisse.

Nach Auffassung von DIETRICHS / HÜBLER sollen die zur Zielplanung aufzustellenden Prognosen mehr sein als reine Status-quo-Prognosen (27, S. 660 ff.). Sie sollen, entsprechend den oben angeführten Determinanten, die künftige räumliche Verteilung von Wirtschaft und Bevölkerung aufzeigen und, als unerläßliche Voraussetzung für eine realistische Ziel-Mittel-Betrachtung, eine dementsprechende *exante Regionalisierung* der dafür einzusetzenden Bundesmittel anstreben, die „als vorausgeplante Regionalisierung" die „anzustrebende Struktur im Jahre 1980" berücksichtigt (27, S. 664). Raumordnerisches Leitbild einer derartigen Regionalisierung ist, dem Artikel 72 GG („. . . Wahrung der Einheitlichkeit der Lebensverhältnisse über das Gebiet eines Landes hinaus . . .") folgend, der *Abbau der bestehenden großen Strukturunterschiede zwischen den Gebietseinheiten* in der Bundesrepublik Deutschland, innerhalb bestimmter Fristen.

Ohne Zweifel ist das Aufstellen einer derartigen raumordnerischen Zielkonzeption eine schwierige Optimierungsaufgabe, „deren Lösung die bestmögliche Entwicklung aller Teilräume des Bundesgebietes unter vielfältigen Bedingungen ausweisen soll" (27, S. 658). Hier ist jedoch mit ZIMMERMANN zu fragen, ob die Lösung dieser Optimierungsaufgabe nicht den Glauben voraussetzt, „die zweckmäßige räumliche Ordnung der Bundesrepublik Deutschland insgesamt zu kennen oder erkennen zu können" (75, S. 9). Zwar ergeben sich aus den Divergenzen zwischen Leitbild und tatsächlicher Raumstruktur die Ansatzpunkte für raumordnungspolitisches Aktivwerden (60, S. 107), da aber z. B. die wissenschaftlichen Erkenntnisse über die Motive und Tendenzen der Bevölkerungswanderung noch sehr gering sind und die politischen Vorstellungen der Entscheidungsträger noch nicht formuliert wurden, muß erwartet werden, daß die ex ante Regionalisierung im Bundesraumordnungsprogramm — wenn sie überhaupt durchgeführt wird — mehr von raumordnungspolitischen Wunschbildern bzw. Ideologien als von realistischen Leitbildern bestimmt sein wird. Es kann deshalb vermutet werden: Willkürliches „Wollen" soll rational begründetes „Für-Richtig-Halten" ersetzen (75, S. 9).

Erste Ansätze für eine derartige Befürchtung ergeben sich bereits bei einer kritischen Überprüfung der regionalisierten Bevölkerungsprognosen (18, S. 49 ff.) für den „Zweiten Ausbauplan für Bundesfernstraßen 1971—1985" (13, S. 7 ff.). Dabei zeigt sich deutlich, daß die *interregionalen Bevölkerungswanderungen,* vor allem die Nord-Süd-Wanderung, *unterschätzt wurden.* Sollte sich diese Wanderungsbewegung trotz aller entgegengesetzter raumordnerischer Ziele und Maßnahmen fortsetzen, so wird eine exante Regionalisierung, die derartige Entwicklungen unterschätzt und somit auf falschen Prämissen aufbaut, auch im ländlichen Raum zu infrastrukturellen Fehlplanungen und Fehlinvestitionen größeren Ausmaßes führen.

Allein dieses Beispiel zeigt deutlich, vor welchen großen Schwierigkeiten eine realistische exante Regionalisierung steht. Lediglich *gesetzte Leitbilder und Ziele,* die nicht stichhaltig begründet sind, werden voraussichtlich auf einen nachhaltigen Widerstand in der Öffentlichkeit und bei den Fachbehörden beim Bund, bei den Ländern und bei den Regionen stoßen, die angestrebte Koordinierungsfunktion des Bundesraumordnungsprogramms praktisch unmöglich machen und deshalb kaum oder nur schwer durchsetzbar sein.

c) Abgrenzung von Verdichtungsräumen und ländlichen Räumen

In den Grundsätzen des ROG sind im § 2 die allgemeinen Ziele für die Gebietskategorien „Verdichtungsraum", „Ländlicher Raum" und „Hinter der allgemeinen Entwicklung zurückgebliebene Gebiete" (strukturschwache Räume) festgelegt worden, wobei das ROG davon ausgeht, daß die Grundsätze für strukturschwache Räume auch für ländliche Räume entsprechende Anwendung finden. Eine Abgrenzung dieser Räume erfolgte durch die Ministerkonferenz für Raumordnung für Verdichtungsräume im November 1968, für strukturschwache Räume im April 1970. Da für die verschiedenen Gebietskategorien unterschiedliche raumordnerische Grundsätze und landesplanerische Ziele u. a. im ROG und in den Landesentwicklungsplänen festgelegt worden sind, kommt der Frage der Abgrenzung dieser Räume große Bedeutung zu.

Allgemein ist man der Auffassung, daß alle Räume, die nicht Verdichtungsräume sind, zum ländlichen Raum gehören. Eine derartige Argumentation setzt jedoch eine klare Abgrenzung der Verdichtungsräume und ihrer Randzonen voraus. Die bisher angewandten statistischen Merkmale und deren Schwellenwerte (18, S. 151) mit ihren statistischen und dynamischen Komponenten, wie z. B. die Einwohner-Arbeitsplatzdichte, leiden unter erheblichen Mängeln, weil z. B. die Topographie und die Größe der Gemarkungsflächen dabei nicht berücksichtigt werden und es zu einseitigen, falschen Abgrenzungen kommen kann. Hier wäre die Besiedlungsdichte (Einwohner je qkm besiedelter Fläche) ein geeigneteres Kriterium für die Abgrenzung. Leider ist diese Methode wegen fehlender statistischer Unterlagen noch nicht bundesweit anzuwenden. Die eigentliche Abgrenzung der Verdichtungsräume und ihrer Randzonen (Ordnungsraum besonderer Art) sollte deshalb der Regional- und Landesplanung überlassen und mit dem Bund abgestimmt werden. Im Bundesraumordnungsprogramm wären hingegen endlich übergeordnete raumordnungspolitische Ziele für die Entwicklung der Verdichtungsräume festzulegen. Dafür gilt es insbesondere die wissenschaftliche Grundlage zur Beurteilung des Agglomerationsprozesses zu erweitern.

Da zwischen den Verdichtungsräumen, deren Randgebieten und dem ländlichen Raum enge Wechselbeziehungen bestehen, stößt auch die Abgrenzung des ländlichen Raumes auf erhebliche Schwierigkeiten (19, S. 32), weil u. a.:

— der ländliche Raum sich oft weit in die Verdichtungsgebiete hineinzieht, die Grenzen zwischen beiden Raumkategorien fließend sind und sich ständig durch den anhaltenden Verdichtungsprozeß verändern;
— innerhalb des ländlichen Raumes kleinere Verdichtungen, zentrale Orte höherer Ordnung (Verdichtungsbereiche) liegen, für die sowohl die Entwicklungsziele für Verdichtungsräume als auch die für ländliche Räume gelten können;
— der ländliche Raum in sich strukturell so verschiedenartige Bedingungen aufweist, daß von einer einheitlichen Gebietskategorie (vgl. Kap. IV/5) nicht gesprochen werden kann.

Nun ist dieses Problem einer Abgrenzung von Verdichtungsräumen und ländlichen Räumen dann kein besonderes Problem für das Bundesraumordnungsprogramm, wenn bei der Abgrenzung der Gebietseinheiten im Zuge der Regionalisierung sich funktionell einander ergänzende Räume zusammengefaßt werden (vgl. Kap. V/2a). Zum Problem werden diese Abgrenzungsschwierigkeiten jedoch dann, wenn nach der Aufstellung eines gesamträumlichen Zielsystems gesonderte Ziele für die verschiedenen Gebietskategorien aufgestellt und auch durchgesetzt werden sollen. Dies gilt besonders für die Bestimmung der Zentralorte, der Entwicklungsachsen und der Schwerpunktorte im ländlichen Raum.

d) Bestimmung der Zentralorte und Festlegung der Entwicklungsachsen

Die Zielvorstellungen der Landesentwicklungspläne, Landesentwicklungsprogramme und der übergeordneten Fachplanung (vgl. Kap. IV/2/3) für die Entwicklung ländlicher Räume gehen davon aus, daß u. a.:

— die Standortvoraussetzungen für Industrie- und Gewerbeansiedlung vorrangig im Bereich *geeigneter Zentralorte* und *Entwicklungsachsen* geschaffen oder verbessert werden;
— entsprechend dem „Verdichtungsprinzip", Wohnungsbau mit allen dazugehörigen Versorgungseinrichtungen vorrangig auch in *Zentralorten* und in *Entwicklungsachsen* betrieben wird.

Die Ministerkonferenz für Raumordnung hat bereits 1968 Grundprinzipien für die Bestimmung von Zentralen Orten erarbeitet (18, S. 149). Trotzdem ist es bisher den Ländern noch nicht gelungen, „die zentralen Orte in der Praxis nach übereinstimmenden Maßstäben festzulegen" (19, S. 37). Dies führte in einigen Bundesländern zu einer Inflation der Zentralorte und damit zu verwässerten Raumordnungsstrategien. In einer allgemeingültigen Ordnung der Zentralorte liegt noch eine wichtige Aufgabe für das Bundesraumordnungsprogramm. Vor allem gilt es dabei die Frage zu klären, ob auch und wo Zentralorte, die außerhalb der Entwicklungsachsen liegen, ausgebaut werden sollen.

Leider gibt es auch für die Ausweisung von Entwicklungsachsen, Verdichtungsbänder und Verdichtungsachsen keine einheitlichen Abgrenzungskriterien. Allgemein ist man sich darüber einig, daß Entwicklungsachsen und Verdichtungsbänder evtl. funktionsfähige Verdichtungspunkte (Oberzentren) miteinander durch gegliederte bauliche Verdichtung verbinden sollen. Die Förderung einer derartigen baulichen Verdichtung soll vor allem der Freihaltung der angrenzenden ländlichen Räume, insbesondere zur Naherholung dienen, damit zur Wiederherstellung ausgeglichener ökologischer Verhältnisse beitragen und die Einrichtung tragfähiger Nahverkehrssysteme (Schienenverkehr) ermöglichen. Als Verdichtungsräume besonderer Art sollen die Entwicklungsachsen den ländlichen Raum durchdringen, um ihn auf diese Weise zu erschließen. Verdichtungsschwerpunkte, die in Entwicklungsachsen liegen, aber noch nicht die ihrer Zentralitätsstufe entsprechende Bevölkerungszahl, Infrastrukturausstattung und Arbeitsplatzzahl ausweisen, sollen vorrangig als Entwicklungsschwerpunkte (Nebenzentren, Entlastungsorte) ausgebaut werden.

So einleuchtend dieses Konzept, das sich durch alle Fachplanungen hindurchzieht, ist, muß doch gefragt werden, ob die überall vorhandene Tendenz zur verbreiteten Netzbildung der Entwicklungs- und Verdichtungsachsen nicht doch von unrealistischen Wunschvorstellungen getragen wird, weil einerseits die Bevölkerungsanzahl und deren Entwicklung nicht ausreicht, um alle vorgesehenen Entwicklungsachsen zu füllen und andererseits die innerregionalen und interregionalen Bevölkerungswanderungen, die der Auffüllung dieser Achsen dienen könnten, entsprechend den z. Z. gegebenen raumordnerischen Zielsetzungen unterbunden werden sollen. Nicht geklärt ist auch die Frage, welche Mindestverdichtung in den Entwicklungsachsen angestrebt werden sollte. Da all diese Probleme noch im Bundesraumordnungsprogramm geklärt werden müßten, wenn damit ein einheitlicher Bezugsrahmen für Fachplanungen gegeben werden soll, kann man ermessen, vor welchen großen praktischen und methodischen Schwierigkeiten die Verfasser des Programms stehen.

e) Abgrenzung der Fördergebiete — Festlegung der Schwerpunktorte

Bund und Länder haben sich in den letzten Jahren verstärkt um eine allseits als gerecht empfundene Neuabgrenzung der Fördergebiete bemüht, die vorläufig mit der Bestimmung der Gebiete für *„Regionale Aktionsprogramme"* einen Abschluß gefunden hat, nun aber erneut durchdacht werden muß. Die Notwendigkeit dazu ergibt sich aus dem gesetzlichen Auftrag gemäß § 2 Abs. 1, 3 ROG 1965, gemäß Artikel 91a GG (BGBl. I 1969 S. 357 ff.) und gemäß den Gesetzen über die *Gemeinschaftsaufgaben* „Verbesserung der Agrarstruktur und des Küstenschutzes" (BGBl. I 1969 S. 1573) und „Verbesserung der Regionalen Wirtschaftsstruktur" (BGBl. 1969 I S. 1861), wonach Planungsausschüsse zu bilden sind, die u. a. die Förderungsgrundsätze und die räumlichen und sachlichen Schwerpunkte festlegen sollen.

Die Gesetze über die Gemeinschaftsaufgaben sind am 1. Januar 1970 in Kraft getreten. Ihre Programme und Rahmenpläne sollen am 1. Januar 1972 oder 1973 anlaufen. Bis dahin muß die Frage der Abgrenzung der Fördergebiete geklärt sein. Der Planungsausschuß des Gesetzes zur „Verbesserung der Regionalen Wirtschaftsstruktur" ist praktisch identisch mit dem „Interministeriellen Ausschuß für regionale Wirtschaftspolitik" (IMNOS). Darin hat man sich nunmehr auf die Abgrenzung von zwei Arten von Fördergebieten geeinigt:

— auf Gebiete, die in ihrer Wirtschaftskraft erheblich unter dem Bundesdurchschnitt liegen, und

— auf Gebiete, in denen sich eine rückläufige wirtschaftliche Entwicklung abzeichnet oder zu befürchten ist.

28

Das Bundeswirtschaftsministerium wollte ursprünglich die Gebiete der Regionalen Aktionsprogramme nach ihrem heutigen Stand in die Gemeinschaftsaufgaben einbringen und diese Räume im Rahmen der Programmfortschreibung neu abgrenzen. Es konnte diesen Vorschlag jedoch nicht aufrecht erhalten, weil inzwischen über die Neuabgrenzung der Gebiete ein „Methodenstreit" ausgebrochen ist. Die Ministerkonferenz für Raumordnung und zwei wissenschaftliche Institute haben neue Methoden für Abgrenzungsvorschläge erarbeitet. Während die MKRO dabei vom Verfahren der Merkmalshäufigkeit ausgeht, arbeiten die Institute mit der mathematisch-statistischen Methode der Faktorenanalyse. Die Ergebnisse dieser Analyse sollen im Frühjahr 1971 vorliegen und miteinander verglichen werden. Welche Methode letztlich zur Abgrenzung der Fördergebiete herangezogen wird, entscheidet sich sicherlich erst nach zähen Verhandlungen zwischen Bund und Ländern. Die endgültige Festlegung der Fördergebiete ist jedoch eine wichtige Voraussetzung für das Bundesraumordnungsprogramm.

Bei den wissenschaftlichen Untersuchungen hat sich gezeigt, daß die Abgrenzung der Fördergebiete nach Landkreisen, die z. T. sehr heterogen sind, zukünftig nicht mehr erfolgen sollte. Viele strukturschwache Gebiete erhalten so keine Förderung; andere hingegen, die eigentlich keiner starken Förderung bedürften, werden in die Programme aufgenommen. Besser wäre es sicherlich, wenn man die *funktionell verflochtenen Bereiche der Mittel- oder zumindest der Oberzentren* als räumliche Berechnungsgrundlage zur Abgrenzung der Fördergebiete heranziehen würde. Man würde auch damit die Abkehr vom „Flächendeckungsprinzip" dokumentieren.

Auch bei der Festlegung der Schwerpunktorte werden keine einheitlichen Maßstäbe angelegt. Allen gemeinsam ist nur die unterdurchschnittliche Wirtschaftskraft. Sieht man einmal von den unverbindlichen Empfehlungen des Beirates für Raumordnung (18, S. 155 ff.) und dem SCHILLER-Programm (15) ab, die die räumliche Schwerpunktbildung fordern, so liegt der regionalen Strukturpolitik kein *konkretes Zielsystem* für die räumliche Entwicklung zugrunde — gerade sie aber sollte Ausgangspunkt einer rationalen Politik sein (72, S. 35). Kern eines solchen Zielsystems müßte das Festlegen *städtischer Entwicklungsschwerpunkte* in Verdichtungsräumen und ländlichen Räumen sein, weil nur dadurch größere Abwanderungen aufgehalten werden können. TREUNER schlägt neben einer Verminderung der Anzahl der Schwerpunkte auch deren Differenzierung vor (72, S. 36), nach:

— *Siedlungs- und Gewerbeschwerpunkten*, die sowohl in Verdichtungsräumen nach Entwicklungsachsen wie auch in ländlichen Räumen liegen können, und
— *Gewerbeschwerpunkten*, die sinnvollerweise nur in Verdichtungsgebieten bzw. den Randzonen festgelegt werden sollten.

Die Verminderung der Schwerpunktorte wäre sicherlich gerecht, weil eine Vielzahl dieser Orte noch nicht einmal über Mindestvoraussetzungen für die Entwicklung zum städtischen Entwicklungsschwerpunkt verfügt. Eine Differenzierung hätte den Vorteil, daß durch sie die angemessenen Förderungsmaßnahmen gleich mitbestimmt würden. Aus den Schwierigkeiten bei der Lösung der aktuellen Aufgabe der Rahmenplanung für die Gesetze über Gemeinschaftsaufgaben wird etwas ganz deutlich: Der Bund muß sich auf ein klares und konkretisierbares Zielsystem über die anzustrebende räumliche Struktur festlegen, wenn das Bundesraumordnungsprogramm seinen Ansprüchen als Koordinierungsinstrument gerecht werden will.

f) Aktivsanierung oder Passivsanierung

In der Diskussion über die künftig anzustrebende Siedlungs- und Infrastruktur im ländlichen Raum taucht immer wieder die Frage auf, „ob bei entsprechender Förderung der gewerblichen Wirtschaft, des Fremdenverkehrs und der Landwirtschaft die Entwicklungschancen langfristig positiv beurteilt werden können" (19; 38). Noch vor einigen Jahren wurde diese Frage selten oder überhaupt nicht gestellt, weil nach Ansicht der Verwaltung mit der Aufstellung der Grundsätze des ROG wichtige und eindeutige Grundsatzentscheidungen getroffen worden sind, die für ländliche Gebiete als Ganzes eine aktive Sanierung vorschreiben (§ 2 Abs. 1 Nr. 3 und 5 ROG) und die gelegentlich geforderte passive Sanierung (Zulassen oder Förderung der Entleerung eines Raumes durch Abwanderung, vgl. Kap. IV/5c) ausschließen (27, S. 658). Gegen eine derartige Zielvorstellung und Auslegung des ROG sind von Seiten der Wissenschaft immer wieder ernsthafte Bedenken vorgetragen worden (43; 46; 52; 60).

Nach den meisten Analyseergebnissen der Wirtschaftswissenschaften kann das aus den Forderungen des Grundgesetzes und des Raumordnungsgesetzes abgeleitete Postulat der „aktiven Sanierung" für den gesamten ländlichen Raum nicht mehr uneingeschränkt verfolgt werden. So hat z. B. der Beirat für Raumordnung deutlich dargelegt, daß es künftig zwischen und am Rande von Einzugsbereichen förderungswürdiger zentraler Orte Räume geben kann, „deren künftige Entwicklung durch Bevölkerungsabwanderungen, also durch ‚passive Sanierung' gekennzeichnet sein wird — und daß die Raumordnungspolitik dies hinzunehmen hat" (44, S. 46). Die mit dieser Entscheidung nunmehr anerkannte *Abkehr vom „Flächendeckungsprinzip"* ist die logische Folgerung aus der Finanzknappheit, denn in absehbarer Zeit wird es nicht möglich sein, alle zur Förderung vorgeschlagenen Zentralorte mit den notwendigen — aber dann z. T. unausgelasteten — Infrastruktureinrichtungen auszustatten. Damit hat der Beirat mit der Tabuisierung der Mittelpunktdörfer und Kleinzentren Schluß gemacht und nüchterne Betrachtung an die Stelle von Wunschdenken gesetzt.

Diese Erkenntnisse sind nun neuerdings auch in die offizielle Sprachregelung der Verwaltung aufgenommen worden: „Der Grundsatz der aktiven Sanierung ländlicher Gebiete kann nicht ausschließen, daß innerhalb dieser Räume kleinere Gebiete ‚passiv' saniert werden" (19; 39). Diese neue Zielsetzung, aus der sich im regionalen Bereich erhebliche Zielkonflikte ergeben werden, beruht auf der Einsicht, daß es nicht die Aufgabe einer zukunftsorientierten Raumordnungspolitik sein kann, die überkommene Siedlungsstruktur zu zementieren und eine Anpassung an die heutigen gesellschaftlichen (städtischen Lebensformen, gut ausgebaute Infrastruktur) und ökonomischen (Trend zur Maßstabsvergrößerung) Erfordernisse zu verhindern. Damit wurde für die Aufstellung des Bundesraumordnungsprogramms eine gewichtige Vorentscheidung gefällt.

3. Abschluß oder Neubeginn der Raumordnungsdiskussion

Über die Frage, ob wir ein Bundesraumordnungsprogramm brauchen, besteht in Wissenschaft (42) und Praxis (4) weitgehende Einigkeit. Wir benötigen ein derartiges Programm vor allem wegen der dringenden notwendigen Koordinierung aller raumordnungsrelevanten Tätigkeiten der öffentlichen Hand. Während jedoch die Einsicht, daß raumordnungspolitische Maßnahmen einer Koordinierung bedürfen, sich allgemein durchgesetzt hat, ist der *Zwang zur Koordinierung der räumlichen Leitbilder und Entwicklungsziele*, wie J. H. MÜLLER hervorhebt, „weitgehend noch nicht einmal als Problem bekannt" (60, S. 136). Örtlich und regional differenzierte Leitbilder für einen größeren Raum, wie z. B. die Bundesrepublik Deutschland, müssen sich in ein passendes Ganzes einfügen.

Wie jedoch die Darlegung der Zielvorstellungen für den ländlichen Raum und die Diskussion ausgewählter methodischer Probleme im Hinblick auf das aufzustellende Bundesraumordnungsprogramm gezeigt haben, wurden und werden viele Leitbilder und Ziele zur Entwicklung des ländlichen Raumes (z. B. aktive oder passive Sanierung, Schwerpunktbildung, Entwicklungsachsen) immer wieder vor allem deshalb in Frage gestellt, weil die wissenschaftliche und empirische Basis der Grundlagenforschung in der Raumordnung noch relativ schmal ist. Da dieser „Notstand" nicht kurzfristig zu beseitigen ist, ließe sich eine überbrückende Koordination der Leitbilder wohl am besten im „Gegenstromverfahren" durch eine enge Zusammenarbeit unter- und übergeordneter öffentlicher Planungsträger erreichen. Regionen und Länder müßten von Anfang an bei der Aufstellung des Bundesraumordnungsprogramms mitbeteiligt werden. Dabei sollten örtliche und regionale Entscheidungsfreiheit und Initiative durch den Bund nur insoweit eingeschränkt werden, wie dies zur Wahrung eines konsistenten raumordnerischen Gesamtleitbildes unbedingt erforderlich ist.

Von großer Bedeutung ist das Bundesraumordnungsprogramm vor allem auch für die *Leitbild-Koordinierung zwischen den Bundes-Ressorts,* die wesentliche raumordnungswirksame Ziele und Maßnahmen festlegen. Diese Aufgabe wird deshalb besonders schwierig zu lösen sein, weil bisher autonomes Ressortdenken z. B. in der Landwirtschaft, Forstwirtschaft, Wirtschaft, im Wohnungsbau, Verkehr und Verteidigungsbereich vorherrschten und der Wille zu einer institutionalisierten Koordination aus sog. „Ressortinteresse" praktisch kaum vorhanden ist. Zwar gibt es Ansätze und Absichtserklärungen zur Koordination der Ressort-Leitbilder im grundsätzlichen Bereich der Zielvorstellungen etwa bei Landwirtschaft, Wirtschaft und Verkehr (vgl. Kap. IV/3), aber diese guten Ansätze verschwinden zumeist mit zunehmender räumlicher Konkretisierung der Ziele. Da es keinen Koordinationsautomatismus gibt, muß das Bundesraumordnungsprogramm im Bereich der grundsätzlichen allgemeingültigen Entscheidungen eine Leitbild-Koordinierung zwischen den Ressorts herbeiführen, die den Entscheidungsrahmen der einzelnen Ressorts im Hinblick auf ein konsistentes raumordnerisches Gesamtleitbild fixiert. Darüber hinaus erscheint eine Institutionalisierung der Koordination vonnöten, die die Koordinationsfähigkeit und -willigkeit stärkt.

Auch im *politischen Bereich* fehlt es noch an Konkretisierung und Koordinierung der Zielvorstellungen für den ländlichen Raum. Zwar haben Wissenschaft und Verwaltung recht gute Ansätze allgemeingültiger Zielvorstellungen für den ländlichen Raum erarbeitet (vgl. Kap. IV/5), aber im politischen Bereich wurden sie noch nicht ausdiskutiert. Die Frage der „passiven Sanierung" ist zwar heute kein Tabu mehr (Kap. V/2f), jedoch spitzen sich die politischen Diskussionen zwischen Stadt und Land gerade an diesen Problemen zu. Deutlich zeigen sich in diesen Diskussionen (65) die politisch nicht zu unterschätzenden Einflüsse früher ausgebildeter „Ideen zur Ordnung des Raumes" (vgl. Kap. II; III). Die schon sehr früh aufgeworfenen Fragen zur Lösung des Stadt-Umland-Problems — heute durch die Verwaltungsreform aktualisiert — oder die Diskussion zu den Problembereichen „Ballung-Agglomeration-Verdichtung" oder „Konzentration-Dezentralisation" in Verbindung mit Fragen der regionalen Wirtschaftspolitik bestimmen immer noch die politische Landschaft. Das Bundesraumordnungsprogramm, an das von politischer Seite hohe Erwartungen geknüpft werden, wird sich diesen Grundsatzfragen der Zielfindung und Strategien zur Entwicklung des ländlichen Raumes stellen müssen. Ob dieses Programm jedoch Grundlage für weitreichende politische Entscheidungen sein kann, ist noch zweifelhaft.

Immer wieder wird in der letzten Zeit von seiten der Wissenschaft die Frage aufgeworfen, ob sich ein Bundesraumordnungsplan überhaupt aufstellen läßt, da eine nationale und regionale Konkretisierung der Zielsituation z. B. nach ZIMMERMANN (75) oder STORBECK (69, S. 110) aus vielfachen Gründen utopisch ist, weil:

— wegen der Unvollkommenheit menschlicher Erkenntnis die erforderliche allgemeine Voraussicht der gesellschaftlichen Entwicklung nicht besteht, und

— in der pluralistischen Gesellschaft die ebenfalls erforderliche Homogenität des auf individuellen Wertvorstellungen beruhenden politischen Willens fehlt.

Nach STORBECK sollte man deshalb keine eindeutige Zielhierarchie, kein geschlossenes Zielsystem schaffen, sondern eine *problemorientierte Konzeption* erarbeiten, in der ein allgemeiner Konsensus über auszuschließende Situationen — auf einen konkreten Entwicklungsstand bezogen — hergestellt wird (69, S. 111 ff.). Der Ansatz zu einer derartigen problemorientierten Konzeption liegt in der Aufstellung eines Negativkatalogs über alle unerwünschten Situationen des nationalen oder regionalen Entwicklungsstandes, der laufend am „Anspruchsniveau" gemessen und fortgeschrieben wird. „Die so gewissermaßen im reziproken Wert bestimmten Raumordnungsziele sind dann jeweils ausschließende Nebenbedingungen für die übrigen politischen Ziele, deren Verwirklichung die für die Raumordnung unerwünschten Situationen zu vermeiden hat" (69, S. 112). STORBECK setzt sich mit seiner Konzeption zur Operationalisierung der Raumordnungsziele, unter Berufung auf K. R. POPPER und H. SCHELSKY, für ein an den gesamtgesellschaftlichen Problemen orientiertes *„Planungsdenken von unten her"* ein und befindet sich damit im Gegensatz zu den Bestrebungen des Bundesministeriums des Innern.

Mit der Ausarbeitung des Bundesraumordnungsprogramms werden also nicht nur die Leitbild- und Zielvorstellungen des Raumordnungsgesetzes zur Entwicklung ländlicher Räume erneut grundsätzlich gestellt, sondern auch die Frage der Operationalisierung dieser Raumordnungsziele. Das Bundesraumordnungsprogramm kann und wird damit die Raumordnungsdiskussion neu beleben und in der Öffentlichkeit zu einer stärkeren „Bewußtseinsbildung" für die Neuordnung des ländlichen Raumes führen.

VI. Zusammenfassung

Aufgabe dieser Untersuchung war es, einen Überblick über die bisherigen Entwicklungs- und Zielvorstellungen für ländliche Räume zu geben. Dabei zeigte sich einleitend, daß es bisher noch keine eindeutige Begriffsdefinition für ländliche Räume gibt. Der bisher überwiegend angewandte Dichtebegriff, „ländliche Räume" sind all die Gebiete mit weniger als 200 Einw./qkm, kann nicht mehr befriedigen. Deshalb wurde hier von der weitesten Auslegung des Begriffs ausgegangen: „Ländliche Räume" sind all die Gebiete, die nicht „Verdichtungsräume" im engeren Sinne (Verdichtungskerne) sind. Im Rahmen dieser Definition unterscheidet man neuerdings, vor allem im Hinblick auf ausbaufähige Entwicklungsstrategien, ausgehend von der gegebenen Siedlungsstruktur zwischen „ballungsnahen" und „ballungsfernen" ländlichen Räumen, wobei die ballungsfernen ländlichen Räume (Entfernung > 50 km) wiederum danach differenziert werden, ob sie im Einzugsbereich (30 bis 40 km) einer Großstadt (> als 100 000 Einwohner) liegen oder ob sie großstadtfern gelegen über größere städtische Zentren verfügen oder nicht. Begriffliche Klarheit bei der Abgrenzung von Raum- und Strukturkategorien wird im Hinblick auf die Ausarbeitung von Entwicklungsvorstellungen und Entwicklungsstrategien immer wichtiger.

In einem historischen Rückblick auf frühere Ideen zur Ordnung des Raumes und auf die Leitbilder der Raumordnung in der Bundesrepublik Deutschland konnte deutlich herausgearbeitet werden, wie stark die heutigen Leitbildvorstellungen — bewußt oder unbewußt — von räumlichen Ordnungs- und Zielvorstellungen mitbestimmt werden, die in früheren Zeitepochen tonangebend waren. Von besonderer Bedeutung für die heutige Zieldiskussion zur Entwicklung ländlicher Räume sind vor allem v. THÜNENS wirtschaftstheoretische Überlegungen zur künftigen, erstrebenswerten Raumstruktur, in denen er deutlich das *Prinzip der Schwerpunktbildung* herausgearbeitet hat. Bei der Diskussion und Abfassung der Raumordnungsziele des Bundes, wie sie im Raumordnungsgesetz ihren Niederschlag gefunden haben, wurden die wirtschaftlichen Determinanten der künftigen Raumstruktur weitgehend zurückgedrängt durch ideologisch geprägte, normative gesellschaftspolitische Determinanten. Diese fanden relativ leichten Eingang in die Zielfindung, weil die Raumordnungsziele des Bundes bisher sehr allgemein formuliert wurden und erst in den letzten Jahren eine weitergehende Konkretisierung erfahren haben.

Die Konkretisierung einiger allgemein formulierter spezieller Ziele für die Entwicklung ländlicher Räume für überfachliche Entscheidungen und zur Festlegung räumlich fachbezogener Entwicklungsziele erfolgte durch die Ministerkonferenz für Raumordnung (MKRO), durch Empfehlungen des Wissenschaftlichen Beirats für Raumordnung und durch die Fachministerien des Bundes. Ein umfassendes überfachliches Zielsystem, verbunden mit einer auf ein Zieljahr bezogenen Ziel-Mittel-Relation, zur Entwicklung der ländlichen Räume konnte bisher jedoch noch nicht erarbeitet werden. Die verschiedenen für die Entwicklung ländlicher Räume verantwortlichen Fachressorts haben jedoch, wie die Darlegungen der raumordnungsrelevanten Ziele für einzelne Fachbereiche deutlich zeigen, eingesehen, daß die Erarbeitung und Durchsetzung einer Entwicklungsstrategie für ländliche Räume eines koordinierten und aufeinander abgestimmten Zusammenwirkens bedarf. Es wird nunmehr eine der großen Reformaufgaben der Verwaltung sein, mit Hilfe eines umfassenden Programms verbindliche Ziel-Mittel-Systeme für die künftige Entwicklung ländlicher Räume aufzustellen.

Diese Aufgabe soll im Rahmen des aufzustellenden Bundesraumordnungsprogrammes bewältigt werden. Dabei gilt es jedoch eine Vielzahl methodischer Schwierigkeiten zu überwinden. Werden die regionalen Gebietseinheiten des Programmes zu groß abgegrenzt (37 anstatt 78 Raumeinheiten) und stimmen nicht mit den einander funktionell ergänzenden Räumen, z. B. denen der Oberzentren, überein, dann wird dies voraussichtlich zu fehlerhaften raumordnerischen Zielfindungen führen. Die Vorausschau der regionalen Entwicklung in den Gebietseinheiten, die Prognose der Einwohner und Beschäftigten unter Status-quo-Bedingungen bis 1985 wird erschwert und stark verunsichert, eine ex-ante-Regionalisierung der Bundesmittel und die Ableitung von Schwerpunktmaßnahmen sicherlich fehlerhaft. Es ist weiterhin fraglich, ob auf derartigen Grundlagen aufbauend sich das erstrebenswerte räumliche Ordnungsprinzip eines Systems von Achsen und Schwerpunkten, die den ländlichen Räumen als Versorgungs- und Ausgleichsräume zugeordnet sind, gegenüber den Wunschvorstellungen einer verbreiteten Netzbildung der Achsen durchsetzbar ist. Eine verbreitete Netzbildung der Entwicklungsachsen und Entwicklungsschwerpunkte führt sicherlich nicht zur Verbesserung der individuellen und gesellschaftlichen Lebensverhältnisse im ländlichen Raum. Es bleibt zu hoffen, daß das Bundesraumordnungsprogramm die vielfältigen methodischen und praktischen Schwierigkeiten überwinden kann und es zur Aufstellung eines richtungsweisenden Zielsystems kommt. Dazu wird es jedoch notwendig sein, mit althergebrachten Zielvorstellungen zur Entwicklung ländlicher Räume zu brechen. Die Determinanten für eine künftige Raumstruktur zwingen zur neuen Beurteilung des Verdichtungsprozesses, zum Überdenken der Grundsätze zukünftiger Siedlungsentwicklung und stellen den ländlichen Raum damit vor neue Probleme.

Das von Wissenschaft und Verwaltung in der nächsten Zeit zu erarbeitende *Zielsystem* muß spätestens nach Fertigstellung auch im politischen Bereich ausdiskutiert werden. Insbesondere die zu erwartenden Zielvorstellungen zur Entwicklung ländlicher Räume werden wegen der nicht zu unterschätzenden Einflüsse früher ausgebildeter „Ideen zur Ord-

33

nung des ländlichen Raumes" harte und weitgehende Grundsatzdebatten auslösen. Dabei wird sich zeigen, inwieweit die Politiker dem *„Planungsdenken von oben her"* zustimmen, ob sie ein *„Planungsdenken von unten her"* fordern oder ob sie mehr auf dem *„Gegenstromprinzip"* aufbauende und durch dieses Prinzip abgesicherte Planungsverfahren wünschen. Auf jeden Fall wird das Bundesraumordnungsprogramm die Raumordnungsdiskussion neu beleben, zum Nachdenken über die Entwicklungsprobleme des ländlichen Raumes zwingen und — so ist zu hoffen — konkrete, operationalisierbare Zielvorstellungen zur Neuordnung der ländlichen Räume erarbeiten.

Literaturhinweise

(1) BECHER, J. J.: Politischer Diskurs von den eigentlichen Ursachen des Auf- und Abnehmens der Städte, Länder und Republiken. Frankfurt a. Main 1668.

(2) BEHRENS, K. CH.: Zur Typologie und Systematik der Standortlehren. In: Festgabe für F. Bülow. Hrsg.: O. Stammer und K. C. Thalheim, Berlin 1960.

(3) BIELENBERG, W.: Bundesraumordnungsgesetz, Informationsbriefe für Raumordnung R 4.1.1. Hrsg.: Der Bundesminister des Innern, Mainz, o. J.

(4) BRENKEN, G.: Aktivierung der Raumordnung. Zur Aufstellung eines Bundesraumordnungsprogramms. In: Die öffentliche Verwaltung, Zeitschrift für Verwaltungsrecht und Verwaltungspolitik, 23. Jg. (1970), Heft 3, S. 81—84.

(5) BUCHWALD, K.: Artikel: „Grüne Charta von der Mainau", Handwörterbuch der Raumforschung und Raumordnung, Hrsg. von der Akademie für Raumforschung und Landesplanung, 2. Auflage, Bd. I, Hannover 1970, Sp. 1112—1114.

(6) Bundesminister für Ernährung, Landwirtschaft und Forsten (Hrsg.): Arbeitsprogramm für die Bundesregierung (Agrarprogramm). Landwirtschaft — Angewandte Wissenschaft, Heft 134, Hiltrup (Westf.) 1968.

(7) Bundesministerium für Ernährung, Landwirtschaft und Forsten (Hrsg.): Einzelbetriebliches Förderungs- und soziales Ergänzungsprogramm für die Land- und Forstwirtschaft. Landwirtschaft — Angewandte Wissenschaft, Heft 150, Hiltrup (Westf.) 1970.

(8) Bundesminister des Innern (Hrsg.): Empfehlungen, Beirat für Raumordnung, Bonn 1968.

(9) Bundesminister des Innern (Hrsg.): Empfehlungen, Folge 2, Beirat für Raumordnung, Bonn 1969.

(10) Bundesminister des Innern (Hrsg.): Umweltschutz, Sofortprogramm der Bundesregierung, Veröffentlichung in der Reihe „betrifft", Nr. 3, Bonn 1970.

(11) Bundesministerium des Innern (Hrsg.): Raumordnungspolitik in den siebziger Jahren, Veröffentlichungen in der Reihe „betrifft", Nr. 6, Bonn 1970.

(12) Bundesministerium des Innern (Hrsg.): Schwerpunktaufgaben der Raumordnung, Bundesraumordnungsprogramm, Raum und Ordnung, Informationen des Bundesministeriums des Innern, Heft 1/1971, S. 4—5.

(13) Bundesminister für Verkehr (Hrsg.): Ausbau der Bundesfernstraßen 1971 bis 1985, Bonn 1970.

(14) Bundesminister für Verkehr (Hrsg.): Verkehrsbericht 1970, Bonn 1970.

(15) Bundesminister für Wirtschaft (Hrsg.): Vorschläge zur Intensivierung und Koordinierung der regionalen Strukturpolitik, Bonn 1968.

(16) Deutscher Bundestag (Hrsg.): Raumordnungsbericht 1963 der Bundesregierung, Bundestagsdrucksache IV/1422, Bonn 1964.

(17) Deutscher Bundestag (Hrsg.): Raumordnungsbericht 1966 der Bundesregierung, Bundestagsdrucksache V/1155, Bonn 1967.

(18) Deutscher Bundestag (Hrsg.): Raumordnungsbericht 1968 der Bundesregierung, Bundestagsdrucksache V/3958, Bonn 1969.

(19) Deutscher Bundestag (Hrsg.): Raumordnungsbericht 1970 der Bundesregierung, Bundestagsdrucksache VI/1340, Bonn 1970.

(20) Deutscher Bundestag (Hrsg.): Bericht der Bundesregierung über die Lage der Landwirtschaft (Grüner Bericht, Grüner Plan 1970), Bundestagsdrucksache VI/372, Bonn, 6. Febr. 1970.

(21) Deutscher Bundestag (Hrsg.): Entwurf eines Gesetzes über städtebauliche Sanierungs- und Entwicklungsmaßnahmen in den Gemeinden (Städtebauförderungsgesetz) (Gesetzentwurf der Bundesregierung) Bundestagsdrucksache VI/510, Bonn, 12. März 1970.

(22) Deutscher Bundestag (Hrsg.): Städtebaubericht 1970 der Bundesregierung, Bundestagsdrucksache VI/1497, Bonn 1970.

(23) Deutscher Bundestag (Hrsg.): Agrarbericht 1971 der Bundesregierung, Bundestagsdrucksache VI/1800, Bonn 1971.

(24) Dams, Th.: Neuordnung des ländlichen Raumes als Aufgabe der Agrar- und Wirtschaftspolitik. In: Die Entwicklung des ländlichen Raumes als Aufgabe der Raumordnungs- und regionalen Strukturpolitik, Schriftenreihe für Flurbereinigung, Heft 48 (1967), S. 50—64.

(25) Dietrichs, B.: Raumordnungsziele des Bundes, Informationsbriefe für Raumordnung, R 3.1.2. Hrsg.: Der Bundesminister des Innern, Mainz 1965.

(26) Dietrichs, B.: Aktive oder passive Sanierung? In: Mitteilungen des Deutschen Verbandes für Wohnungswesen, Städtebau und Raumplanung, Heft 4 (1965), S. 1—11.

(27) Dietrichs, B.; Hübler, K.-H.: Bundesraumordnungsprogramm — Inhalt und Methoden —. Die öffentliche Verwaltung, Zeitschrift für Verwaltungsrecht und Verwaltungspolitik, 22. Jg., Heft 19 (1969), S. 657—665.

(28) Dietze, C. v.: Grundzüge der Agrarpolitik, Hamburg und Berlin 1967.

(29) Dittrich, E.: Zum Begriff des „Leitbildes" in der Diskussion über die Raumordnung. Informationen, 8. Jg., Heft 1 (1958), S. 1—13.

(30) Dittrich, E.: Das Leitbild in der Raumordnung. Informationen, 8. Jg., Heft 3 (1958), S. 53—75.

(31) Dittrich, E.: Raumordnung und Leitbild. Schriftenreihe des Instituts für Städtebau, Raumplanung und Raumordnung an der Technischen Hochschule in Wien, Hrsg. R. Wurzer, Heft 2, Wien 1962.

(32) Egner, E.: Raumpolitische Grundfragen des rheinmainischen Wirtschaftsgebietes. Raumforschung und Raumordnung, III. Jg., S. 565 ff.

(33) Ernst, W.: Artikel „Leitbild der Raumordnung". In Handwörterbuch der Raumforschung und Raumordnung, hrsg. von der Akademie für Raumforschung und Landesplanung, Hannover 1966, Sp. 1077—1092.

(34) Eucken, W.: Grundsätze der Wirtschaftspolitik, 2. Auflage, Tübingen 1955.

(35) Giersch, H.: Das ökonomische Grundproblem der Regionalpolitik. Jb. f. Sozialwissenschaft, Bd. 14, 1963, S. 398 ff.

(36) Giersch, H.: Allgemeine Wirtschaftspolitik — Grundlagen —, Wiesbaden 1960.

(37) Hartkopf, G.: Aktuelle Probleme der Raumordnungspolitik. Informationen, 20. Jg., Nr. 7 (1970), S. 185—194.

(38) Hübler, K.-H.: Raumordnung im ländlichen Raum, Informationsbriefe für Raumordnung Hrsg.: Der Bundesminister des Innern, R.5.1.4, Stuttgart — Wiesbaden, o. J.

(39) Hübler, K.-H.: Planungsrückstand im ländlichen Raum. Raum und Siedlung, Jg. 1968, Heft 1, S. 1—2.

(40) Isbary, G.: Neuordnung des ländlichen Raumes als Aufgabe der Regionalplanung. In: Regionalplanung, Beiträge und Untersuchungen, Neue Folge der „Materialien-Sammlung für Wohnungs- und Siedlungswesen", Bd. 63, Köln-Braunsfeld 1966, S. 65—81.

(41) Isenberg, G.: Tragfähigkeit und Wirtschaftsstruktur, Bremen-Horn 1953.

(42) Jochimsen, R.: Für einen Bundesentwicklungsplan. Die Neue Gesellschaft, 16. Jahrg. (1969), S. 237—240.

(43) Jochimsen, R.; Treuner, P.: Entwicklungsstrategie für das flache Land. In: Der Volkswirt, 22. Jg. Nr. 32 (1968), S. 27—30.

(44) Jochimsen, R.; Treuner, P.: Strategie am Scheideweg. In: Der Volkswirt, 24. Jg., Nr. 15 (1970), S. 46—49.

(45) Jochimsen, R.; Buhr, W.: Raumordnung und Marktwirtschaft, Informationsbriefe für Raumordnung, R 3.1.4. Hrsg.: Der Bundesminister des Innern, Mainz 1969.

(46) Jochimsen, R.; Knobloch, P.; Treuner, P.: Grundsätze der Landesplanung und der Gebietsreform in Schleswig-Holstein. Hrsg. vom Kultusminister des Landes Schleswig-Holstein, Itzehoe 1969.

(47) Kelbling, G.: Die Zielsetzungen der Agrarpolitik in der Bundesrepublik Deutschland. (Diss.), Freiburg 1968.

(48) Kloten, N.; Müller, J. H. u. a.: Regionale Strukturpolitik und wirtschaftliches Wachstum in der Marktwirtschaft. (Als Manuskript gedruckt), Tübingen und Freiburg 1965.

(49) Kommission der europäischen Gemeinschaften: Europäische Regionalpolitik, Hrsg.: Hessischer Gemeindetag — Mühlheim/Main, Rat der Gemeinden Europas — Deutsche Sektion — Mühlheim/Main, o. J.

(50) List, F.: Das nationale System der politischen Ökonomie, 6. Aufl. (Neudruck), Jena 1950.

(51) Lösch, A.: Die räumliche Ordnung der Wirtschaft, 3. Aufl., Stuttgart 1962.

(52) MALCHUS, V. FRHR. v.: Sozialökonomische Aspekte der Regionalplanung. In: Festschrift für Constantin v. Dietze, Innere Kolonisation, 15. Jg., Heft 8 (1966), S. 199—201.
(53) MALCHUS, V. FRHR. v.: Die Berücksichtigung außerlandwirtschaftlicher Gegebenheiten und Wechselbeziehungen bei der Agrarplanung. In: Grundlagen und Methoden der landwirtschaftlichen Raumplanung, Hannover 1969, S. 109—129.
(54) MEYER, K.: Ordnung im ländlichen Raum, Stuttgart 1964.
(55) MEYER, K.: Artikel „Ländlicher Raum". Handwörterbuch der Raumforschung und Raumordnung, hrg. von der Akademie für Raumforschung und Landesplanung, Hannover 1966, Sp. 944—954.
(56) MEYER-LINDEMANN, H. U.: Typologie der Theorien des Industriestandortes, Bremen-Horn 1951.
(57) MORGEN, H.: Artikel „Ländliche Gemeinde (Dorfgemeinde)". Handwörterbuch der Raumforschung und Raumordnung, hrg. von der Akademie für Raumforschung und Landesplanung, Hannover 1966, Sp. 931—944.
(58) MÜLLER-ARMACK, A.: Studien zur sozialen Marktwirtschaft, Reihe: Untersuchungen, Heft 12. Hrsg. vom Institut für Wirtschaftspolitik an der Universität zu Köln 1960.
(59) MÜLLER, J. H.: Zielkonflikte im Rahmen räumlicher Leitbilder. In: Festschrift für Constantin v. Dietze, Innere Kolonisation, 15. Jg., Heft 8 (1966), S. 195—196.
(60) MÜLLER, J. H.: Wirtschaftliche Grundprobleme der Raumordnungspolitik, Berlin 1969.
(61) MÜLLER, J. H.: Neue Methoden der Regionalforschung. In: Der Landkreis 10/1965, S. 366 ff.
(62) MÜLLER-ARMACK, A.: Studien zur sozialen Marktforschung, Reihe: Untersuchungen, Heft 12. Hrsg. vom Institut für Wirtschaftspolitik an der Universität Köln, Köln 1960.
(63) PETERSEN, A.: Thünens isolierter Staat. Die Landwirtschaft als Glied der Volkswirtschaft, Berlin 1944.
(64) PREISER, E.: Die württembergische Wirtschaft als Vorbild, Stuttgart 1937.
(65) RING, W.: Städte sagen dem ländlichen Raum den Kampf an. Innere Kolonisation, 18. Jahrg., Heft 11 (1969), S. 309 f.
(66) RÖPKE, W.: Civitas humana. Fragen der Gesellschafts- und Wirtschaftsreform, 3. Auflage, Erlenbach-Zürich 1949.
(67) Sachverständigenausschuß für Raumordnung: Die Raumordnung in der Bundesrepublik Deutschland (SARO-Gutachten), Stuttgart 1961.
(68) STAVENHAGEN, G.: Geschichte der Wirtschaftstheorie, Göttingen 1957.
(69) STORBECK, D.: Zur Operationalisierung der Raumordnungsziele, Kyklos, Bd. 23, Heft 1 (1970), S. 98—115.
(70) THALHEIM, K. C.: Aufriß einer volkswirtschaftlichen Strukturlehre, Zeitschrift für die gesamte Staatswissenschaft, Bd. 99 (1939).
(71) THÜNEN, J. H. v.: Der isolierte Staat in Beziehung auf Landwirtschaft und Nationalökonomie, 3. Aufl., Berlin 1875.
(72) TREUNER, P.: Rahmenplanung ohne Konzeption? Wirtschaftswoche, Nr. 4, 22. Januar 1971, S. 34—36.
(73) WEIGMANN, H.: Politische Raumordnung, Hamburg 1935.
(74) ZENS, H.: Stadt und Region. In: Planungsgemeinschaft Breisgau, Jahresbericht 1968, Freiburg 1969, S. 39—51.
(75) ZIMMERMANN, H.: Bundesraumordnungsprogramm — ein Ausweg? Informationen, 20. Jg. Nr. 1 (1970), S. 7—10.
(76) ZOHLNHÖFER, W.: Lokalisierung und Institutionalisierung der Infrastrukturplanung im föderativen System: Das Beispiel der Gemeinschaftsaufgaben in der Bundesrepublik Deutschland. In: Theorie und Praxis der Infrastruktur, Schriften des Vereins für Socialpolitik, NF., Bd. 54, Berlin 1970, S. 681—712.

Die Vorstellungen von Regierungen und politischen Parteien über die Entwicklung des ländlichen Raumes

von

Friedrich Hösch, München

I.

1. Leitbild — Zielvorstellung

Die Beziehungen des Menschen zu der ihm schicksalhaft zugewiesenen Umwelt sind eine der Gegebenheiten, die er immer wieder neu zu gestalten versucht. Seine Bemühungen werden bewußt oder unbewußt getragen von den gesellschaftspolitischen Leitbildern, in denen sich die Weltanschauungen und politischen Lebensgrundsätze einer Volksgemeinschaft manifestiert haben. Das gesellschaftspolitische Leitbild der heutigen Bundesrepublik Deutschland, das mit den Prinzipien Freiheit, sozialer Ausgleich und Sicherheit[1]) umschrieben werden kann, hat Herr v. MALCHUS im gleichen Band analysiert. Gesellschaftspolitische Leitbilder eignen sich allerdings nicht direkt für die praktische Gestaltung der Umwelt. Es werden deshalb aus ihnen für konkrete Situationen bestimmte Vorstellungen oder Ziele entwickelt. Denn die „Grundgedanken des Leitbildes sind . . . noch in tunlichst klar umrissene Ziele umzuformen"[2]).

2. Regierung und Parteien

Für den Raum- oder Landesplaner ist es nicht nur zweckmäßig und notwendig, von einer Situationsanalyse der ökonomischen und sozialen Gegebenheiten einer Region auszugehen, sondern es muß auch möglichst frühzeitig geklärt werden, welche Zielvorstellungen für die Entwicklung und Gestaltung dieser Region maßgebend sind. Im allgemeinen ist das gesellschaftspolitische Leitbild sehr weit gefaßt, so daß sich verschiedene, ja manchmal sogar konträre Zielvorstellungen mit ihm vereinbaren lassen. Interessant und betrachtenswert werden allerdings nur die Zielvorstellungen der zuständigen wirtschaftspolitischen Subjekte sein, weil sie wegen der politischen Macht dieser Subjekte die größte Aussicht auf Verwirklichung besitzen. Zu den wirtschaftspolitischen Subjekten der Bundesrepublik Deutschland können vornehmlich der Staat und die im Bundestag vertretenen Parteien gerechnet werden[3]).

---

[1]) Gutachten des Sachverständigenausschusses für Raumordnung. Die Raumordnung in der Bundesrepublik Deutschland. Stuttgart 1961, S. 52 f.

[2]) Ebenda, S. 73.

[3]) Lediglich der Vollständigkeit halber sei erwähnt, daß sich in den kommenden Jahren auch die EWG verstärkt in die Entwicklung der ländlichen Räume einschalten wird. Vgl. dazu vor allem „Memorandum zur Reform der Landwirtschaft in der Europäischen Wirtschaftsgemeinschaft" (von der Kommission dem Rat vorgelegt am 12. Dezember 1968) — sog. Mansholt-Plan und „Aufzeichnung über die Regionalpolitik in der Gemeinschaft. Vorschlag einer Entscheidung des Rates über die Mittel eines Vorgehens der Gemeinschaft auf dem Gebiet regionaler Entwicklung" (von der Kommission dem Rat vorgelegt am 17. Oktober 1969); eine revidierte Fassung des sog. Mansholt-Plans wurde am 29. April 1970 veröffentlicht, eine weitere Überarbeitung im Februar 1971 vorgenommen.

Unter Staat wird im folgenden weitgehend die Bundesregierung verstanden. Ein Eingehen auf die einzelnen Programme der Bundesländer für den ländlichen Raum scheint nicht notwendig zu sein. Denn obwohl die Länder als Träger der Raumordnung fungieren, steht dem Bund nach Art. 72 Abs. 2 Ziff. 3 GG das Gesetzgebungsrecht zu, „soweit ein Bedürfnis nach bundesgesetzlicher Regelung besteht, weil ... insbesondere die Wahrung der Einheitlichkeit der Lebensverhältnisse über das Gebiet eines Landes hinaus sie erfordert." In Art. 75 Abs. 1 Ziff. 4 GG wird ausdrücklich die Raumordnung genannt, zu deren Durchführung der Bund Rahmenvorschriften erlassen kann. Außerdem sind die Länder seit 1965 mit ihrer Landesplanung an das Raumordnungsgesetz des Bundes gebunden, so daß die Betrachtung der Länderprogramme keine wesentlich neuen Gesichtspunkte mehr zu bringen verspricht. Es soll deshalb lediglich das sog. Nordrhein-Westfalen-Programm 1975 als Beispiel für ein Länderprogramm kurze Erwähnung finden.

3. Der ländliche Raum

Im folgenden soll nur den heute aktuellen Zielvorstellungen von Regierungen und Parteien für den sog. ländlichen Raum nachgegangen werden. Es erweist sich jedoch als äußerst schwierig, eine für diese Ausführungen notwendige Begriffsbestimmung des sog. ländlichen Raumes vorzunehmen. Denn der Begriff des ländlichen Raumes ist „heute weder gesellschaftspolitisch noch sozial-ökonomisch eindeutig zu fassen oder vom städtischen, nichtländlichen Raum ... abzugrenzen". Auch decken sich die „Vorstellungsinhalte von ländlich und landwirtschaftlich ... nicht mehr"[4]). Diese Definitionsschwierigkeiten müssen auch der Regierung und den Parteien bewußt gewesen sein. Anders ist es nicht zu erklären, daß sowohl die Parteien wie die Regierung, auch im grundlegenden Raumordnungsgesetz, eine Angabe darüber vermieden haben, was sie unter dem ländlichen Raum verstehen. Es wäre deshalb völlig verfehlt, wenn hier eine Begriffsbestimmung für den sog. ländlichen Raum herausgearbeitet würde, da nie zu überprüfen wäre, ob dieser Begriff sich dann mit den diesbezüglichen Vorstellungen in den Regierungs- und Parteiprogrammen deckt. Da in den folgenden Ausführungen laufend vom sog. ländlichen Raum die Rede ist, erscheint diese Regelung zwar höchst unbefriedigend, doch stellt sie die sauberste Art des Vorgehens dar.

II. Die Vorstellungen über die Entwicklung des ländlichen Raumes in den Parteiprogrammen

Die kritische Durchleuchtung der Programme und Stellungnahmen unter dem Gesichtspunkt des ländlichen Raumes soll mit den Parteiprogrammen beginnen. Denn die Repräsentanten der regierungstragenden Parteien sind von wenigen Ausnahmen abgesehen gleichzeitig die verantwortlichen Ressortminister, so daß sich die Vorstellungen der Parteien über die Entwicklung des ländlichen Raumes meist mit einer mehr oder minder langen zeitlichen Verschiebung in den entsprechenden Regierungsprogrammen niederschlagen. Außerdem werden vor dem Hintergrund der Parteiprogramme Maßnahmen der Regierung für den ländlichen Raum verständlicher werden.

---

[4]) MEYER, K.: Ländlicher Raum. In: Handwörterbuch der Raumforschung und Raumordnung, Bd. II, 2. Aufl., hrsg. von der Akademie für Raumforschung und Landesplanung, Hannover 1970, Sp. 1802.

1. Vorbemerkungen

Nach § 1 Abs. 3 des Parteiengesetzes sind die Parteien der Bundesrepublik Deutschland verpflichtet, ihre Ziele in Programmen niederzulegen. Wenn wir daher die Zielvorstellungen der großen Parteien für den ländlichen Raum kennenlernen wollen, scheint es zweckmäßig, ihre Programme unter diesem Gesichtspunkt eingehend zu durchleuchten. Die tagespolitischen Äußerungen einzelner Parteipolitiker zu den ländlichen Problemgebieten dürften kaum ausreichen, die diesbezüglichen Zielvorstellungen der Partei zu beurteilen; denn es ist nicht sicher, ob die Partei immer hinter solchen Äußerungen steht. Bei der Betrachtung der Parteiprogramme muß aber Berücksichtigung finden, daß sie vor allem zur Beeinflussung der Wähler aufgestellt werden. Sie sind deshalb meist sehr vage formuliert, um evtl. auch einmal konträre Entscheidungen der Partei zu decken. Viele Programmaussagen haben außerdem einen bewußt unrealistischen Inhalt, damit potentielle Wählergruppen nicht verprellt werden. Vor allem die landwirtschaftliche Bevölkerung, die immer noch einen hohen Prozentsatz der Gesamtbevölkerung ausmacht, dürfte in der Vergangenheit über die sie betreffenden Zielvorstellungen der Parteien nur ungenügend informiert gewesen sein. Auch die derzeitigen Parteiprogramme scheinen sich in dieser Hinsicht von früheren Programmen nicht allzusehr zu unterscheiden. Dies mag aus Parteiensicht verständlich sein, für den Außenstehenden läßt sich aber kaum erkennen, welche Ziele eine Partei für den ländlichen Raum im Endeffekt eigentlich anstrebt.

2. Sozialdemokratische Partei Deutschlands

a) Das Godesberger Programm 1959

Ausgangspunkt einer Betrachtung der Parteiprogramme soll das Godesberger Programm der Sozialdemokratischen Partei (SPD) vom 13./15. November 1959 sein. Gewiß ist dieses Programm schon relativ alt, doch wurde es auf dem Saarbrücker Parteitag im Mai 1970 erneut bestätigt[5]).

Im Godesberger Programm[6]) wird die Raumordnung noch mit keinem Wort erwähnt. Dies ist auch in gewissem Sinne verständlich. Zu jener Zeit nämlich wurde die Öffentlichkeit erst verstärkt darauf aufmerksam, daß die Bevölkerung sich immer mehr in den sog. Ballungsgebieten konzentriert, während andere Regionen zu entvölkern drohen. Die damit zusammenhängenden offensichtlichen Strukturprobleme der Landwirtschaft werden allerdings angesprochen. So wird eine wirtschaftliche und soziale Stärkung der Familienbetriebe verlangt. Die kleinen und mittleren Betriebe sollen selbständig bleiben und ihre Leistungskraft gesteigert werden. Überhaupt sei die „kulturelle, wirtschaftliche und soziale Lage der gesamten Landbevölkerung ... zu verbessern"[7]). Dies kann aber in erster Linie nur über eine Erhöhung der Einkommen geschehen, die nach dem Godesberger Programm durch eine „Markt- und Preispolitik (Marktordnung)" erreicht werden soll. Wenn aber im gleichen Satz verlangt wird, daß durch diese Markt- und Preispolitik auch „die Interessen der Verbraucher und der Volkswirtschaft"[8]) berücksichtigt werden sollen, so muß man am Sinn dieser Aussage zweifeln. Denn beide Forderungen lassen sich wohl schwerlich — um nicht zu sagen gar nicht — miteinander vereinbaren. Markt- und Preis-

---

[5]) Korrekterweise müßte man dann auch auf das Ahlener Wirtschaftsprogramm der CDU aus dem Jahre 1947 eingehen, denn es wurde formell noch nicht aufgehoben. Doch hat dieses Programm aus heutiger Sicht einen so unrealistischen Inhalt, daß sich auch die CDU nicht mehr darauf beruft, sondern es totschweigt.

[6]) Grundsatzprogramm der Sozialdemokratischen Partei Deutschlands, 1959. In: BEZOLD, O. (Hg.): Die deutschen Parteiprogramme und das Parteiengesetz. München o. J., S. 82 ff.

[7]) Ebenda, S. 90.

[8]) Ebenda.

politik zur Sicherung der Einkommen kann in unserer Zeit nur Absatzgarantie für landwirtschaftliche Produkte und über den eigentlichen Marktpreisen liegende Agrarpreise bedeuten. Damit werden aber weder die Interessen der Verbraucher noch der Volkswirtschaft geschützt. Der Satz kann zwar die Zustimmung aller Bevölkerungsgruppen finden, doch verwirklichen läßt er sich nicht.

b) Perspektiven für die siebziger Jahre

Im Jahre 1968 hat die Sozialdemokratische Partei mit Blick auf die siebziger Jahre sog. Perspektiven[9]) beschlossen. Im Kapitel über die „Politik der SPD im Übergang zu den siebziger Jahren" werden in den Abschnitten „Wirtschafts-, Finanz- und Agrarpolitik" sowie „Strukturpolitik und Raumordnung, Städtebau, Verkehrspolitik" auch Probleme des ländlichen Raumes angesprochen. Es wird eine weitere Verbesserung der Agrarstruktur verlangt, die „vom Staat mit allen Mitteln zu fördern" sei, „die in der modernen Industriegesellschaft zur Verfügung stehen"[10]); vor allem für „landwirtschaftliche Notgebiete" seien „langfristig angelegte Entwicklungsmaßnahmen einzuleiten"[11]). Für veraltete und nicht mehr lebensfähige landwirtschaftliche Betriebe sollen dagegen in Zukunft keine Erhaltungssubventionen mehr bezahlt werden. Landwirte, die ihren Betrieb ganz oder teilweise aufgeben, sollen auf eine gewerbliche Tätigkeit umgeschult werden. Merkwürdigerweise heißt es in den Perspektiven aber nur, daß die neuen Arbeitsplätze „wenn möglich im ländlichen Raum" geschaffen werden sollen. Es findet sich kein Anhaltspunkt, warum diese weiche Formulierung gewählt wurde. Denn die sich aus einer Abwanderung der Bevölkerung aus dem ländlichen Raum in die sog. Ballungsgebiete ergebenden Probleme sowohl für den ländlichen Raum wie für die Ballungsgebiete selbst können im Jahre 1968 unmöglich übersehen worden sein. Auch die von vielen Seiten geforderte Schwerpunktbildung z. B. bei der Schaffung gewerblicher Betriebe in ländlichen Räumen wird in den Perspektiven nur als Möglichkeit angesehen: „... Das kann in ländlichen Gebieten die Konzentration der Förderungsmaßnahmen auf die Entwicklung ,zentraler Orte' erfordern"[12]). Wesentlich konkreter sind allerdings die Erläuterungen führender SPD-Politiker zu den Perspektiven abgefaßt. So sagt K. D. ARNDT eindeutig, daß eine erfolgreiche „Industrieansiedlung nur in größeren Orten möglich" und von „einer ausreichenden Infrastruktur" abhängig ist[13]). Im Text der Perspektiven steht das wie gesagt aber nicht.

c) Das Regierungsprogramm 1969

Am 17. April 1969 hat die Sozialdemokratische Partei auf einem außerordentlichen Parteitag in einem Regierungsprogramm erklärt, „wie ihrer Meinung nach die Politik für unsere Bundesrepublik in den nächsten vier Jahren gestaltet werden soll"[14]). Nach diesem Programm werden für die landwirtschaftlichen Problemgebiete besondere Aktionsprogramme in Aussicht gestellt. Unter den strukturschwachen Gebieten werden das Saarland, das Zonenrandgebiet und das bayerische Grenzland namentlich aufgeführt. Nach dem Muster des erfolgreichen Sanierungsprogramms in den Steinkohlenrevieren von Ruhr und Saar soll für die genannten Gebiete ein Investitionsprogramm aufgestellt werden. Langfristige Entwicklungsziele für die Teilräume der Bundesrepublik wird ein Bundesentwick-

9) EHMKE, H. (Hg.): Perspektiven. Sozialdemokratische Politik im Übergang zu den siebziger Jahren. Erläutert von 21 Sozialdemokraten. Reinbek 1969.
10) Ebenda, S. 91.
11) Ebenda, S. 92.
12) Ebenda, S. 108.
13) Ebenda, S. 112 f.
14) Regierungsprogramm der Sozialdemokratischen Partei Deutschlands, 1969. In: BEZOLD, O., a. a. O., S. 99 ff.

lungsplan angeben, der alle regionalen Förderungsprogramme zusammenfaßt. Die Landwirtschaft speziell soll so entwickelt werden, daß sie wettbewerbsfähig wird und mit anderen Wirtschaftszweigen vergleichbare Arbeits- und Lebensbedingungen aufweist. Nur indirekt kann man diesem Programm entnehmen, daß sich mit anderen Wirtschaftszweigen vergleichbare Lebensbedingungen nur herstellen lassen, wenn Arbeitskräfte aus der landwirtschaftlichen Produktion ausscheiden. Denn aus welchen Gründen sonst sollen durch die genannten besonderen Aktionsprogramme die Agrarstruktur verbessert und neue gewerbliche Arbeitsplätze geschaffen werden?

Leider ist dieses Regierungsprogramm der SPD sehr allgemein formuliert. Es läßt sich daraus nicht feststellen, welche konkreten Vorstellungen in der Sozialdemokratischen Partei über die Raumordnung und speziell den ländlichen Raum herrschen. Denn die Aussage, daß Aktionsprogramme aufgestellt und neue Arbeitsplätze auf dem gewerblichen Sektor geschaffen werden sollen, ist nicht sehr aufschlußreich. Abgesehen von der Zusammenfassung der vielen Teilpläne zu einem Bundesentwicklungsplan wird nicht mehr gefordert, als bisher auch schon getan wird.

3. Christlich Demokratische Union (CDU) — Christlich Soziale Union (CSU)

a) Das Berliner Programm (2. Fassung 1970) der CDU

Am 21. Juni 1970 hat die Programmkommission der Christlich Demokratischen Union (CDU) eine 2. Fassung des sog. Berliner Programms verabschiedet[15]), die auf dem Parteitag im Januar 1971 beschlossen wurde. Mit diesem Programm stellt sich die CDU den Anforderungen der 70er Jahre. Obwohl seit der 1. Fassung des Berliner Programms nur ca. drei Jahre verstrichen sind, haben sich die Zielvorstellungen der CDU in bezug auf den ländlichen Raum schon gewandelt. Nach der neuen Fassung sollen durch die Agrarpolitik „der ländlichen Bevölkerung die gleichen Entwicklungschancen geboten werden, wie den Menschen im städtischen Lebensraum"[16]). Dazu ist für die in der Landwirtschaft tätigen Menschen eine „Einkommensentwicklung" zu ermöglichen, „die der in vergleichbaren Wirtschaftsbereichen entspricht"[17]). Hier bleibt allerdings unklar, ob auch ein Abbau der sog. Einkommensdisparität zwischen dem landwirtschaftlichen und dem Industriearbeiter angestrebt wird. Denn wörtlich wird nur verlangt, daß die „Entwicklung" der Einkommen sich entsprechen soll. Damit bleibt aber die relative Einkommensdisparität zwischen dem landwirtschaftlichen Arbeiter und dem Industriearbeiter erhalten, und von gleichen Entwicklungschancen kann kaum noch die Rede sein.

Nicht aufschlußreicher ist die Forderung, bei der Einkommensentwicklung die Markt- und Preispolitik „voll zu nutzen". Denn schon vor der Aufstellung dieses Programms zeigte sich ganz deutlich, daß die Verbraucher bei der anhaltenden agrarischen Überproduktion nicht bereit sind, auch noch höhere Preise zu bezahlen. Vielmehr muß in Zukunft sogar mit Preissenkungen gerechnet werden. Wohl nur aus wahltaktischen Gründen wird nicht ausdrücklich gesagt, daß eine Erhöhung der landwirtschaftlichen Einkommen bei den heutigen Gegebenheiten praktisch nur über eine Verringerung der Zahl der landwirtschaftlichen Arbeitskräfte erreicht werden kann. Auch diesem Programm ist nur indirekt zu entnehmen, daß ein weiteres Ausscheiden landwirtschaftlicher Arbeitskräfte unterstellt wird. Denn wenn im „Mittelpunkt der öffentlichen Förderung" lediglich „das entwick-

---

[15]) Christlich Demokratische Union. Entwurf für das Berliner Programm, 2. Fassung. Bonn 1970.
[16]) Ebenda, II. 22.
[17]) Ebenda, II. 23.

lungsfähige landwirtschaftliche Unternehmen"[18]) steht, so ist die Existenz zahlreicher landwirtschaftlicher Betriebe nicht mehr gewährleistet.

Weiterhin sollen öffentliche Mittel „den Menschen, die in der Landwirtschaft keine ausreichende Existenzgrundlage finden, den Zugang zu anderen Berufen erleichtern"[19]). Deshalb müssen in den ländlichen Räumen „ausreichende gewerbliche Arbeitsplätze" geschaffen werden, wozu „in großräumigen Zusammenhängen Siedlungs- und Arbeitsstättenschwerpunkte auszubauen"[20]) sind. Wenn auch höchst unklar bleibt, was hier „ausreichend" und „in großräumigen Zusammenhängen" bedeuten soll, so kann doch erfreulicherweise festgestellt werden, daß nach den Vorstellungen der CDU die volkswirtschaftlich nutzlose Subventionierung sämtlicher landwirtschaftlicher Betriebe aufgegeben sowie die aus der Landwirtschaft ausscheidenden Arbeitskräfte im Raum gehalten werden sollen. Der Ausdruck „in großräumigen Zusammenhängen" ist sehr vage. Er kann deshalb auch so gedeutet werden, daß nach den Vorstellungen der CDU die Siedlungen und Arbeitsstätten nur in solchen Gebieten konzentriert werden sollen, die wegen ihrer Bevölkerungsdichte eine Schwerpunktbildung erlauben. Damit würde aber indirekt eine sog. passive Sanierung von Teilräumen befürwortet.

b) Das Grundsatzprogramm der CSU 1968

Ähnlich wie die CDU äußert sich die Christlich Soziale Union (CSU) in ihrem Grundsatzprogramm[21]), das am 14. Dezember 1968 verabschiedet wurde. Danach hat die Strukturpolitik den „Ausgleich zwischen den Landesteilen"[22]) zum Ziel. Es wird aber keine wenn auch noch so vage Andeutung gemacht, was ausgeglichen werden soll. Mit einigem Sarkasmus kann man sogar die Einebnung von Tälern und Hügeln zum Ziel erheben, ohne mit diesem CSU-Programm in Widerspruch zu geraten. Nicht viel mehr kann man mit folgendem Satz anfangen, der völlig unvermittelt dasteht: „Voll-, Zu- und Nebenerwerbsbetriebe haben ihre jeweils eigene Bedeutung"[23]). Es bleibt wieder dem Leser überlassen, zu erraten, um welche Art von Bedeutung es sich handeln könnte. Die Forderung nach der Erhaltung eines selbständigen Bauerntums ist der einzige konkrete Hinweis, was nach Vorstellung der CSU im landwirtschaftlichen Bereich zu geschehen hat. Es werden allerdings keine Instrumente genannt, mit denen dieses Ziel erreicht werden soll. Ein Maßstab für die Beurteilung politischen Handelns wird also nicht gegeben. Denn auch recht unterschiedliche Maßnahmen lassen sich bei einigem Geschick so ausweisen, daß sie mit der Forderung nach Erhaltung eines selbständigen Bauerntums in Einklang zu stehen scheinen.

4. Freie Demokratische Partei

a) Das Aktionsprogramm „Ziele des Fortschritts"

Der Bundesparteitag der Freien Demokratischen Partei (FDP) billigte am 5. April 1967 das Aktionsprogramm „Ziele des Fortschritts"[24]). Auch für die FDP gilt als Grundlage aller agrarpolitischen Bestrebungen, die „Einkommensdisparität zwischen den in der Landwirtschaft tätigen Menschen und anderen vergleichbaren Berufsgruppen"[25]) zu besei-

---

[18]) Ebenda, II. 24.
[19]) Ebenda, II. 22.
[20]) Ebenda, III. 23.
[21]) CSU Christlich Soziale Union in Bayern. Grundsatz-Programm. In: BEZOLD, O., a. a. O., S. 111 ff.
[22]) Ebenda, S. 122.
[23]) Ebenda, S. 121.
[24]) FDP Freie Demokratische Partei. Aktionsprogramm (107 Thesen). Ziele des Fortschritts. In: BEZOLD, O., a. a. O., S. 123 ff.
[25]) Ebenda, S. 139.

tigen. Die ordnungsgemäß geführten bäuerlichen Familienwirtschaften werden als Regelbetriebe angesehen. Wie im Programm der CDU soll auch hier durch ein entsprechendes Agrarpreisniveau sichergestellt werden, daß diese Familienwirtschaften auf ihre Kosten kommen. Es soll nicht nochmals darauf eingegangen werden, daß diese Zielvorstellung bei den heutigen Gegebenheiten erwiesenermaßen unrealistisch ist. Weiterhin fordert das Programm der FDP für alle diejenigen Landwirte, „deren Betriebsgröße nur einen Nebenerwerbsbetrieb in der Landwirtschaft gestattet"[26], einen gewerblichen Arbeitsplatz. Deshalb soll „eine möglichst weite Streuung gewerblicher Betriebe in bisher vorwiegend landwirtschaftlich strukturierten Regionen"[27] angestrebt werden. Auch diese Vorstellung einer möglichst weiten Streuung von Betrieben ist unrealistisch. Denn mittlerweile weiß man doch zur Genüge, daß eine Industrieansiedlung nur in Schwerpunktorten mit einem Einzugsbereich von mindestens 20 000 Menschen erfolgversprechend ist.

b) Das Wahlprogramm 1969

Das Wahlprogramm 1969[28] der FDP bringt für den ländlichen Raum keine neuen Gesichtspunkte mehr. So wird u. a. die selbstverständliche Forderung erhoben, daß für Industrieansiedlungen neue Anreize geschaffen werden müssen[29]. Erwähnenswert bleibt höchstens noch die Anregung, sämtlichen Wirtschaftszweigen in Zukunft keine Erhaltungssubventionen mehr zu gewähren[30]. Damit würde die Abwanderung landwirtschaftlicher Arbeitskräfte sicher sehr erleichtert werden.

III. Die Vorstellungen der Bundesregierung über die Entwicklung des ländlichen Raumes[31]

1. Vorbemerkungen

Mit dem Entwurf eines Baugesetzes im Jahre 1950 setzte nach dem 2. Weltkrieg in der Bundesrepublik Deutschland die Diskussion um die Raumordnung wieder ein. Da die Länder in den folgenden Jahren sehr unterschiedlicher Meinung in der Bedürfnisfrage waren, kamen die Bemühungen, zu einer bundesgesetzlichen Regelung der Raumordnung zu gelangen, nicht recht voran. Außerdem glaubte die Bundesregierung, es mit einer freiheitlichen Wirtschaftsordnung nicht vereinbaren zu können, daß zugunsten der Problemgebiete die Marktgesetze eingeschränkt werden. Doch hätte gerade eine liberale Wirtschaftspolitik sich der offenbaren Problemgebiete annehmen müssen. Es ist deshalb nicht verwunderlich, daß der erste Entwurf eines Rahmengesetzes über Raumordnung nicht von der Regierung, sondern von einigen Abgeordneten im Plenum des Bundestages eingebracht wurde[32]. Die Bundesregierung konnte sich mit Kabinettsbeschluß vom 25. November 1955 lediglich dazu durchringen, einen Interministeriellen Ausschuß für Raumordnung

---

[26]) Ebenda, S. 135.
[27]) Ebenda.
[28]) Praktische Politik für Deutschland. Das Konzept der F.D.P. Wahlprogramm 1969. In: BEZOLD, O., a. a. O., S. 148 ff.
[29]) Vgl. ebenda, S. 159.
[30]) Vgl. ebenda, S. 158.
[31]) In diesem Kapitel werden Programme angesprochen, auf die auch Herr v. MALCHUS in seinem Beitrag eingegangen ist. Dies geschah jedoch vornehmlich unter dem Blickwinkel einzelner Fachbereiche, während hier mehr die globalen Programmaussagen gewürdigt werden sollen.
[32]) Entwurf eines Rahmengesetzes über Raumordnung. Antrag des Abgeordneten RUHNKE u. a., Bundestagsdrucksache II/1956 v. 6. September 1955.

(IMARO) und einen Sachverständigenausschuß für Raumordnung (SARO) einzusetzen. Eine bundesgesetzliche Regelung über die Raumordnung in Deutschland kam erst zustande, als am 22. April 1965 das Raumordnungsgesetz des Bundes (ROG) in Kraft trat.

2. Das Raumordnungsgesetz des Bundes

Im § 1 ROG werden Ziele und Aufgaben der Raumordnung dargelegt. Wer allerdings glaubt, in diesem Paragraphen konkrete Hinweise darüber zu finden, wie die räumliche Ordnung der Bundesrepublik Deutschland durchgeführt werden soll, wird enttäuscht sein. Denn es wird lediglich eine allgemeine Formulierung des gesellschaftspolitischen Leitbildes vorgenommen, nämlich die Raumordnung so zu gestalten, daß sie „der freien Entfaltung der Persönlichkeit in der Gemeinschaft am besten dient". Da kein Kriterium angegeben wird, an dem sich dieses Ziel eindeutig messen ließe, kann von vielen raumordnerischen Maßnahmen behauptet werden, daß sie mit diesem Ziel vereinbar sind. Noch eigenartiger mutet der § 1 Abs. 4 an: „Die Ordnung der Einzelräume soll sich in die Ordnung des Gesamtraumes einfügen. Die Ordnung des Gesamtraumes soll die Gegebenheiten und Erfordernisse seiner Einzelräume berücksichtigen." Dieser Absatz ist so allgemein formuliert, daß er den gesamten logischen Spielraum umfaßt und deshalb überhaupt nicht falsch sein kann. Wenn aber dieser Absatz nicht falsch sein kann, dann handelt er gar nicht von der Wirklichkeit, hat also mit den realen Gegebenheiten der Raumordnung nichts zu tun. Das Gesetz sagt demnach in seinen „Aufgaben und Ziele der Raumordnung" nichts darüber aus, wie die Raumordnungspolitik des Bundes gestaltet werden soll.

Der § 2 ROG über die „Grundsätze der Raumordnung" bringt in seinem Abs. 1 neun Thesen materieller Grundsätze der Raumordnung, welche die allgemeine Leitvorstellung des § 1 auf die räumlichen Probleme der Bundesrepublik transformieren sollen.

In § 2 Abs. 1 Nr. 5 ROG wird ausdrücklich die Landwirtschaft angesprochen. Der sich beschleunigende Wandel der überlieferten Agrarstruktur und Betriebsweise ist auch dem Gesetzgeber nicht verborgen geblieben. Es wird jedoch viel unverbindlicher über die Landwirtschaft gesprochen, als man es von den Repräsentanten der Parteien und Regierungen gewohnt ist. So ist z. B. im Gesetz weder von den überkommenen Betriebsformen die Rede, geschweige denn daß der landwirtschaftliche Familienbetrieb garantiert wird. Das Gesetz fordert lediglich die Erhaltung der Land- und Forstwirtschaft als Produktionszweig. Es wird jedoch völlig offengelassen, in welcher Weise sich die landwirtschaftliche Produktion in Zukunft abspielen soll. Sowohl der Familienbetrieb als auch der sog. Farmbetrieb werden durch das Gesetz gedeckt.

Interessanter für uns sind die weiteren Sätze der Nr. 5: „Für ländliche Gebiete sind eine ausreichende Bevölkerungsdichte und eine angemessene wirtschaftliche Leistungsfähigkeit sowie ausreichende Erwerbsmöglichkeiten, auch außerhalb der Land- und Forstwirtschaft, anzustreben." Man kann sich zwar darüber streiten, was „angemessen" und „ausreichend" bedeuten sollen. Doch wird hier eindeutig zum Ausdruck gebracht, daß eine sog. passive Sanierung, wenn auch nur von kleinen Teilräumen, nicht gestattet ist. Die Bevölkerung soll im Raum gehalten werden. Dazu werden sogar konkrete Maßnahmen genannt. So sollen in „den Gemeinden dieser Gebiete . . . die Lebensbedingungen der Bevölkerung, insbesondere die Wohnverhältnisse sowie die Verkehrs- und Versorgungseinrichtungen allgemein verbessert werden. In einer für ihre Bewohner zumutbaren Entfernung sollen Gemeinden mit zentralörtlicher Bedeutung . . . gefördert werden." Ob sich allerdings in allen Problemgebieten der Bundesrepublik Deutschland eine aktive Sanierung durchführen läßt, muß mit Recht bezweifelt werden. Denn darüber entscheiden in erster Linie die knappen öffentlichen Mittel und nicht die Absicht des Gesetzgebers.

In § 3 Abs. 1 und 2 ROG werden der Bund und seine nachfolgenden Körperschaften sowie die Landesplanung in den Ländern auf das Raumordnungsgesetz verpflichtet; die Grundsätze des § 2 Abs. 1 ROG sind für alle öffentlichen Instanzen der Bundesrepublik verbindlich. Wer aber glaubt, daß die Länder für den ländlichen Raum nicht auch andere Grundsätze verfolgen könnten, befindet sich im Irrtum. Die Länder brauchen nur — und darauf wurde schon bei der Aussprache über das Raumordnungsgesetz im Bundestag hingewiesen — ein Projekt aus der Landesplanung auszugliedern. Dann sind sie in bezug auf dieses Projekt nicht mehr an das Raumordnungsgesetz gebunden. In Nordrhein-Westfalen wurde über ein spezielles Strukturprogramm diese Umgehung des Raumordnungsgesetzes schon praktiziert.

3. Die Empfehlungen des Beirats beim Bundesminister des Innern

a) Vorbemerkungen

Gemäß § 9 Abs. 1 ROG ist bei dem für die Raumordnung zuständigen Bundesminister ein Beirat für Raumordnung zu bilden. Dieser Beirat beim Bundesminister des Innern hat seine Beratungsergebnisse in bisher 8 Empfehlungen zusammengefaßt, wobei 3 direkt den ländlichen Raum betreffen[33]. Es muß allerdings ausdrücklich betont werden, daß die Regierung nicht an die Empfehlungen des Beirats gebunden ist. Doch erscheint es zweckmäßig, wenigstens auf die letzte Empfehlung kurz einzugehen. Denn es ist mit großer Wahrscheinlichkeit anzunehmen, daß die Empfehlungen des Beirats in irgendeiner Form in den Zielvorstellungen der Regierung für den ländlichen Raum Eingang finden werden. Der interministerielle Ausschuß für regionale Wirtschaftspolitik z. B. hat sich die Forderung des Beirats, öffentliche Mittel nur noch unter dem Gesichtspunkt der Produktivität zu vergeben, schon zu eigen gemacht[34].

b) „Die Entwicklung des ländlichen Raumes"

Im Jahre 1969 legte der Bundesminister des Innern die spezielle Empfehlung des Beirats für Raumordnung über die „Entwicklung des ländlichen Raumes"[35] vor. Zwar wußte man schon lange, daß der sog. ländliche Raum ein sehr heterogenes Gebilde darstellt. Doch in dieser Empfehlung wird zum erstenmal der Versuch unternommen, den ländlichen Raum aufzugliedern. Als Gliederungskriterium verwendet der Beirat nicht die schablonenhafte Bevölkerungsdichte von 200 Einw./qkm, sondern ein regionales Wirtschaftsniveau und das Wirtschaftswachstum. Nach der dadurch charakterisierten regionalen Wirtschaftskraft lassen sich folgende Gebietstypen unterscheiden: Gebiete mit starker Wirtschaftskraft, Gebiete mit mittlerer Wirtschaftskraft und Gebiete mit schwacher Wirtschaftskraft, wobei der 2. Gebietstyp noch weiter untergliedert wird. Für jeden Gebietstyp können differenzierte Entwicklungsstrategien aufgestellt werden, die den regionalen Gegebenheiten Rechnung tragen und somit erfolgversprechender sind.

Oberster Grundsatz für alle aufzustellenden Entwicklungsstrategien ist ihre Orientierung an der Produktivität, vor allem an der Arbeitsproduktivität. Damit wird sehr deutlich gemacht, daß auf die Dauer nur solche raumpolitischen Maßnahmen zum Erfolg führen werden, die den ökonomischen Gesetzen nicht zuwiderlaufen. Außerökonomische Ent-

---

[33] Die zentralen Orte und die Entwicklung der Gemeinden im Versorgungsnahbereich. In: Empfehlungen des Beirats für Raumordnung beim Bundesminister des Innern, Bonn 1968, S. 7 ff. Der industrielle Standort unter besonderer Berücksichtigung des ländlichen Raumes. In: Ebenda, S. 12 ff. — Die Entwicklung des ländlichen Raumes. In: Empfehlungen ..., Folge 2, Bonn 1969, S. 7 ff.

[34] Vgl. Frankfurter Allgemeine, Nr. 175 v. 1. August 1970.

[35] Die Entwicklung des ländlichen Raumes, a. a. O., S. 7 ff.

wicklungsgründe z. B. sozialer oder politischer Art können zwar für ein Teilgebiet bestimmend werden, doch sollte man korrekterweise dabei immer angeben, welchen Preis die Allgemeinheit dafür zu entrichten hat.

Wie schon erwähnt, sind zur Entwicklung der einzelnen Teilräume regional unterschiedliche Maßnahmen erforderlich. Für die Gebiete mit starker und mittlerer Wirtschaftskraft schlägt der Beirat die bereits bekannten Mittel vor. Für den Gebietstyp mit schwacher Wirtschaftskraft kommt er unter dem Gesichtspunkt der Produktivität jedoch folgerichtig zu dem Schluß, daß die oft üblichen Erhaltungssubventionen nicht mehr gerechtfertigt sind. Damit wird aber für einige Problemgebiete zwangsläufig eine Entwicklung eingeleitet, die man heute allgemein als passive Sanierung bezeichnet. Es werden diejenigen Gebiete sein, in denen „das Entwicklungspotential . . . weder zur Industrieansiedlung noch zur Förderung des Fremdenverkehrs ausreicht"[36]). Passive Sanierung heißt nicht, daß diese Gebiete sich selbst überlassen werden sollen; passive Sanierung bedeutet vielmehr Handeln, es ist der planmäßige Rückzug von Arbeit und Kapital aus dem Raum. Die Aussichten auf eine passive Sanierung mögen zwar für die betreffende Bevölkerung sehr hart sein, doch zeugen sie von einer realistischen Einschätzung der ökonomischen Möglichkeiten. Und letzten Endes wird auch die Bevölkerung dieser Gebiete es zu schätzen wissen, nicht in einer Region ohne jede Entwicklungschancen leben zu müssen und nicht Kostgänger der Allgemeinheit zu sein. Der Außenstehende kann nur vermuten, nach wieviel heißen Diskussionen der Beirat die passive Sanierung für den Gebietstyp mit schwacher Wirtschaftskraft empfahl, zumal die passive Sanierung nicht im Einklang mit den Grundsätzen des Bundesraumordnungsgesetzes steht.

Die Bundesregierung ist an diese Empfehlung nicht gebunden. Es spricht aber vieles dafür, daß sie sich diese weitgehend zu eigen macht. Jedenfalls wird die Diskussion um eine passive Sanierung einzelner Problemgebiete in der Öffentlichkeit nicht mehr verstummen. Passive Sanierung ist letzten Endes der Preis, der für einen wachsenden Wohlstand bezahlt werden muß. Daß er in einer sozialen Marktwirtschaft nicht nur von der betroffenen Bevölkerung getragen werden darf, dürfte selbstverständlich sein.

4. Der Raumordnungsbericht 1970

Anfang der 60er Jahre hatte der Bundestag die Bundesregierung ersucht, einen Raumordnungsbericht vorzulegen. Dies ist im Jahre 1963 geschehen. Der Bericht hatte bei den Abgeordneten einen solchen Anklang gefunden, daß die Bundesregierung im § 11 ROG verpflichtet wurde, „in einem Abstand von zwei Jahren" dem Bundestag eine ähnliche Ausarbeitung vorzulegen. Darin soll u. a. über „die im Rahmen der angestrebten räumlichen Entwicklung durchgeführten und geplanten Maßnahmen" berichtet werden.

Der letzte Raumordnungsbericht wurde dem Bundestag im Herbst 1970 zugeleitet und veröffentlicht[37]). In einer Situationsanalyse wird festgestellt, daß die Entwicklung in einigen wirtschaftlich zurückgebliebenen und verkehrsmäßig ungünstig gelegenen Gebieten nicht den gewünschten Verlauf genommen hat; es sei in diesen Gebieten nicht gelungen, die regionale Wirtschaftskraft und die allgemeinen Lebensbedingungen wesentlich zu erhöhen. Die Bundesregierung hält es deshalb für notwendig, „den Prozeß der Schwerpunktbildung und damit der Förderung von kleinen Agglomerationen im ländlichen Raum zu verstärken"[38]).

---

[36]) Ebenda, S. 16. Sicher wird der vage Begriff „Entwicklungspotential" zu Interpretationsstreitigkeiten führen. Doch an der grundsätzlichen Aussage wird dadurch nichts geändert.

[35]) Bundesministerium des Innern (Hg.): Raumordnungsbericht 1970. Bundestagsdrucksache VI/1340 vom 4. November 1970.

[38]) Ebenda, S. 37.

Im Kapitel „ländliche und zurückgebliebene Gebiete" schimmert immer wieder der Meinungsstreit um eine aktive oder passive Sanierung als Entwicklungsstrategie durch. Man möchte zwar (noch) nicht von einem sog. Gerechtigkeitsziel lassen, nämlich allen Bürgern an ihrem Wohnort ein „angemessenes Angebot an öffentlichen Dienstleistungen"[39] zu machen. Doch andererseits wird für Bewohner von „abseits der wirtschaftlichen Aktivräumen liegenden" landwirtschaftlich zu nutzenden Gebieten in Zukunft nur die Alternative gesehen, „entweder eine schlechtere Infrastrukturausstattung in Kauf zu nehmen oder ihren Wohnsitz an den Rand eines zentralen Ortes zu verlegen"[40]. Die Regierung kann sich leider noch nicht zu einer eindeutigen Entscheidung durchringen. Sie glaubt deshalb diesem Dilemma am besten durch die folgende Formel entgehen zu können: „Der Grundsatz der aktiven Sanierung ländlicher Gebiete kann nicht ausschließen, daß innerhalb dieser Räume kleinere Gebiete ,passiv' saniert werden"[41]. Diese Bemerkungen im Raumordnungsbericht können als Indiz dafür gewertet werden, daß sich in dem zuständigen Ministerium eine ökonomische Betrachtungsweise für den ländlichen Raum durchzusetzen beginnt. Eine solche Einstellung dürfte auch den neuesten Prognosen entgegenkommen, die die Schaffung einer nennenswerten Anzahl gewerblicher Arbeitsplätze im ländlichen Raum nur bis zum Jahre 1975 für möglich halten. Nicht von ungefähr wird deshalb von der Regierung auch die Förderung des Fremdenverkehrs und der Erholungsmöglichkeiten der Förderung von Industrieansiedlungen gleichgesetzt.

Für die praktische Raumordnung dürfte es in den kommenden Jahren tatsächlich zum Problem werden, den Grundsatz einer ausreichenden Bevölkerungsdichte für den ländlichen Raum entsprechend § 2 ROG zu verwirklichen. Denn wie im Raumordnungsbericht ausdrücklich festgestellt wurde, wird die Landwirtschaft allein in Zukunft eine Bevölkerungsdichte von höchstens 10—20 Einw./qkm zu tragen vermögen.

5. Die Regierungserklärung vom 28. 10. 1969

Die verläßlichste Informationsquelle für die angestrebten Regierungsmaßnahmen in allen Bereichen des öffentlichen Lebens stellt eine Regierungserklärung dar. Denn in ihr wird vor allem festgelegt, welche konkreten Ziele die Regierung für die vor ihr liegende Legislaturperiode erreichen will. Jede Regierung tut auch gut daran, möglichst zielkonform vorzugehen, weil spätestens beim nächsten Wahlkampf die Opposition das erreichte Ergebnis mit dem angestrebten Ergebnis vergleichen wird.

Die letzte Regierungserklärung wurde von Bundeskanzler W. Brandt am 28. Oktober 1969 vor dem Plenum des Bundestages abgegeben[42].

Wenn man diese Regierungserklärung unter dem Gesichtspunkt des ländlichen Raumes analysiert, so fällt als erstes auf, daß trotz weitgehender Integration der Agrarmärkte in die EWG die nationale Verantwortung für die landwirtschaftliche Strukturpolitik erhalten bleiben soll. Der Landwirtschaft soll bei der Überwindung ihrer Schwierigkeiten geholfen werden, um sie an der allgemeinen Einkommens- und Wohlstandsentwicklung teilhaben zu lassen. Das Teilhaben an der allgemeinen Einkommens- und Wohlstandsentwicklung kann allerdings sehr unterschiedlich ausgelegt werden. Es muß vor allem nicht bedeuten, daß die sog. Einkommensdisparität zwischen dem Industrie- und dem landwirtschaftlichen Arbeiter beseitigt wird. Mit dem genannten Ziel ist jede

---

[39] Ebenda.
[40] Ebenda, S. 39.
[41] Ebenda.
[42] Die Regierungserklärung. In: Archiv der Gegenwart v. 30. Oktober 1969, 39. Jg. (1969), S. 15 004 ff.

Lösung vereinbar, sofern sie nur in irgendeiner auch noch so untergeordneten Weise die landwirtschaftliche Bevölkerung an der allgemeinen Einkommensentwicklung teilnehmen läßt.

Als große strukturpolitische Aufgabe wird die Stärkung der Leistungskraft ländlicher Gebiete sowie die Modernisierung der Landwirtschaft bezeichnet, ohne auch nur einen entfernten Hinweis zu liefern, was als modern angesehen wird. Unterstellt man diesem Begriff einen Inhalt, wie er im industriellen Bereich gebräuchlich ist, so hieße das, die landwirtschaftlichen Betriebe mit verbesserten Kapitalgütern auszustatten. Ist aber damit nicht ein entscheidender Rückgang der Zahl landwirtschaftlicher Arbeitskräfte — wofür die Regierungserklärung keinen Anhaltspunkt gibt — verbunden, dann würde die ungewollte Mehrproduktion landwirtschaftlicher Erzeugnisse auf die Agrarpreise drücken. Dies soll aber nach Meinung der Regierung unter allen Umständen vermieden werden. Mithin bleibt leider im Dunkeln, was man unter einer Modernisierung der Landwirtschaft zu erwarten hat.

In bezug auf den ländlichen Raum geht die Regierungserklärung nicht über das hinaus, was die Exekutive an anderer Stelle auch schon geäußert hat. Mehr Klarheit wird hoffentlich das Bundesraumordnungsprogramm bringen, in dem laut Regierungserklärung „die Zielvorstellungen für die räumliche Entwicklung der Bundesrepublik"[43]) niedergelegt werden sollen.

6. Das Agrarprogramm

Mitte 1968 hat der damalige Landwirtschaftsminister HÖCHERL das sog. Agrarprogramm der Öffentlichkeit vorgelegt. Die wichtigsten Teile des Agrarprogramms sind am 1. Januar 1971 in Kraft getreten; ab 1972 wird es als Gemeinschaftsprogramm von Bund und Ländern alle früheren landwirtschaftlichen Förderungsprogramme zusammenfassen[44]).

Den Ausgangspunkt der im Agrarprogramm vorgesehenen Maßnahmen bildet die schlechte Einkommenslage des Durchschnitts der in der Landwirtschaft beschäftigten Menschen. Zwar konnte das Einkommen des landwirtschaftlichen Arbeiters gegenüber dem in anderen Bereichen Tätigen relativ gehalten werden, doch hat sich die absolute Einkommensdisparität dadurch weiter vergrößert. Eine Hauptursache der schlechten Einkommenslage in der Landwirtschaft sieht die Bundesregierung in der mangelnden Mobilität der Produktionsfaktoren, vor allem des Faktors Arbeit, „wodurch für die Mehrzahl der Betriebe eine optimale Kombination der Faktoren Arbeit, Boden und Kapital erschwert wird"[45]).

Die Agrarpolitik der Bundesregierung hat sich wie schon erwähnt zum Ziel gesetzt, ein möglichst hohes Einkommen für die in der Landwirtschaft tätigen Menschen zu erreichen. Dabei sind allerdings gesamtwirtschaftliche Erfordernisse zu beachten, nämlich eine preisgünstige Nahrungsmittelversorgung der Bevölkerung sowie der internationale Warenaustausch. In Verfolgung dieser Grundsätze nennt das Agrarprogramm eine Reihe von Einzelzielen, von denen die für die Entwicklung des ländlichen Raumes wichtigsten kurz beleuchtet werden sollen.

---

[43]) Ebenda.

[44]) Bundesministerium für Ernährung, Landwirtschaft und Forsten (Hg.): Arbeitsprogramm für die Agrarpolitik der Bundesregierung (Agrarprogamm). Landwirtschaft — angewandte Wissenschaft, H. 134. Hiltrup bei Münster 1968. Vgl. dazu auch Frankfurter Allgemeine Nr. 186 v. 14. August 1970.

[45]) Ebenda, S. 6.

Förderungswürdig erscheinen der Bundesregierung nur noch solche landwirtschaftlichen Betriebsformen, die eine nachhaltige und ausreichende Existenzgrundlage sicherstellen. Minister ERTL hat das Ziel noch insoweit präzisiert, als nur entwicklungsfähige und bücherführende Vollerwerbsbetriebe für die Förderung in Frage kommen; Nebenerwerbsbetriebe könnten nur dann in das Hilfsprogramm aufgenommen werden, wenn sie sich einer überbetrieblichen Zusammenarbeit bei der Bodennutzung bedienen[46]). Damit dürfte die Subventionierung nach dem sog. Gießkannenprinzip, die viele landwirtschaftliche Grenzbetriebe noch am Leben erhielt, ein Ende finden.

Den Schwerpunkt des Agrarprogramms bildet die Strukturpolitik. Denn wenn zahlreiche ländliche Gebiete sich nicht entvölkern sollen, müssen die zwangsläufig aus der landwirtschaftlichen Produktion ausscheidenden Arbeitskräfte im Raum gehalten werden, was nur durch ein attraktives Angebot an außerlandwirtschaftlichen Arbeitsplätzen geschehen kann. Voraussetzung dafür ist wiederum, daß die Infrastruktur in den ländlichen Gebieten nachhaltig verbessert wird. Das Agrarprogramm fordert deshalb auch für diese Gebiete eine Verbesserung der Verkehrsverhältnisse, die Bereitstellung preisgünstiger Energiequellen, einen vordringlichen Ausbau der zentralen Orte, die Ansiedlung krisenfester gewerblicher Betriebe sowie Maßnahmen der Bildungspolitik. Zur Koordination der vielfältigen Interessen und Aufgaben wurde ein Kabinettsausschuß gebildet. Man weiß, daß vor allem die außerlandwirtschaftlichen Arbeitsplätze in relativ kurzer Zeit verfügbar sein müssen, wenn eine erfolgversprechende Entwicklung der ländlichen Gebiete gewährleistet werden soll. Im Einvernehmen mit dem Bundesministerium für Wirtschaft soll deshalb in speziellen Sonderprogrammen die notwendige Finanzierung sichergestellt werden.

In einer Zusammenschau läßt sich sagen, daß nach dem Agrarprogramm die Bundesregierung in Zukunft mit einem weiteren Rückgang der Zahl landwirtschaftlicher Arbeitskräfte rechnet. Die Auflassung vieler Grenzbetriebe soll auch nicht mehr wie bisher hinausgezögert werden. Durch diesen Strukturwandel darf allerdings der ländliche Raum nicht veröden. Ansätze für eine sog. passive Sanierung auch nur einzelner Problemgebiete lassen sich im Agrarprogramm nicht erkennen. Vielmehr sollen durch eine vielfältige Verbesserung der Infrastruktur, besonders durch eine Ansiedlung gewerblicher Betriebe in zentralen Orten, die aus der Landwirtschaft ausscheidenden Menschen im Raume gehalten werden. Ob diese Maßnahmen zur Förderung der Mobilität der Arbeitskräfte in allen ländlichen Gebieten von Erfolg gekrönt sein werden, muß allerdings bezweifelt werden.

7. Der Vorschlag des Bundesministers für Wirtschaft zur regionalen Strukturpolitik

Strukturpolitik in den zurückgebliebenen ländlichen Räumen kann mit agrarpolitischen Maßnahmen allein weder eingeleitet noch durchgeführt werden. Das Bundesministerium für Wirtschaft hat deshalb im Oktober 1968 dem Kabinettsausschuß für das Agrarprogramm Vorschläge zur „Intensivierung und Koordinierung der regionalen Strukturpolitik"[47]) unterbreitet. Um die Unzulänglichkeiten der bisherigen regionalen Förderungsprogramme zu vermeiden, wurden sog. Regionale Aktionsprogramme mit einer 5-Jahres-Projektion erarbeitet. Diese werden für funktional abgegrenzte Förderungsgebiete, die

---

[46]) Vgl. Einzelbetriebliches Förderungs- und soziales Ergänzungsprogramm, das ab 1. Juli 1971 angewendet wird.
[47]) Pressestelle des Bundesministeriums für Wirtschaft (Hg.): Intensivierung und Koordinierung der regionalen Strukturpolitik. Vorschläge des Bundesministers für Wirtschaft.

weitgehend mit den landwirtschaftlichen Problemgebieten identisch sind, aufgestellt und erlauben es, auf die individuelle Situation in den einzelnen Gebieten besser einzugehen. Dadurch wird die Wirksamkeit der verschiedenen Förderungsprogramme wesentlich gesteigert. Als Kernstück der regionalen Wirtschaftspolitik muß die Errichtung von jährlich 20 000 neuen Arbeitsplätzen angesehen werden. Das Bundeswirtschaftsministerium will mit dieser flankierenden Maßnahme die Mobilität der landwirtschaftlichen Arbeitskräfte erhöhen[48]). Im Jahre 1969 war dieser Arbeitsplatzbeschaffung auch ein voller Erfolg beschieden. Damit wird es den aus der Landwirtschaft ausscheidenden Arbeitern ermöglicht, in der gleichen Region einer produktiveren Tätigkeit nachzugehen. Das Bruttoinlandsprodukt dieser Region kann gesteigert und eine Entvölkerung des Raumes verhindert werden. Das Wirtschaftsministerium betont allerdings ausdrücklich, daß für industrielle Förderungsmaßnahmen nur solche zentralen Orte in Frage kommen, in deren Einzugsbereich[49]) mindestens 20 000 Menschen leben. Damit wird erfreulicherweise ein möglichst sinnvoller Einsatz der knappen öffentlichen Mittel sichergestellt[50]). Bedenken lassen sich allerdings gegen den räumlichen Umfang der Regionalen Aktionsprogramme anmelden; denn die Fläche der 20 bereits in Kraft gesetzten Programme umfaßt schon mehr als die Hälfte (!) des Bundesgebietes.

8. Gesetze über Gemeinschaftsaufgaben

Am 1. Januar 1970 sind die beiden Gesetze über die Gemeinschaftsaufgaben „Verbesserung der Agrarstruktur und des Küstenschutzes" sowie „Verbesserung der regionalen Wirtschaftsstruktur" in Kraft getreten. Mit diesen Gesetzen möchte die Bundesregierung eine „leistungsfähige, auf künftige Anforderungen ausgerichtete Land- und Forstwirtschaft ... gewährleisten" bzw. die gewerbliche Wirtschaft in jenen Gebieten fördern, „deren Wirtschaftskraft erheblich unter dem Bundesdurchschnitt liegt oder erheblich darunter abzusinken droht." Damit ist wiederum der ländliche Raum angesprochen. Der Bund wird in Zusammenarbeit mit den Ländern einen Rahmenplan aufstellen, der unter Berücksichtigung der Finanzplanung in Bund und Ländern jedes Jahr sachlich zu überprüfen und der neuen Entwicklung anzupassen ist. Die Förderung wird in Form von Zuschüssen, Darlehen, Zinszuschüssen und Bürgschaften gewährt und soll sich auf räumliche und sachliche Schwerpunkte konzentrieren; sie wird von den Ländern überwacht. Während für die Landwirtschaft keinerlei Voraussetzungen gemacht werden, sollen die angekündigten Start- und Anpassungshilfen an die gewerblichen Betriebe nur dann vergeben werden, „wenn zu erwarten ist, daß sie sich im Wettbewerb behaupten können". Eine weitere Betrachtung dieser beiden Gesetze dürfte sich erübrigen; denn sie bringen keine neuen Zielvorstellungen für den ländlichen Raum, sondern regeln in erster Linie die finanzielle Seite der zu fördernden Gemeinschaftsaufgaben. Beide Gesetze zeugen aber von der verstärkten Zusammenarbeit zwischen Bund und Ländern in bezug auf das Problemgebiet „ländlicher Raum".

---

[48]) Die Bundesanstalt für Arbeit wird durch die Gewährung zinsgünstiger Darlehen für die Schaffung gewerblicher Arbeitsplätze diese Strukturpolitik der Bundesregierung ebenfalls unterstützen.

[49]) Vgl. dazu JOCHIMSEN, R. u. TREUNER, P.: Zentrale Orte in ländlichen Räumen unter besonderer Berücksichtigung der Möglichkeiten der Schaffung zusätzlicher außerlandwirtschaftlicher Arbeitsplätze. Bad Godesberg 1967, bes. S. 111.

[50]) Vgl. auch Agrarbericht 1971 der Bundesregierung. Bundestagsdrucksache VI/1800 v. 12. Februar 1971, S. 9.

IV. Zielvorstellungen der Länderregierungen für den ländlichen Raum

Wie in der Einleitung schon erwähnt, ist die Landesplanung der Länder seit 1965 an das Bundesraumordnungsgesetz gebunden. Daher verbleibt den Ländern kein allzugroßer Spielraum für eigene Zielvorstellungen; sie können die Grundsätze des Bundesraumordnungsgesetzes höchstens für ihre speziellen Verhältnisse modifizieren. Es sollen deshalb auch lediglich die Zielvorstellungen des volkreichsten Bundeslandes Nordrhein-Westfalen für den ländlichen Raum eine beispielhafte kurze Erwähnung finden.

In Nordrhein-Westfalen trat in den vergangenen Jahren die Aufgabe einer Landes*entwicklung* immer mehr in den Vordergrund. Diese Tendenz zeigte schon der Landesentwicklungsplan I vom 28. 11. 1966, der die Ballungskerne, Ballungsrandzonen und die ländlichen Zonen gegeneinander abgrenzte. Darauf aufbauend verlangt der Landesentwicklungsplan II vom 3. 3. 1970, daß die „Gesamtentwicklung des Landes ... auf ein System von Entwicklungsschwerpunkten und Entwicklungsachsen auszurichten"[51] ist. Dieser Plan geht über die bisherigen Programme der Bundesregierung hinaus, die lediglich eine Schwerpunktbildung im ländlichen Raum verlangen[52]. Es ist aber unschwer einzusehen, daß die Entwicklungsachsen ein besseres Grundgefüge für die räumliche Verflechtung der Verkehrs- und Versorgungseinrichtungen darstellen als die Entwicklungsschwerpunkte.

Der Landesentwicklungsplan II bildet auch die Koordinationsgrundlage für das sog. Nordrhein-Westfalen-Programm 1975[53], das als neue Form einer mittelfristigen Planung auf Länderebene verstanden werden will; denn es wird „eine räumlich, zeitlich und finanziell abgestimmte Konzeption des Regierungshandelns über das gesamte Landesgebiet"[54] festgelegt. Weitergehend als bei den diesbezüglichen Zielvorstellungen der Bundesregierung kommt die Regierung Nordrhein-Westfalens zu dem Schluß, daß wegen der knappen Mittel nicht alle zentralen Orte des ländlichen Raumes gleichzeitig gefördert werden können. Es sollen deshalb „unter dem Gesichtspunkt der Entwicklungschancen, des regionalen Ausgleichs, des örtlichen Vorbereitungsstandes und der verfügbaren Mittel"[55] einige zentrale Orte zur vorrangigen Entwicklung ausgewählt werden. Insgesamt gesehen sind die Zielvorstellungen der Landesregierung von Nordrhein-Westfalen sehr viel konkreter als diejenigen der Bundesregierung. Dies ist allerdings verständlich, wenn man bedenkt, daß ein Bundesland keinen so heterogenen Raum darstellt wie das Bundesgebiet und auch eine Länderregierung es nicht mit so verschiedenen Interessengruppen zu tun hat wie die Bundesregierung.

V. Zusammenfassung

Nach der kritischen Durchsicht der Partei- und Regierungsprogramme kann folgendes festgehalten werden: Sowohl die im Bundestag vertretenen Parteien wie auch die Bundesregierung sind sich einig, daß die Ordnung des sog. ländlichen Raumes vordringlich in Angriff genommen bzw. weitergeführt werden muß. Ein selbständiges Bauerntum mit Familienwirtschaften als Regelbetriebe soll erhalten bleiben. Die treibenden Kräfte der

---

[51] MBl.NW. 23. Jg. Nr. 47 v. 31. März 1970, S. 495 (im Original gesperrt).

[52] Erst im Raumordnungsbericht 1970 ist von Entwicklungsachsen die Rede, für die aber nur eine „stärkere Bevorzugung ... vorzusehen" ist; vgl. a. a. O., S. 38.

[53] Landesregierung Nordrhein-Westfalen (Hg.): Nordrhein-Westfalen-Programm 1975. Düsseldorf 1970.

[54] Ebenda, S. 1.

[55] Ebenda, S. 85.

Raumordnung scheinen dabei immer weniger sozialer bzw. politischer Natur zu sein. Dies ist im gewissen Sinn erfreulich; denn Entwicklung des ländlichen Raumes bedeutet in erster Linie Schaffung einer solchen ökonomischen Struktur für eine Region, die zumindest die derzeitige Bevölkerung zu halten vermag.

Der Wunsch der Bevölkerung nach einem steigenden Lebensstandard kann nur befriedigt werden, wenn — was damit gleichbedeutend ist — das Volkseinkommen pro Kopf der Bevölkerung laufend zunimmt. Das Volkseinkommen oder Nettosozialprodukt zu Faktorkosten wird sich aber nur dann langfristig erhöhen, wenn alle Wachstumsfaktoren genutzt werden. Es ist daher zu verhindern, daß irgendwelche Regionen die Wachstumsmöglichkeiten der Volkswirtschaft einmal begrenzen. Die Entwicklung strukturschwacher Regionen wird damit zu einer gesamtwirtschaftlichen Aufgabe und kann nicht mit sozialen Hilfen für die dort ansässige Bevölkerung gleichgesetzt werden.

Trotz zahlreicher Gastarbeiter wird nach den neuesten Prognosen das Arbeitskräfteangebot in der Bundesrepublik Deutschland in den kommenden Jahren stagnieren. Eine Erhöhung des Volkseinkommens wird dann u. a. davon abhängen, inwieweit es gelingt, die Produktivität zu steigern (und den sog. technischen Fortschritt nutzbar zu machen). Produktivitätssteigerungen speziell auf dem landwirtschaftlichen Sektor sind bei den derzeitigen Gegebenheiten vor allem dann zu erzielen, wenn Arbeitskräfte aus der Agrarproduktion ausscheiden. Dadurch kann auch die Einkommensdisparität zwischen den landwirtschaftlichen Arbeitern und den Industriearbeitern wenigstens abgemildert werden. Die Forderung verschiedener Parteiprogramme, die Einkommensdisparität durch eine Mehrproduktion bzw. eine entsprechende Anhebung des agrarischen Preisniveaus zu beseitigen, muß bei der derzeitigen Überschußproduktion sowie bei dem hohen Preisniveau für landwirtschaftliche Produkte als völlig unrealistisch bezeichnet werden. Arbeitskräfte werden in Zukunft weiterhin und vielleicht sogar verstärkt aus der Landwirtschaft ausscheiden bzw. auf einen Zu- oder Nebenerwerb angewiesen sein. Parteien wie Regierung halten es daher für vordringlich, in verstärktem Maße gewerbliche Arbeitsplätze in ländlichen Räumen zu schaffen. Die erwerbswirtschaftlich orientierte Industrie wird allerdings nur dort ihren Standort nehmen, wo eine ausreichende Infrastruktur im weitesten Sinn eine gewinnbringende Produktion zuläßt. Die knappen öffentlichen Mittel erlauben es nicht, in jedem Dorf die Voraussetzungen für eine positive unternehmerische Standortwahl zu treffen. Die Bundesregierung sowie einige Parteien sprechen sich deshalb auch für eine sog. Schwerpunktbildung aus, wobei sich die zentralen Orte als Schwerpunkte geradezu anbieten. Doch nicht jeder zentrale Ort besitzt die notwendige Voraussetzung für eine erfolgreiche Industrieansiedlungspolitik. Verschiedene Untersuchungen haben gezeigt, daß nur solche zentrale Orte für Industrieansiedlungen in Frage kommen, in deren Einzugsbereich mindestens 20 000 Menschen leben. Denn nur bei einer bestimmten Bevölkerungszahl lassen sich mit den knappen öffentlichen Mitteln die Agglomerationsvorteile schaffen, die den privaten Unternehmer zu Investitionen veranlassen können.

Doch nicht in allen Regionen der Bundesrepublik lassen sich Teilräume abgrenzen, die diese Mindestbevölkerungszahl aufweisen werden. Wenn die produktivitätsorientierte Einstellung von Parteien und Regierung weiterhin dominiert — und nichts spricht eigentlich dagegen —, dann sind für diese Teilräume keinerlei Entwicklungsmaßnahmen mehr vertretbar. Die Konsequenz wird sein, daß diese Teilräume einer passiven Sanierung anheimfallen werden. Es ist in gewissem Sinne verständlich, daß weder die Parteien noch die Regierung diese Tatsache offen auszusprechen wagen[56]). Lediglich der Beirat für Raumordnung beim Bundesminister des Innern hat auf diese Konsequenz hingewiesen. Sie wird auf die Dauer auch nicht zu umgehen sein.

Durch das geplante Bundesraumordnungsprogramm werden die einzelnen regional-politischen Teilprogramme zusammengefaßt werden. Dadurch wird sich die Gefahr einer Zersplitterung der Mittel verringern. Es kann in Zukunft damit gerechnet werden, daß die Förderungsmaßnahmen zur Entwicklung des ländlichen Raumes noch verstärkt werden[57]. Wenn in den einzelnen Parteiprogrammen auch teilweise sehr unklare Vorstellungen über die Entwicklung des ländlichen Raumes herrschen, so kann doch gesagt werden, daß Erhaltungssubventionen für überholte Strukturen in Zukunft nicht mehr in Frage kommen. Es werden nur solche Teilräume gefördert werden, die die genannten Entwicklungsvoraussetzungen erfüllen. Die sog. Schwerpunktförderung wird gezielt die zentralen Orte und ihre Nahbereiche erfassen. Für die Teilräume dagegen, die diese ökonomische Entwicklungsfähigkeit nicht besitzen, kann nur die passive Sanierung erwartet werden.

Literaturhinweise

BEZOLD, OTTO (Hg.): Die deutschen Parteiprogramm und das Parteiengesetz. München o. J.
Bundesministerium des Innern (Hg.): Raumordnungsbericht 1970. Bundestagsdrucksache VI/ 1340 vom 4. November 1970.
Christlich Demokratische Union. Entwurf für das Berliner Programm, 2. Fassung. Bonn 1970.
Bundesministerium für Ernährung, Landwirtschaft und Forstn (Hg.): Arbeitsprogramm für die Agrarpolitik der Bundesregierung (Agrarprogramm). Hiltrup b. Münster 1968.
EHMKE, HORST (Hg.): Perspektiven. Sozialdemokratische Politik im Übergang zu den siebziger Jahren. Erläutert von 21 Sozialdemokraten. Reinbek b. Hamburg 1969.
Die Entwicklung des ländlichen Raumes. In: Empfehlungen des Beirats für Raumordnung beim Bundesminister des Innern, Folge 2. Bonn 1969, S. 7 ff.
Landesregierung Nordrhein-Westfalen (Hg.): Nordrhein-Westfalen-Programm 1975. Düsseldorf 1970.
Pressestelle des Bundesministeriums für Wirtschaft (Hg.): Intensivierung und Koordinierung der regionalen Strukturpolitik. Vorschläge des Bundesministers für Wirtschaft.
Die Regierungserklärung. In: Archiv der Gegenwart v. 30. Oktober 1969, 39. Jg. (1969), S. 15 004 ff.
ZINKAHN, W. u. BIELENBERG, W.: Raumordnungsgesetz des Bundes. Kommentar unter Berücksichtigung des Landesplanungsrechts. Berlin 1965.

---

[56] Indirekt läßt sich z. B. dem Kommunalpolitischen Aktionsprogramm der CDU Rheinland-Pfalz „Kommunalpolitik als Gesellschaftspolitik" entnehmen, daß eine passive Sanierung einzelner Teilräume nicht ausgeschlossen wird. Dieses Programm fordert nämlich auf S. 8 eine Siedlungskonzentration, „die dem stärker ländlich geprägten größeren Raum *insgesamt* die Bevölkerung erhält". Die Betonung kann man aber auch auf das Wort „größeren" legen. Dann wird eine passive Sanierung von Teilräumen möglich, ohne mit dem Bundesraumordnungsgesetz und evtl. der sog. öffentlichen Meinung in Konflikt zu geraten. Denn es läßt sich immer ein „größerer Raum" willkürlich abgrenzen, in dem die Bevölkerung — trotz passiver Sanierung in diesem Raum — erhalten bleibt.

[57] Vgl. dazu z. B. ALBERT, W.: Stärkung der Wirtschaftskraft im ländlichen Raum. In: Konzentrationen im ländlichen Raum (Schriftenreihe f. ländl. Sozialfragen, H. 60). Hannover 1970, S. 56 f.

Der ländliche Raum zwischen Harmonie und Flexibilität
– Gedanken zur Gewinnung von Zielvorstellungen für die Planung –

von

Erich Otremba, Köln

Zur Einführung

Zur Gewinnung von Zielvorstellungen in der Raumplanung können mehrere Methoden und Verfahrensweisen dienen. Ein oft beschrittener Weg führt aus der Analyse der Vergangenheit in die Nöte und Probleme der Gegenwart und aus der Erkenntnis des Trends der gegenwärtigen Entwicklung in die Planungsvorstellungen für die Gestaltung der Zukunft. Andere Wege gehen von Axiomen aus oder ergeben sich aus dem Glauben an bestimmte Zusammenhänge, wie z. B. an die Abhängigkeit der Volksgesundheit vom Landleben, zu zeitpolitisch orientierten Leitbildern für die Zukunftsgestaltung. Wiederum andere Ansätze können sich auch aus speziellen Aufgaben, etwa der produktionswirtschaftlich zu stellenden Aufgabe der Selbstversorgung, der Notwendigkeit der Einfügung der eigenen Produktionswirtschaft in größere raumwirtschaftliche Verbundsysteme ergeben. Schließlich führen agrarsoziale und allgemeine sozialpolitische Erwägungen, jeweils für sich propagiert oder in Kombination, zu Zielvorstellungen. Dabei ist es oft notwendig, Prioritäten zu setzen, um erste Ansätze aus der großen Mannigfaltigkeit des sozio-ökonomischen Gefüges des ländlichen Raumes zur Neugestaltung zu finden.

Es ist bemerkenswert, daß auf der Suche nach Zielvorstellungen zur Gestaltung des ländlichen Raumes die Probleme sehr viel komplexer und differenzierter sind als in der Industriewirtschaft, wo sehr klare rationale Zielvorstellungen der Privatwirtschaft zur Diskussion stehen, obwohl der Anteil der landwirtschaftlich Beschäftigten an der Zahl der Beschäftigten insgesamt gering ist und auch der Anteil am Bruttosozialprodukt klein ist. Aber der ländliche Raum ist ja nicht mehr nur agrarischer Produktionsraum, sondern daneben und z. T. überwiegend Wohnraum der in anderen Wirtschaftsformen beschäftigten Menschen, Erholungsraum, Regenerationsraum für natürlich ablaufende Prozesse, z. B. der Wasserwirtschaft. Man spricht sogar im Hinblick auf die Vielseitigkeit der Funktionen neuerdings von einer öffentlichen Dienstleistungsfunktion des ländlichen Raumes zur Rechtfertigung umfangreicher Subventionssysteme.

Die Komplexität der Problemstellung ruft viele Disziplinen auf das Diskussionspodium. Neben die verschiedenen agrarwissenschaftlichen Disziplinen, die Wissenschaftszweige der Pflanzenzucht und Tierzucht, treten die Bodenkunde, Ökologie und Hydrologie sowie alle Gesellschaftswissenschaften und auch technische Wissenschaften, z. B. solche, die sich mit dem ländlichen Bauwesen befassen. Daß das Bodenrecht und die Vererbung des landwirtschaftlichen Bodens mit gewichtigen Argumenten in die Gestaltung des ländlichen Raumes eingreift, steht außer Zweifel.

Die Koordinierung der Vorstellungen aus allen Sachbereichen zu einer einheitlichen Gestaltungskonzeption ist außerordentlich schwer. Dazu kommt, daß der Wechsel der Prinzipien bei der Aufstellung von Zielvorstellungen in schneller zeitlicher Folge immer neue Anpassungsschwierigkeiten und Umorientierungen in die planerische Arbeit bringt, die zur Gestaltung des ländlichen Raumes getan werden muß. Diejenigen Planergenerationen haben es schwer, die sich immer wieder wechselnden Trends und wechselnden Axiomen anzupassen haben, wie besonders in der Zeit nach dem Ersten Weltkrieg bis zur Gegenwart.

Den Problemen, die aus der Gewinnung von Zielvorstellungen anhand von speziellen Trendbeobachtungen von Axiomen und Aufgaben erwachsen, sei hier aus dem Wege gegangen. Es sollen hier vielmehr nur einige Überlegungen miteinander verwoben werden, die aus Wissenschaftsgeschichte, Raumtheorie, Wirklichkeit und aus dem Ablauschen sehr allgemeiner Entwicklungstendenzen zur Auffindung von Motiven — der Vorstufe der Gewinnung von Zielvorstellungen — zur Gestaltplanung führen können.

Die Studie bewegt sich auf der ersten Stufe der Motivsuche und möchte sich der Stufe der Gewinnung von Zielvorstellungen nähern.

Zum Hauptziel führen einige Denkansätze, die zunächst nicht direkt miteinander in Kontakt zu sehen sind, aber dann zusammengeführt werden sollen.

I. Der traditionelle Harmoniebegriff

Es vollzieht sich in unserer Zeit ein Umbruch im Nachdenken über den ländlichen Raum, der sich im Wandel der Begriffe ausdrückt. Noch vor kurzer Zeit sprach man vom Bauern, von Hof und Dorf und im wissenschaftlichen Bereich von der Agrarlandschaft. Hinter dieser traditionellen Auffassung stand die Vorstellung von einer *Harmonie in der Agrarlandschaft*, wie sie im physiognomisch-ästhetischen Sinne in der Landschaftsmalerei, etwa bei HANS THOMA[1]), in agrarsozialer Auffassung bei W. H. RIEHL[2]) im „Bauern alter Art" zu finden sind. Doch die traditionellen Vorstellungen und Begriffe verblassen. An ihre Stelle treten neue sehr rationale, aber farblose Begriffe: ländliche Siedlung, ländlicher Raum, Landwirt. Man kommt mit dieser Neutralisierung der Worte dem Tatbestand entgegen, daß der ländliche Raum im fortschreitenden Verstädterungs- und Industrialisierungsprozeß seine traditionelle Eigentümlichkeit gegenüber der Stadt eingebüßt hat. Es besteht heute gegenüber dem früheren Gegensatz von Stadt und Land ein Kontinuum in der Gesellschaft und im Raum, das man höchstens noch typologisch nach Schwellenwerten der Erwerbstätigenstruktur und der Dichte entsprechend zu gliedern vermag. Rein bäuerliches Dasein als Lebensform und Wirtschaftsform in der Einheit und in der regionalen Absonderung zugleich gibt es in den Industrieländern nur noch in alten Bauernromanen und ferner in den Entwicklungsländern, wo man es als entwicklungshemmend abzubauen sich weltweit bemüht.

Die Feststellungen der Gegensätze zwischen der Vorstellung von gestern und der Wirklichkeit von heute, zwischen der Harmonie in einer traditionellen Auffassung, der Disharmonie im Erscheinungsbild der Gegenwart, verbunden mit der wissenschaftlichen Konzeption, in einem System von Ungleichgewichten zu leben und zu handeln, bedürfen in diesem Rahmen keiner besonderen Argumentierung. Die Disharmonien lassen sich im Siedlungs- und Flurformengefüge, in Verfolgung des Prozesses der Verstädterung und Industrialisierung, im Verkehrswesen, in den zahlreichen Überschneidungen der Strukturen und Funktionen der Systemelemente und der Regionen, insbesondere in den breiten Übergangsregionen zwischen den ländlichen Räumen und den Verdichtungsgebieten, feststellen.

---

[1]) HANS THOMA (1839—1924): Landschaftsbilder aus dem Schwarzwald und aus dem Taunus (um 1870—1890).

[2]) W. H. RIEHL: Die Naturgeschichte des Volkes, Bd. 1, Land und Leute, 12. Aufl. 1925.

Doch ergibt sich aus der Erkenntnis der Diskrepanz von Harmonie in der Wunschvorstellung und Disharmonie in der Wirklichkeit die Aufgabe der Klärung der Brauchbarkeit des Begriffes Harmonie für die Motivation und für die Gewinnung von Zielvorstellungen für die künftige Gestaltung des ländlichen Raumes. Dies um so mehr, als der ländliche Raum als das Begegnungsfeld von Natur und Gesellschaft und ihrem Geist dazu besonderen Anreiz gibt, Harmonie zu wünschen, zu suchen und zu pflegen. Dazu kommt schließlich, daß der Begriff Harmonie heute in aller Munde ist, er ist längst aus dem ursprünglichen Bereich des Formalen und Ästhetischen herausgewachsen. Überall, wo es sich um die Darstellung von Grundformen des menschlichen Zusammenlebens und wirtschaftliche Verflechtungen in Systemen und Räumen zwischen den Volkswirtschaften und das örtliche und regionale Zusammenspiel der Lebensformen handelt, wird die Harmonie beschworen. Der Begriff „Harmonie" gehört zur modernen Sprache der Wirtschaftspolitik, die sich auch in ihrer rationalsten Phase, in der Technokraten mit dem Computer berechnete Maßnahmen verwirklichen wollen, der blumigsten Sprache bedient. Harmonie, Harmonisierung, Synchronisierung, Koordinierung, Beseitigung von Ungleichgewichten gehören zu den gängigen Schlagworten im Dienste der Zielvoraussage für Systeme und Räume. Elemente der Partitursprache italienischen Ursprungs werden dabei bis in die letzten Feinheiten ausgekostet, in der Rede genossen.

Sehr sinnvoll und von hoher Nützlichkeit ist die Anwendung des Begriffes in den biologischen Wissenschaften, in den ökologischen Forschungsbereichen, im Landschaftsschutz, in der Landschaftspflege, im ländlichen Bau- und Siedlungswesen und in der Funktionenharmonie in der Forstwirtschaft.

II. Zur Analyse des Harmoniebegriffes

Diese häufige moderne Anwendung gibt Anlaß, der Herkunft des Begriffes nachzuspüren. Von Harmonie ist seit dem klassischen Altertum seit Heraklit aus Ephesus um 500 v. Chr. die Rede. Im philosophischen Denken der Neuzeit und der Gegenwart finden wir den Begriff bei Leibniz, dessen philosophisches System ganz auf der Voraussetzung einer prästabilierten Harmonie beruht. Von ihm wird die Harmonie als „Wohlgeordnetheit der Teile im Ganzen" verstanden. Die Idee der Harmonie findet in den Ästhetischen Briefen von Schiller ihren Niederschlag. Aus dem allgemeinen philosophischen und metaphysischen Denken ist der Begriff auch in die Geographie eingewandert. Das ist fast selbstverständlich, denn die Geographie ist ihrem ganzen Charakter und ihrem Forschungsobjekt entsprechend auf diesen Begriff eingeschworen. Er taucht sehr früh bei A. v. Humboldt in seinem Begriff vom „Totalcharakter" einer Erdgegend, der Landschaft, hintergründig auf[3]). Robert Gradmann[4]) gibt ihm in der „geographischen Harmonie", im ökologisch-physiognomischen Sinne, neuen Inhalt. Erwin Scheu benutzt den Begriff im funktional-räumlichen Sinne, wenn er über die „wirtschaftsgeographische Harmonie" Deutschlands schreibt[5]). Der Autor dieses Beitrages versucht, sein Buch über die „Allgemeine Geographie des Welthandels und des Weltverkehrs" mit einer Einführung über die „wirtschaftsgeographische Harmonie der Erde" zu beginnen[6]). Jüngst, 1968, setzte sich D. Bartels[7]) erneut, nach langer Pause, mit dem Begriff theoretisch auseinander, wobei

[3]) A. v. Humboldt: Ansichten der Natur. 3. Auflage, Stuttgart 1849.
[4]) R. Gradmann: Das harmonische Landschaftsbild. In: Z. der Ges. f. Erdkunde, Berlin 1924.
[5]) E. Scheu: Deutschlands wirtschaftsgeographische Harmonie. Leipzig 1924.
[6]) E. Otremba: Allgemeine Handels- und Verkehrsgeographie. Erde und Weltwirtschaft, Band 4, Stuttgart 1955.
[7]) D. Bartels: Der Harmoniebegriff in der Geographie. In: Die Erde, 1969, S. 124—137.

der Wunsch zur Rationalisierung und der Operationalisierung deutlich wird. Alles Wesentliche zur Theorie des Begriffes ist dort gesagt. Das traditionelle Begriffsverständnis im physiognomisch-ästhetischen Sinne, der weithin populäre Sprachgebrauch und die wissenschaftlich-philosophische Wurzeltiefe zusammengenommen, zugleich aber auch die kritische Meinung der Gegenwart gegenüber eingefleischten Vorstellungen und Schlagworten aus der Vergangenheit geben Anlaß zu einer Analyse auf Anwendungsfähigkeit für die Erarbeitung von Zielvorstellungen in diesem oder jenem speziellen Bezug. Wir rücken damit den Begriff der „Harmonie im ländlichen Raum" auf die gleiche Diskussionsebene wie etwa Gewinn- und Ertragsmaximierung des agrarischen Produktionsraumes, Daseinserhaltung bäuerlicher Lebensformen in bisheriger Tradition, Landschaftspflege zur Gesunderhaltung des Raumes und zur Gesunderhaltung des Volkes außerhalb des Wirkungsbereiches der Schäden, die sich in den Verdichtungsräumen häufen.

Präziser lautet die Frage: Was könnte man heute unter Harmonie im ländlichen Raum verstehen, ist sie erstrebenswert, gegebenenfalls mit welchen Mitteln erreichbar, oder was kann an ihre Stelle treten? Eine Analyse unter dieser Fragestellung ist notwendig und berechtigt, weil man traditionelle Zielvorstellungen erst dann ablösen sollte, wenn sie sich als nicht erhaltenswürdig oder erhaltensfähig erweisen sollten.

Schließen wir uns der allgemeinen Auffassung von der Harmonie als dem Inbegriff der „Wohlgeordnetheit der Teile im Ganzen" an, so stoßen wir auf ein sehr komplexes Korrelationssystem, das sich selbst in einem mehrdimensionalen Rahmen nicht fassen läßt. Man kann das Gesamtsystem nur in Teilsysteme der Harmonie aufgelöst betrachten.

Am einfachsten ist die naturökologisch-physiognomische Korrelation zu erfassen, die sich zugleich in einer Wirtschaftslandschaftsästhetik widerspiegeln kann. Die Harmonie kann letztlich im Hintergrund der *„Wirtschaftsformation"* im Sinne LEO WAIBELS[8]) gesucht werden, in der sich eine spezifisch geformte Gesellschaft bestimmter Wirtschaftsformen und Betriebsformen bedient, um bestimmte Produktionsziele anzustreben, wobei es sich sowohl um einschichtige als auch um vielschichtige Strukturen handeln kann. Man kann also den Harmoniebegriff im regionalen Sinne, im versorgungswirtschaftlichen Zusammenspiel der einzelnen Regionen, sehen und schließlich in der Wohlgeordnetheit der zeitlichen Entwicklungsphasen, d. h. in einer Evolution ohne exogen bestimmte revolutionäre Phasen oder Brüche.

Mit dieser auf einige wenige Korrelationssysteme ausgerichteten Analyse wird man der Bestimmung der Brauchbarkeit des Harmoniebegriffs vielleicht am ehesten gerecht.

Am deutlichsten bestätigen sich Harmonievorstellungen in der formalen und morphologischen Beobachtung von Agrarlandschaften hinsichtlich der Lage der Siedlungen im Relief, in der Lage zur Flur, zum natürlichen Grünland und zum Ackerland unter Beobachtung der Schutz- und Wasserversorgungsfunktion und der inneren Verkehrslage. Die Muldenlagen im Mittelgebirgsland und die Terrassenrandlagen in der flußdurchschnittenen Ebene auf trockenem Land verstehen sich von selbst. Auch besteht im traditionellen Sinn — oft erforscht und dargestellt — Harmonie zwischen den Bauformen des ländlichen Hauses, dem Baumaterial und deren örtlichen Vorkommen. Wie oft wurde die Übereinstimmung zwischen Laubwald und Fachwerkbau, Nadelwald und Blockhausbau, Waldlosigkeit und Steinbau, Holzbau und Steildach, Steinbau und Flachdach in den einfachsten Kausalverknüpfungen nachgewiesen[9]). Das ist verständlich, denn in dieser Über-

---

[8]) L. WAIBEL: Das System der Landwirtschaftsgeographie. Wirtschaftsgeogr. Abt. Breslau 1933. — Probleme der Landwirtschaftsgeographie. Verb. d. d. Geographentages, Nauheim 1934, Breslau 1935.

[9]) H. ELLENBERG: Deutsche Bauernhaus-Landschaften als Ausdruck von Natur, Wirtschaft und Volkstum. Geogr. Zeitschr. 1941.

einstimmung von örtlich vorkommenden natürlichen Materialien und der schmuckvollen wohlproportionierten Gestaltung des Hauses und des Gehöftes liegt die ästhetisch schön empfundene Harmonie der bäuerlichen Siedlung selbst im Verbreitungsgebiet kleiner und kleinster Wohnstallhäuser in ärmlichen Mittelgebirgslandschaften. Entscheidend sind dabei die Farben und die Proportionen des Gebäudekörpers im Verhältnis zum Dachraum, weniger aber die Harmonie zwischen Gebäudeform und Nutzungszweck, denn nicht immer ist die Anordnung der drei Gebäudeteile des ländlichen Anwesens, Wohnung, Stall und Vorratsraum, harmonisch und zweckmäßig zugleich angelegt, wenn man auf die „Wohlgeordnetheit der Teile im Ganzen" achtet. An welche subjektiven, nur genetisch zu analysierende Bereiche man dabei gerät, zeigt ein Vergleich des niederdeutschen Einheitshauses mit dem mitteldeutschen Gehöft. Es gibt eben viele Teilharmonien in regionalen Bereichen, und oft ist nur die malerisch-ästhetische Einordnung des Gehöftes ins Siedlungsgefüge und der Siedlung in die Landschaft harmoniebestimmend.

Wie stark das Harmonieempfinden in der ländlichen Kulturlandschaft von Farbe, Geschmack und Wohlstandsempfinden in Form und Ordnung der Gebäudeteile bestimmt ist, zeigt ein Vergleich zweier Gutssiedlungen im vergleichbaren Landschaftsrahmen. Das Gut Damp in Schwansen mit seinem Schloßbau und seinen reizvollen Arbeiter- und Altenteilerhäuschen ist sehr schön, verglichen mit dem schauderhaften wilhelminischen Schloßbau von Gut Grabau bei Bad Oldesloe mit seinen nüchternen Arbeiterhäusern aus unverputzten Ziegeln. Die Entscheidung zwischen Schönheit, Zweckmäßigkeit und ihrer Vereinigung in der Siedlungsform ist oft nur subjektiv aus einer traditionellen Sicht die Gegenwart verurteilend möglich und menschlich verständlich.

Wie stark die Urteile über Harmonievorstellungen durch einfache subjektive äußere Landschaftsbeurteilungen gefärbt werden, zeigt auch ein Vergleich zwischen den armseligen Spessartdörfern, in denen die Bewohner in stumpfsinniger Arbeitsteilung Westen, Hosen und Röcke für Konfektionsbetriebe in Aschaffenburg und Frankfurt anfertigen, und in den ebenso armseligen, aber reizvollen Ansiedlungen armer Leute in Tirol, im Schwarzwald oder in der Rhön, die schöne Holzfiguren für die Fremden herstellen. Das erstere empfindet man als sozial lästig, im zweiten Fall wird die gleiche Armut der Sozialstruktur liebenswürdig mit dem Schleier eines gehobenen Landschaftsempfindens für die Schönheiten des Mittelgebirges und des Hochgebirges verhüllt.

Die Beispiele zeigen, daß wir mit einem agrarlandschaftlich-ästhetisch an Flur- und Siedlungsphysiognomie orientierten Harmoniebegriff nicht weiterkommen, auch Einblicke in außereuropäische Agrarlandschaften helfen uns nicht. Auch die ärmlichste Reisbauernlandschaft im südlichen Thailand besitzt — auf einige Distanz betrachtet — eine wunderbare Harmonie, ebenso wie eine grenzenlose Lößebene mit ihren Riesenfluren, den Kolonnen von arbeitenden Mähdreschern, den Weizenbergen und den Silos Harmonieempfindungen heraufbeschwören kann, wenn man dahinter eine wohlfunktionierende Weltagrarwirtschaft weiß. Doch in dem Augenblick, in dem man an die soziale Not besitz- und rechtloser Landarbeiter, an die Problematik der Agrarverfassungen oder an die Probleme der Mangelversorgung bzw. der unverwertbaren Überschußproduktion denkt, entschwindet der Harmoniebegriff aus dem Vergleichsfeld von Struktur, Funktion und Gestalt.

Verfolgt man den Harmoniebegriff im räumlich-funktionalen Sinne, so wird man sich zunächst auf die marktwirtschaftlichen Stadt-Land-Beziehungen besinnen müssen. In der alten traditionellen eisenbahnlosen Zeit bildeten sich die Versorgungszirkel in einem Radius von 10 bis 15 km um die zentralen Marktorte, deren Distanz durch den Fußweg am Markttag bestimmt wurde. Der Tagesmarsch im Durchgangsverkehr von rd. 30 km, wie er auf der ETZLAUBschen „Romwegkarte" seinen Niederschlag findet, paßt sich dem sehr schön an[10]). Auf dieser einfachen Distanzanalyse aus der von aller Technik freien Verkehrsphase beruhen die später aufgebauten Raumtheorien von J. H. VON THÜNEN[11]) bis zu W. CHRISTALLER[12]) und bis hin zu den derzeit propagierten Versorgungsnahbereichen[13]). Doch versorgungswirtschaftlich wohlabgestimmte Räume in irgendeiner erdachten Größenordnung abzuzirkeln kann nimmermehr gelingen, weil nicht die Verkehrsdistanzen an sich, sondern die Reichweite der Güter die Verkehrswege bestimmen. Es sind ohne Frage sehr eng verflochtene hierarchische Systeme im offenen Wirtschaftsraum denkbar, aber keine in sich geschlossenen harmonisch aufeinander abgestimmten Marktregionen zu gegenseitigem Austausch der Versorgungsgüter des Landes und der Stadt. Eine große Zahl von Versorgungsgütern aus der ländlichen Produktion für die Stadt und aus der Stadt für das Land ist dem engeren Beziehungssystem zwischen Stadt und Land unwiderruflich entrissen. Es bleiben nur noch einige vorwiegend administrativ zu regelnde, öffentliche Versorgungssysteme, die allerdings sehr wichtig sind, zur Abgrenzung engräumig aufeinander abgestimmter, aber nicht unbedingt harmonischer Zuordnungsbereiche übrig. Von einem Zusammenspiel der wirtschaftlichen Versorgungsbeziehungen in einem geschlossenen volkswirtschaftlichen Raumsystem oder in Teilräumen eines solchen kann keine Rede mehr sein. Wir leben in einem offenen System unendlich vieler Güter- und Leistungsreichweiten, für das nur eine ganz weite weltwirtschaftliche Harmonie, aber kaum eine funktional-teilräumliche Harmonie gesehen werden kann. Nur autarkistische Systeme mögen solchen Gedanken zu Lasten ihrer Konsumgesellschaften nachhängen. Harmonievorstellungen im räumlich-funktionalen Sinne müßten sich an Idealvorstellungen der geschlossenen Hauswirtschaft des frühen Mittelalters orientieren, in deren Rahmen die Mägde unter der Aufsicht der Herrin spinnen und weben und die Knechte Geschirre fertigen, Waffen und Feldarbeitsgeräte schmieden.

Verfolgt man den Harmoniebegriff in zeitlich-räumlicher Wohlgeordnetheit der agrarwirtschaftlichen Entwicklungskontinuität des ländlichen Raumes, so geht die Rechnung auch in einer bewußt traditionell orientierten Betrachtungsweise nicht auf. Die Agrargeschichte lehrt uns, daß im Gefüge des ländlichen Raumes in Mitteleuropa keine Stabilität und keine in allmählicher Evolution sich entwickelnde Harmonie der Entwicklung zu beobachten ist[14]). Dies gilt vielleicht noch für eine sehr frühe Phase der Landnahme bis ins späte Mittelalter, in der sich eine Kontinuität des siedlungsräumlichen Entwicklungsprozesses erkennen läßt, die aus der Gruppensiedlung an bevorzugten Standorten zur Verdichtung und dann zum Ausgriff in die weniger günstigen Standortsbereiche, d. h. zur Expansion des ländlichen Raumes, führt. Doch alsbald sprengen intensive Verstädterungsphasen, verbunden mit Wüstungsprozessen, die auf eine mögliche Harmonie gerichtete Auffüllung des Siedlungsraumes. Exogene Einflüsse, wie Seuchen, Kriege, agrarsoziale Bewegungen und Revolutionen, zahlreiche agrartechnische Neuerungen sprengen den Rahmen, in dem sich Harmonisierungsprozesse hätten abspielen können. Was uns die agrargeschichtliche Forschung anzunehmen übrig läßt, ist das durch alle Zeiten bestehende Bemühen, Ungleichgewichte exogener Herkunft auszubügeln und aufzufangen.

---

[10]) E. ETZLAUB: Meilenkarte „Das ist der Romweg", nach E. LEHMANN: Alte Deutsche Landkarte, Leipzig 1935.

[11]) J. H. v. THÜNEN: Der Isolierte Staat in Beziehung auf Landwirtschaft und Nationalökonomie. 1826.

[12]) W. CHRISTALLER: Die zentralen Orte in Süddeutschland. Jena 1933.

[13]) G. ISBARY: Zentrale Orte und Versorgungsnahbereiche. Mitt. aus dem Institut für Raumforschung 56, 1965.

[14]) FRANZ, GÜNTHER (Hrsg.): Deutsche Agrargeschichte. Bd. 1—5, Stuttgart 1962—1970.

Nur eine kurzfristig gültige Rückschau aus dem industriellen Zeitalter der Gegenwart in das vorindustrielle Zeitalter, in Deutschland etwa in den Zeitraum vor 1850, läßt es zu, von einer Harmonie im traditionellen ländlichen Raum zu sprechen, und zwar nur in einem kulturlandschaftsästhetischen Sinne und in einem produktionswirtschaftlich-ökologischen Sinne, in dem sich die Hauptnutzungsformen und die Betriebsformen den natürlichen Verhältnissen anpassen. Doch viele Ausnahmen sind zu beachten: Nach einem traditionellen Subsistenzprinzip wird unter schier unmöglichen Bedingungen Getreide angebaut.

Erst unter dem Druck exogen bestimmter Bedingungen der freien Marktwirtschaft wird optimale ökologische Anpassung, d. h. ein Gleichgewicht zwischen Grundlagen und Produktionsrichtung, geschaffen. Die regional oft wechselnden Betriebsformen des Ackerbaus und der Viehwirtschaft in der Nordseemarsch in Raum und Zeit zeigen beispielhaft die Problematik der Anwendung des Harmonie-Begriffs selbst unter einfachen Bedingungen.

Ein wesentliches Element in den traditionellen Harmonievorstellungen im mitteleuropäischen Agrarraum als Teil der gemäßigten Zone atlantischer Klimaprägung schien die glückliche Verknüpfung von Ackerbau und Viehwirtschaft zu sein. Doch nur in einem vorgeschichtlichen Sinne mag man an diese Harmonie von Pflugwirtschaft, Großviehhaltung und Getreidebau als der Grundharmonie der altweltlichen Agrarkultur denken. Der Ackerbau lieferte in herkömmlicher Wirtschaftsweise Futterabfälle, Stallstreu, Körnerfutter, insbesondere Hafer und Gerste als Futtergetreide. Das Vieh lieferte neben Fetten und Proteinen für die menschliche Ernährung Zugkraft des Rindes und des Pferdes und Düngerstoffe für das Ackerland. Doch bedenke man, daß dieses „harmonische" Zusammenspiel nur kurze Zeit in Funktion war, nämlich von der Einführung eines umfangreicheren Ackerfutteranbaus bis zur Einführung des Handelsdüngers und neuerdings des Traktors, der das Zugtier ablöst. Weder in der früheren Zeit, in der man den Wald seiner Streudecke beraubte und Waldweide treiben mußte, noch in der Gegenwart, in der man die Betriebsvereinfachung und Spezialisierung im Streben nach Rationalität sucht, läßt sich im Zusammenspiel von Ackerbau und Viehhaltung Harmonie im ökologischen Sinne erkennen. Die Harmonie dieser Art ist ohne Rücksicht auf betriebswirtschaftliche Belange zeitgebunden an die Agrarstruktur des 19. Jahrhunderts und vor allem an eine hinreichende Betriebsgrößenstruktur, um ein ausreichendes Futterangebot für einen zur Zugkraft-, zur Dünger- und Fleischgewinnung optimalen Viehstapel halten zu können, nicht an die Agrarstruktur in ihrer Ganzheit. Doch damit wird schon der hier zu diskutierende allgemeine Harmoniebegriff in agrarbetriebswirtschaftliche Teilbereiche herabgespielt, in denen sich Übereinstimmung zwischen den Teilen im Ganzen von selbst versteht oder in rascher Anpassung erreicht werden kann, in den Bereich der Bodennutzungssysteme, der Fruchtfolgesysteme und anderer Korrelationssysteme, etwa der Berechnung des Flächenbedarfs bei der Gewinnung von Primär- oder Sekundärkalorien. Auch kommt die Vorstellung von der geographischen Harmonie im ländlichen Raum ins Schwanken, wenn eine einzige Grundeigenschaft der Agrarproduktion, nämlich der Flächenbedarf und damit das Problem der räumlich-zeitlichen Abfolgeordnung, die harmonische Einordnung in den Raum fragwürdig wird. Als Beispiel sei nur Israel angeführt, das 50 % seines Proteinbedarfs an Geflügelfleisch und Eiern im industriellen Stil auf kleinster Fabrikfläche produziert, wogegen im Weltdurchschnitt das Flächenverhältnis von Primär- zu Sekundärkalorien bei 1 : 10 und mehr liegt.

Von einer Harmonie im Agrarsozialbereich zu sprechen ist nicht möglich, wenn die Spannweiten landwirtschaftlicher Tätigkeit im Verhältnis zu anderen Berufen einerseits um 90 : 10 und andererseits 10 : 90 in den Staaten der Erde schwanken und die meisten Staaten vor ungelösten agrarsozialen Problemen stehen, sei es in zementierten Strukturen kleinbäuerlicher Subsistenzwirtschaft, wie in Indien, oder in Latifundien- und Minifundiensystemen des lateinamerikanischen Agrarraumes. Alle Versuche, einheitliche Betriebsgrößenansätze zu finden, haben sich rasch in einen weitgespannten Betriebsgrößenfächer aufgelöst. Zwischen Gutsbetrieben und Landarbeitersiedlungen, Sowchosen und Agrostädten, Hofbauernsystemen, Brinksitzern und Heuerlingen kann es keine agrarsoziale Harmonie geben, sondern nur den Haß der Besitzlosen gegenüber den Besitzenden. Gegenwärtigen Versuchen, Mindestgrößen, optimale Größen oder maximale Größen zu propagieren, steht man skeptisch gegenüber, wenn man alle Sozialgruppen einer Volkswirtschaft in die Erwägung zukünftiger Gestaltprinzipien für den ländlichen Raum einbezieht, auch die Nebenerwerbstätigkeit in der Landwirtschaft ins Auge faßt. Die völlige Verstaatlichung des landwirtschaftlichen Bodens mag auf lange Frist Stabilität schaffen, die Frage der Harmonie aber im sozioökonomischen und produktionswirtschaftlich wohlgeordneten Gefüge ist damit noch nicht gelöst.

Die knappe Analyse des Begriffes „Harmonie", im traditionellen Sinne definiert als die „Wohlgeordnetheit der Teile im Ganzen", hat ergeben, daß er Gültigkeit haben kann, wenn in einem größeren Entfaltungsbereich lediglich endogene Kräfte in hinreichend langem Zeitraum wirksam sind, unter deren Einfluß Ungleichgewichte sich abschleifen, Spannungen sich auflösen oder auch schicksalhaftes Einfügen und Ergebenheit sich einstellen und zu einer musealen, tödlichen Erstarrung führen. Harmonie im Raum ist ein Endzustand, der sich aus einem langanhaltenden gleichsinnig wirksamen Entwicklungsprozeß einstellt. Man kann die Harmonie im kultur- und wirtschaftsräumlichen passiven oder aktiven Anpassungsprozeß in ihrem subjektiv empfundenen Endstadium dem Klimax im bio-ökologischen Sinne vergleichen. Doch wird ein solcher Zustand selten empfunden werden. Sehr viel stärker ist das Empfinden im Fortschritt, in der Dynamik, im Streben des Ausgleichs von Ungleichgewichten zu sehen.

Bereits im abiotischen Bereich des Bauplanes der festen Erdkruste herrscht das Ungleichgewicht und das Streben zum Ausgleich der endogenen und exogenen Kräfte. Auch im schnelleren Ablauf der vegetationsgeschichtlichen Entwicklung und in der schnelleren Anpassung der Pflanzen und Tiere an den Biotop wird man, durch die Hand des Menschen gestört, nicht sehr viele im Gleichgewicht befindliche ökologische Systeme vorfinden. Bekannt ist das Beispiel des Ngorongorokraters in Ostafrika, dem B. und M. GRZIMEK ihre Forschungen widmeten[15]). Man spricht in solchen Fällen von gut aufeinander eingespielten biotischen Lebensgemeinschaften, von Biozönosen, von „offenen Systemen im Fließgleichgewicht"[16]). Es versteht sich, daß in den anthropogen bestimmten sozio-ökonomischen offenen Systemen, in denen die aus der biotischen Welt zu entnehmende Vorstellung vom Fließgleichgewicht in Turbulenz gerät, die exogen wirksamen Kräfte jegliche Ruhe zur Gewinnung eines Gleichgewichtszustandes nehmen und von einer Brauchbarkeit des traditionellen Harmoniebegriffes für die Gewinnung von Grundmotiven für Leitvorstellungen zur Gestaltplanung des ländlichen Raumes keine Rede mehr sein kann.

Der Harmonie-Begriff war zur Beurteilung von Räumen so lange brauchbar, wie er einer traditionell arbeitenden Landschaftskunde diente, deren Forschungsgegenstand die in einem längeren Zeitraum relativ ruhiger Entwicklung befindliche bäuerliche Kulturlandschaft war. Die Einheit dieses Forschungsgegenstandes aber ist jetzt mehrfach auf-

---

[15]) B. GRZIMEK / M. GRZIMEK: Serengeti darf nicht sterben. Berlin 1968.
[16]) W. SIMONIS: Zerstörung des biologischen Gleichgewichts. In: Studium Generale, Bd. 24, 1971, S. 218—230. — Ferner v. L. BERTALANY: Biophysik des Fließgleichgewichtes. Braunschweig 1953.

gebrochen. Das Bauernhaus, die bäuerliche Siedlung als Einheit von Wirtschaftsform und Lebensform, die Beziehung zwischen Bevölkerungszahl und Bodenleistung, d. h. die agrarische Tragfähigkeit des Raumes, die Grenzen zwischen Stadt und Land sind weggefallen. Grundmotive für die Gestaltung müssen in der Dynamik gesucht werden.

III. Der ländliche Raum im Anpassungsprozeß

Das alles ist nicht mit Bedauern festzustellen. Das Wesen der menschlichen Gesellschaft liegt nun einmal nicht — wie etwa in einem denkbaren Vergleich mit den Biozönosen — im Streben nach einem möglichst beständigen sozio-ökologischen Gleichgewicht, sondern im Streben nach Fortschritt. Um dieses Fortschrittsstreben der Gesellschaft wirken lassen zu können und es selbst zu bewirken, bedarf es — nunmehr bezogen auf den ländlichen Raum — eines weltoffenen Systems, das wohl im „Fließgleichgewicht" zu denken ist, aber auch in der Lage ist, stürmische Entwicklungseinbrüche aufzufangen, autochthone Aufgabenstellungen mit allochthonen Einwirkungen und Erfordernissen zu hoher Effizienz aufeinander abzustimmen.

Der hohen Dynamisierung unserer Zeit muß eine neue Begriffswelt entsprechen, in der zu denken man sich üben muß.

Es ist notwendig, in der Ungleichgewichtigkeit der Teile zu denken, darin nützliche Impulse zu entdecken und sich zu bemühen, die Ungleichgewichte zu beseitigen, ohne aber als Endziel die Harmonie anstreben zu wollen, denn damit kommt der Fortschritt zum Stillstand, und die Menschheit geht ihres Wesens verlustig. Es kommt vielmehr auf die Schaffung und Erhaltung der Anpassungsfähigkeit, auf die *Flexibilität*[17]) des ländlichen Raumes als eines offenen Systems an, das in optimaler Reaktionsfähigkeit zu halten ist. Man kann in diesem Zusammenhang zur Erläuterung den „Werner-Bericht" zitieren, in dessen Darlegungen über den „Endpunkt", wenngleich in einem weiteren Zusammenhang der Währungspolitik, „das innergemeinschaftliche Gleichgewicht durch die Mobilität der Produktionsfaktoren ... zu gewährleisten ist"[18]). Das gilt auch für den ländlichen Raum. Insofern nähern sich die Begriffe Harmonie und Flexibilität im Prozessualen, dadurch nämlich, daß mit Hilfe der Schaffung und Bewahrung der Flexibilität letztlich eine Dynamisierung des Harmoniebegriffs angestrebt werden kann, ohne Harmonie als endgültigen Dauerzustand erreichen zu wollen.

Die Entscheidung für den dynamischen Arbeitsbegriff „Flexibilität" gegenüber dem statisch-formalen Arbeitsbegriff „Harmonie" bei der Gewinnung von allgemeinen Zielvorstellungen schließt nicht aus, daß in Teilkorrelationen nicht auch Harmonie erstrebenswert ist.

Das sollte der Fall sein

— in der Naturgebundenheit bestimmter Bodennutzungssysteme und Betriebssysteme,
— in der Abstimmung korrelater Nutzflächensysteme, etwa zwischen Talwiesen und Almen,
— zwischen Erholungslandschaftsaspekten und Landwirtschaft,
— zwischen stadtnahen Betriebsgrößensystemen und gewerblicher Wirtschaft in der Standortgunst in Verdichtungsgebieten oder an deren Rand nach Maßgabe verfügbarer Arbeitskräfte mit saisonalen Arbeits-Rhythmen.

---

[17]) E. OTREMBA: Die Flexibilität des Wirtschaftsraumes. In: Erdkunde 15.
[18]) „Werner-Bericht". Sonderbeilage zum Bulletin 11/1970 der Europäischen Gemeinschaften, S. 10.

Das Angebot an landwirtschaftlichen Nutflächen erlaubt auch Landschaftspflege im Rahmen des Agrarlandschaftsschutzes in musealem Sinne, wenngleich sicherlich nicht ohne Subventionen. In Verbindung mit dem Erholungsverkehr in Verbindung mit der Pflege historisch wertvoller Kulturdenkmäler mag es in begrenzten regionalen Maßen denkbar sein, harmonische, d. h. formal-ästhetische, Agrarlandschaftsgebiete in gut ausgewählten typologisch bemerkenswerten Beispielen zu erhalten.

IV. Zusammenfassung

Dieser Beitrag trägt vorwiegend theoretische Züge. Er sucht über kurz- und mittelfristige Zielvorstellungen für die Gestaltplanung, wie sie etwa mit Hilfe von Richtwerten für die Einkommensanpassung landwirtschaftlicher Betriebe vorgesehen werden können, hinausgehend nach Denkansätzen zu neuen Motivationen von Zielvorstellungen, nicht nach diesen selbst.

Doch taucht natürlich für den verantwortlichen Planer, der im ländlichen Raum zu arbeiten hat, sofort die Frage auf, ob die Begriffe Flexibilität, Anpassungsfähigkeit und Anpassungsbereitschaft operationabel gemacht werden können. Das kann in einigen Funktionsbereichen und Korrelationssystemen leicht geschehen. Am einfachsten liegt das Problem bei einer Beurteilung der Flexibilität des landwirtschaftlichen Bodens im ländlichen Raum. Es gibt viele Bodenkarten, Boden- und Klimawertkarten nach Schwellenwerten, doch fehlt noch eine mittelmaßstäbliche Beurteilungskarte über die allgemeine und spezielle Gunst und Ungunst für die Landnutzung. Ein erster Ansatz liegt im Maßstab 1 : 1 000 000 vor, doch er genügt nicht[19]. Desgleichen fehlt noch eine Beurteilungskarte für die Eignung des ländlichen Raumes für die Erholungswirtschaft, wobei Landschaftsreiz, Agrarsozialstruktur und Landnutzungscharakter zu vereinigen wären. Mit der Bereitstellung der Erkenntnisse über die regionale Verteilung der Anpassungsbereitschaft ergeben sich neue Gesichtspunkte für die Erkenntnis von Planungsräumen, gewonnen aus den Eigenschaften des Raumes und der Korrelationsfähigkeit seiner Eigenschaften. Eine Vorstufe liegt in dem Streben nach Erkenntnis der Eigenschaften zur Anpassung des ländlichen Raumes. Hierin liegt eine Aufgabe für eine Theorie und Philosophie aller Wissenschaften vom ländlichen Raum in integrierter Bindung. Zielvorstellungen kann der Spezialist erst erarbeiten, wenn eine grundlegende und verbindliche Motivation vorliegt. In einer solchen Motivforschung müssen sich gesellschaftliche Gesichtspunkte mit internen und weltwirtschaftlich produktionswirtschaftlichen verknüpfen, Bodenrechtsfragen und Agrarverfassungsfragen sind in die Überlegungen einzubeziehen.

Zur Gewinnung einer hohen Flexibilität des ländlichen Raumes und seiner Ausrichtung darauf bedarf es schließlich vor allem der Beachtung, Bewahrung und Förderung der Flexibilität der Bevölkerung des ländlichen Raumes. Man spricht gerne von *der* Landwirtschaft. Spaltet man sie gedanklich auf und sieht die Passivität der Fläche des Raumes und die Aktivität der Menschen, die diese Fläche zu bewirtschaften haben, so tritt die Ausbildung zum flexiblen Verhalten und Handeln in unternehmerischer Tüchtigkeit ins rechte Licht. Auf diesem Gebiet eröffnen sich der Bildungsforschung, der Bildungsplanung in der ländlichen Gesellschaft, der ländlichen Unternehmerausbildung neue Felder. Das alles betrifft nicht nur den eigenständigen Landwirt, der in Betrieben oberhalb von gesetzten Mindestgrößen zu arbeiten hat, sondern auch die zahlreichen Menschen, die im

---

[19]) E. OTREMBA: Gunst und Ungunst der Landesnatur für die Landwirtschaft im Gebiet der Bundesrepublik Deutschland. Atlas der deutschen Agrarlandschaft, Karte I, 1, Wiesbaden 1971.

Zwischenfeld städtischer und ländlicher Funktionen zu leben und zu arbeiten haben, also die Nebenerwerbslandwirte, die zahlreichen Stufen des Arbeiterbauernstandes, die ständig Entscheidungen über das Ausmaß und den Standort ihres Wirkens im ländlichen Raum oder auf Pendlerwegen zu fernen Arbeitsstätten zu treffen haben.

Es ist immer verfehlt, die komplizierten Vorgänge in der vom menschlichen Geist und seinen Aktivitäten bestimmten Welt in Gleichnissen aus dem ökologischen Bereich der Natur zu betrachten, doch mag, um die Richtung des Denkens anzudeuten, das Ökosystem in biologischem Sprachgebrauch als „offenes System im Fließgleichgewicht" vergleichsweise herangezogen werden. Der ländliche Raum, in der unverbrüchlichen Einheit von Natur und Geist, trägt Züge eines in der aktiven Anpassung seiner Bewohner steuerbaren sozio-ökonomischen Systems im Dienst der kulturellen Evolution. Die Frage nach der Harmonie im ländlichen Raum ist durch die Frage nach der Harmonisierung aller Maßnahmen zum Zweck der Steigerung der Anpassungsbereitschaft im Struktur- und Funktionswandel abzulösen.

Der ländliche Raum unter soziologischen Aspekten gesehen – eine Gedankenskizze

von
Herbert Morgen, Bad Nauheim

I. Einleitende Gedanken

Im Rahmen dieses Beitrages soll eine Gedankenskizze gegeben werden, die das Thema lediglich anspricht; sie soll jedoch über einen Faktorenkatalog hinausgehen. Die herausgestellten Aspekte sind nur solche, die dem Verfasser für das Generalthema dieses Bandes besonders vorrangig erscheinen; eine mehr subjektive Gewichtung ist daher nicht zu vermeiden.

Die hier dargebotene Skizze wird erst dann in ihrem Raumbezug ganz verständlich, wenn zu den einzelnen Fakten vertiefte Ausführungen gemacht und die sich ergebenden Interdependenzen deutlich werden. Da dies nur in wissenschaftlicher Teamarbeit erfolgen kann, weil das angesprochene Thema zu komplex und zugleich auch zu differenziert ist, soll in einer besonderen Akademieveröffentlichung ein umfassender Beitrag vorgelegt werden, für den mehrere Autoren vorgesehen sind.

Die Aspekte, die hier angesprochen werden, haben unmittelbaren Bezug zum Menschen oder werden ursächlich vom Menschen bestimmt. Diese Geschehenszusammenhänge im Ich-Bereich und in der Gesellschaft, die zugleich spezifische Zwangsläufigkeiten darstellen, postulieren die Soziologie schlechthin als eine „Wissenschaft vom Menschen", wobei bei dieser „Wissenschaft vom Menschen" die Stellung des Menschen in der Gesellschaft als einem weiten Feld sozialer Bindungen und Organisationssysteme die Mitte bildet (1; 2; 3)*). All die Fragen, die die menschlichen Verhaltensweisen, die zwischenmenschlichen Beziehungen betreffen, sind hierbei primär; sie erst führen bei weiteren Überlegungen zu den so wichtigen Fragen der sozialen Prozesse und der sozialen Gebilde, bei denen sich die Wechselbeziehungen von Mensch und Raum am deutlichsten niederschlagen; sie sind vor allem für „die räumliche Strukturierung der Gesellschaft" bestimmend, wobei die Soziologie der Organisation und die Soziologie der Wirtschaft als soziologische Teilbereiche eigene „Rollenfunktionen" haben; sie sind als unmittelbare raumrelevante Wissenschaftszweige anzusehen. Die sich ergebenden Wechselbeziehungen verbinden sich mit den Vorstellungen über die Vitalsituation, die als Summenbegriff der auf das Individuum einwirkenden Gegebenheiten zu sehen ist. Man kann den Schluß ziehen — ohne in dieser Hinführung auf Einzelheiten einzugehen —, daß bei Leitvorstellungen zur Entwicklung ländlicher Räume soziologische Aspekte betont gesehen und beurteilt werden müssen, um zu geklärten raumordnerischen Vorstellungen und zu geklärten Planungskonzepten zu kommen.

Bei dieser Darstellung wird unmittelbar vom Menschen — vom Ich — ausgegangen, der den innersten Kern des Gesellschaftsbildes darstellt. Es folgen im Gedankenschema Familie als Gruppe besonderer Art, Gruppen, Gebietskörperschaften bis hin zum Staat. Mit ihnen sind aufs engste die zahlreichen Infrastruktureinrichtungen und die Wirtschaft

---

*) Die Zahlen in Klammern verweisen auf die Literaturhinweise am Schluß dieses Beitrages.

verbunden. Die Erfassung des Menschen mit dem Instrumentarium soziologischer Forschung stößt jedoch auf kaum zu überwindende Schwierigkeiten. Für die Entwicklung von Simulationsmodellen (4) — als Gesellschaftsmodelle gesehen —, bei der der Mensch mit seinen Verhaltensweisen die Mitte bildet, dürften sich für Raumforschung und Raumordnung, um nur ein Beispiel aus der Methodenlehre herauszugreifen, wichtige und zum Teil neuartige Aufgaben ergeben.

II. Strukturen der Landwirtschaft als soziologische Fakten

In diesem Beitrag wird der sogenannte ländliche Raum der Bundesrepublik Deutschland angesprochen, der in sich sehr unterschiedlich und — unter soziologischen Aspekten gesehen — sehr differenziert ist. Dieser ländliche Raum wird von rd. 20 Mio. Menschen bewohnt, von denen noch nicht 4 % in landwirtschaftlichen Vollerwerbsbetrieben (rd. 170 000 Betriebseinheiten) leben (5) = Betriebe mit einem Solleinkommen von mindestens 20 000—25 000 DM (Betriebe von etwa 35 ha LN und darüber). Mit anderen Worten: Von rd. 5 bis 6 Mio. Familien im ländlichen Raum kommen rd. 170 000—180 000 Familien auf Vollerwerbsbetriebe; rd. 600 000 Zuerwerbsbetriebe und rd. 550 000 Nebenerwerbsbetriebe ergeben dann die Gesamtsumme von 1,3 Mio. Betriebseinheiten. (Der Agrarbericht 1971 der Bundesregierung weist noch 467 000 Vollerwerbsbetriebe, 234 000 Zuerwerbsbetriebe und 543 000 Nebenerwerbsbetriebe auf (6).) Die regionalen Unterschiede in der prozentualen Verteilung dieser einzelnen Betriebsgruppen sind — wie die nachfolgende Übersicht zeigt — sehr erheblich.

Zahl der landwirtschaftlichen Betriebe nach Erwerbscharakter in %,
und zwar jeweils der höchste und der niedrigste Länderanteil

Bundesland	Vollerwerbs-betriebe	Zuerwerbs-betriebe	Nebenerwerbs-betriebe
Schleswig-Holstein	43	—	—
Baden-Württemberg	4	—	—
Bayern	—	56	—
Saarland	—	22	—
Saarland	—	—	67
Schleswig-Holstein	—	—	27
BRD	13	46	41

Hier taucht bereits die Frage auf, ob eine ländliche Gemeinde bzw. ein Dorf als Siedlungseinheit physiognomisch noch durch den bäuerlichen Menschen geprägt wird oder geprägt werden kann. Die Familien eines ländlichen Nahbereiches von etwa 8 000 Einwohnern — einer Modellgemeinde als Abbild der Wirklichkeit — setzen sich von ihrer sozialökonomischen Struktur her gesehen wie folgt zusammen (7):

Land- und Forstwirtschaft	= um 100 Familien, davon rd. 20 Familien in Vollerwerbsbetrieben
Produzierendes Gewerbe	= um 1 000 Familien
Übrige Berufe	= um 1 000 Familien
Rentner u. ä.	= um 900 Ehepaare/Einzelpersonen

Die 80 Familien im Wirtschaftsbereich Land- und Forstwirtschaft, die nicht an Vollerwerbsbetriebe gebunden sind, stellen soziologisch gesehen eine Zwischenschicht dar, sofern zwischen Vollerwerbslandwirten und ihren Familienangehörigen und den Menschen in den sekundären und tertiären Wirtschaftsbereichen überhaupt noch eindeutige soziologische Unterschiede herausgestellt werden können.

Die Personenzahl je Familie (je Haushalt) liegt bei dieser Aufgliederung bei 3,0; sie entspricht dem Durchschnitt der Haushaltsstärken von Gemeinden unter 2 000 (3,3) und zwischen 2 000—20 000 (2,8) Einwohnern. Auch in den ländlichen Gemeinden wird sich die Zahl der Ein-Personenhaushalte, die sich in den letzten 12 Jahren in der BRD verdoppelt hat, wesentlich erhöhen; in Abschwächung trifft dies ebenso für die 2-Personenfamilien zu. Auf eine Mio. Einwohner in ländlichen Gemeinden kommen rd. 125 000 Vollfamilien, im Durchschnitt der BRD = rd. 95 000 und in Gemeinden über 100 000 Einwohner aber nur rd. 75 000 (8; 9). Es kann angenommen werden, daß im kommenden Jahrzehnt der Anteil der Familien mit 4 und mehr Personen im ländlichen Raum konstant bleibt, ja, man kann sogar mit einer geringen Zunahme rechnen, sofern sich die Erwartungen an Wohnraum und Infrastruktureinrichtungen (z. B. Verkehr, Schulen) angemessen erfüllen.

BERND VAN DEENEN stellt mit Recht das funktionale Zusammenwirken von sozialökonomischen Fakten und soziologischen Fakten heraus. Diese wechselseitigen Verknüpfungen bestimmen im Agrarbereich des ländlichen Raumes Dynamik und Flexibilität und damit „den Ordnungszusammenhang zwischen Betrieb und Familie" (18). Sobald durch gewandelte Einkommensverhältnisse — Erhöhung des Solleinkommens — der Lebensstandard der in der Landwirtschaft lebenden Menschen steigt, werden Rückwirkungen auf sozio-demographische Entwicklungen erfolgen, und die bisherigen Verhaltensmuster der Familien landwirtschaftlicher Betriebe werden sich wandeln. Es sind hier nach VAN DEENEN zu nennen: a) Die Zunahme der Eheschließungen in jüngeren Jahren. Der bei Hoferben sich ergebende „Nachwuchsdruck" zwischen den Generationen wird verschärft. b) Die Abnahme der Kinderzahl. Damit ist vielfach das Streben nach besserer Bildung (Berufsausbildung) verbunden. Erbauseinandersetzungen können reduziert werden. c) Die steigende Lebenserwartung der in Rente lebenden Landwirte führt — von alt und jung angestrebt — zu getrennter Haushaltsführung und zu neuen Formen familiärer Ordnung. d) Die heute gültigen Vorstellungen von Freizeit führen im jahreszeitlichen Ablauf zu neuen Verhaltensweisen. Betriebliches Geschehen — insonderheit Betriebsorganisation, Generationsverhalten u. a. m. — spielt bei dieser Teilfrage mit. Der von vielen Betriebswirten angestrebte Ein-Mann-Betrieb ist ökonomisch gewiß vertretbar. Doch weist diese Betriebsorganisation soziologisch gesehen erhebliche Mängel auf.

III. Familienstruktur und Generationsprobleme

Die Gliederung einer Gesamtbevölkerung in Familien verschiedener Ordnung sollte ein bestimmender Ausgangspunkt für soziologische Überlegungen sein. Es sind hierbei zwei Beziehungsbereiche vordergründig (11):

a) = Beziehungen zwischen Mitgliedern der Familie;
b) = Beziehungen zwischen Familie und Gesellschaft.

Ohne Einschränkung kann man wohl sagen, daß selbst bei fortschreitenden Sozialisierungs- und Nivellierungsprozessen (nicht zu verwechseln mit Sozialisation, die das Aufnehmen der verschiedenen Normen und Rollenerfordernisse beinhaltet. Daß ein enger

Bezug zu der jeweils bestehenden gesellschaftspolitischen Ordnung gegeben ist, steht außer Zweifel) die Familie im Rahmen der Gruppenbildung als Teil gesellschaftlicher Ordnung eine „einzigartige" Institution bleibt; sie wird nach wie vor in den verschiedenen Ordnungen raumspezifisch wirksam sein. Es kann wohl ohne Überbetonung gesagt werden, daß wesentliche Hauptfunktionen der Familie, wie soziale Kontrolle, physische Erhaltung der Familienangehörigen, „Aufzucht" der Kinder in der Familiengruppe und in der ländlichen Gemeinde besser erfüllt werden können als in anderen Lebens- und Ordnungsbereichen. Bei solcher Betrachtung darf man jedoch nicht dem Fehler unterliegen, Idealbilder von Familiensystemen in den ländlichen Raum hineinzuprojizieren. Die ländliche Familie ist ebenso mit realen Maßstäben zu messen wie die städtische. Noch bestehende Unterschiede sind nicht mehr grundsätzlich und allgemein gültig, sondern nur graduell und differenziert. An einigen Kriterien soll diese Aussage ergänzt, verdeutlicht und abgestützt werden.

Die Zuordnung der Generationen in den Familien des ländlichen Raumes ist in Fluß; im städtischen Bereich ist dieser Wandlungsprozeß schon weitgehend fortgeschritten, um nicht zu sagen abgeschlossen. Wenn in den landwirtschaftlichen Haushalten die 3-Generationsfamilie — allerdings mit erheblichen regionalen Unterschieden — noch stark betont ist, so ist sie durch verschiedene Formen der Ausgliederung der Großelterngeneration im fortschreitenden Abbau. Dieser Abbau wird mit zunehmender Einkommensverbesserung, Verbesserung der Alterssicherung durch Rente und andere Sozialmaßnahmen, durch fortschreitenden Wandel in den Arbeitsfunktionen des landwirtschaftlichen Betriebes und seiner Hauswirtschaft und den Wandel in den Rollenfunktionen verstärkt.

Mehrpersonenhaushalte nach der Zahl der Generationen und nach Wirtschaftsgruppen in Prozent (9)

| Generationen | Selbständige u. mithelfende Familienangehörige | |
	Land- u. Forstwirtschaft	Übrige Wirtschaftszweige
1	12,9	25,8
2	55,2	65,5
3 und mehr	31,9	8,7
	100	100

Wenn auch diese Zahlen, die sich aus der Volkszählung vom 6. 6. 1961 ergeben haben, heute überholt sind, so geben sie uns doch schon einige aussagefähige Anhaltspunkte. Der Wandel der Haushaltstypen wirkt sich sowohl auf die familiäre Ordnung als auch auf die bauliche Ordnung innerhalb einer ländlichen Gemeinde aus. Die Tendenz wird sich fortsetzen, daß auch im landwirtschaftlichen Bereich die 2-Generationenfamilie anteilmäßig zunimmt. Damit ist aber noch nichts über eine Veränderung der soziologischen Bindungen innerhalb der Familie gesagt. Wirkt sich Strukturwandel der generativen Haushaltstypen auf Rollenstrukturen und soziologische Bezugssysteme aus? Diese für die Soziologie wichtigen Fragen haben auch ihre raumordnerische Bedeutung.

In der überwiegenden Mehrzahl aller im ländlichen Raum lebenden Familien werden im wesentlichen die gleichen Ordnungen wie in der Stadt zutreffen. Es taucht in diesem Zusammenhang die Frage auf, ob in Zukunft die Großelterngeneration bevorzugt in der ländlichen Gemeinde wohnen bleiben wird oder sich in der Stadt und ihrem Umland ansiedelt. Motive hierfür können sehr unterschiedlich sein, und es bedarf gewiß noch eingehenderer Untersuchungen, um zu aussagefähigen Verhaltensmustern zu kommen, bei denen auch Fragen der geistigen und körperlichen Mobilität mitsprechen. Raumordnungspolitisch gesehen dürfte es wichtig sein, die älteren Menschen, die nicht mehr im Familienverbund leben, in der ländlichen Gemeinde zu belassen. Sozialpolitische, kulturpolitische und städtebauliche Überlegungen und Entscheidungen sollten bei dieser dringlichen Frage zu einem einheitlichen Konzept führen. Es darf bei dieser Sicht nicht außer acht gelassen werden, daß die aus dem Arbeitsprozeß ausgeschiedenen Menschen zunehmend wirtschaftliche Konsumpotenzen darstellen und weiterhin für Arbeitsvorhaben besonderer Art in der Gemeinde eingesetzt werden können. Diese Wandlungsvorgänge führen zwangsläufig zu neuen Statusvorstellungen.

Die Jugendgeneration im ländlichen Raum (Landjugend) steht der Generation der über 60jährigen Menschen polar gegenüber. Ihre Verhaltensweisen befinden sich in einem verstärkten Wandel. „Die Landjugend im Lichte des sozialen Wandels sehen, heißt nämlich erstens, sie als Seismograph, als Objekt und als Träger wirtschaftlicher, sozialer und institutioneller Veränderungen zu verstehen. Denn Jugend reagiert auf Neues rascher als andere Lebensalter. Sie nimmt regeren und engagierteren Anteil an laufenden Entwicklungen und steht dem Fortschritt unbefangener gegenüber" (12). So ist die Stellung des Jugendlichen auch im ländlichen Familienverbund im Wandel. Diesen Wandel sollte man „wert-neutral" sehen, um das Emotionale, das hierbei oft zu vordergründig ist, auf ein Minimum zu reduzieren. Kinderzahl der Familie und generativer Spannungsbereich sind wichtige Glieder im Spiel der Kräfte. Noch heute ist gegeben, um nur ein Faktum zu nennen, daß die Geschwisterzahl in ländlichen katholischen Familien größer als in evangelischen ist; doch mehr und mehr erfolgt eine Angleichung, und zwar nach der geringeren Kinderzahl. Es bedarf keiner weiteren Ausführung, daß die Zahl der Kinder für wesentliche Lebens- und Ausdrucksformen der Familie bedeutsam ist. Generationskonflikte, die vor allem im 3-Generationshaushalt verstärkt zu Tage treten, werden reduziert (sonstige Verwandte treten bei der Zusammensetzung von ländlichen Familien in den Hintergrund — selbst in landwirtschaftlichen Haushalten, wo sie sich in zunehmendem Maße im Rückzug befinden).

Auch die ländliche Jugend befindet sich im Sog von Emanzipationsprozessen, die das Leben in der Gruppe wandeln, d. h. daß das bisherige traditionelle Ordnungsgefüge der Familie mit seinen impliziten Familienregeln — wie es sich vor allem in den bäuerlichen Familien entwickelt hat — nach und nach abgebaut und zu einer Nivellierung hingeführt wird, wobei individuelle Verhaltensmuster davon unberührt bleiben. Generalisierend kann man sagen, daß in ländlichen Gemeinden die Jugend noch stärker an die Familie gebunden ist als im städtischen Lebensbereich, und zwar weniger deshalb, weil der häusliche Bereich auf dem Lande „attraktiver" ist, sondern vorwiegend deshalb, weil der standortmäßige Lebensbereich für „außerhäusliche Freizeitkontakte" noch zu wenig Spielraum bietet. Die Untersuchungen von ULRICH PLANCK zeigen, „daß die jungen Ehepaare auf dem Lande einen eigenen Haushalt, getrennt von Eltern und Schwiegereltern, führen". Aus solcher Entwicklung, die sich kontinuierlich fortsetzen wird, ergeben sich im ländlichen Raum Strukturwandlungen im Zusammenleben der Familien und in der Zurverfügungstellung von Wohnungen (städtebauliche Aspekte). Für den Soziologen wird hier ein weites Feld angesprochen, um auch dem Raumordner echte Hilfe zu geben.

IV. Rollen und Status im Schichtungsprozeß

Das sich so wandelnde Ordnungsgefüge der Familie wird bestehende Konfliktsituationen mindern, wird aber auch neue Konfliktsituationen schaffen, die uns aus dem städtischen Lebensbereich nur zu gut bekannt sind. Die Erkenntnisse auf dem Gebiete der

Soziologie, vor allem der Distanz- und Rollenfunktionsforschung, sollten zunehmend einen echten Raumbezug erhalten, um sie auch bei planerischen Entscheidungen — es sei bei diesem Teilaspekt auf die Frage der Makro- und Mikrostandorte hingewiesen — berücksichtigen zu können. Doch darf die Soziologie nicht zu einer „Heilslehre" erhoben werden; im empirischen Forschungsbereich, wozu auch die ländliche Soziologie zu rechnen ist, dürften für politische und raumordnerische Entscheidungen praktikable Alternativvorschläge schon optimal sein.

Die Herausstellung von Nivellierungsprozessen (s. oben) soll kein Ausdruck von „Kulturpessimismus" sein. Nivellierungen im sozialen Bereich sind keine Erscheinung der Gegenwart; sie sind — soziologisch gesehen — als „datum est" zu werten, wenn auch die Nivellierungsformen sich geändert haben. In der Agrargesellschaft sind solche Angleichungsprozesse, die soziale Einebnungsvorgänge darstellen, immer vorhanden gewesen. Als Korrelat entwickeln sich aber neue soziale Schichtungen mit spezifischen Verhaltensweisen, wenn auch die Übergangszonen immer durchlässiger werden. Im ländlichen Raum, der gerade in den vorwiegend agrarischen Gebieten in der sozialen Differenzierung in der Regel weniger komplex ist als der städtische Raum, verwischen sich mehr und mehr die sozialen Grenzen; die Übergänge werden zunehmend bestimmend. Diese Entwicklung wirkt sich verstärkt bis in die städtebauliche Planung unserer ländlichen Gemeinden aus; sie ist daher unter raumordnerischen Aspekten zu sehen.

Zu den angedeuteten Rollenbeziehungen in der Familie sind noch einige weitere Hinweise zu machen. Aus dem sich vollziehenden Wandel der Statussymbole in ländlichen Familien und einem zunehmenden Austausch mit der städtischen „Welt" ergeben sich verstärkte Anpassungen. Es wäre jedoch ein Irrtum anzunehmen, daß Statusunterschiede verschwänden. Alte Statussymbole wandeln sich und werden z. T. aufgehoben, neue „Bewertungsdimensionen" entwickeln sich. Es ist gegeben, daß der Mensch schon zu einer Selbstdarstellung der Status, die zur Statusbündelung hinführen, bedarf. Stark betonte Statussymbole im bäuerlichen Lebenskreis waren vor allem — jetzt schon seit längerem nicht mehr vorhanden oder weitgehend abgebaut —:

a) für die ganze Familie: Alter des Familienbesitzes, Hofgröße, Zahl der Kühe (aber nicht der Milchertrag in kg/Kuh!), Platzordnung in der Kirche usw.;
b) für den Mann: das Patriarchat, der Besitz an Grund und Boden, die Freiheit in der Besitznutzung, die Ausübung der Jagd u. a. m.;
c) für die Frau: Statussymbole dieser „Wertstufe" waren in der Regel nicht gegeben, auch wenn die Frau einen landwirtschaftlichen Betrieb in die Ehe einbrachte, aber der Wert des Hausrates und der Kleider stellten im Rahmen der Schichtungsstrukturen schon wesentliche Statusmerkmale dar.

In der Entwicklung liegt es, daß die Statussymbole in der bäuerlichen Familie keine Sonderstellung innerhalb der ländlichen Gesellschaft bilden. Die Stellung des Mannes auf dem Lande innerhalb der Familie (z. B. als Familienoberhaupt) und in der ländlichen Gesellschaft (z. B. als Führungskraft bzw. Schlüsselperson) ist keine dominierende mehr. In Betrieben von Jungbauern hat es sich schon ergeben, daß der Mann Haushaltshilfe leistet und daß die Frau mehr und mehr nur noch begrenzte Aufgaben im Betrieb übernimmt. Wenn auch Grundbesitz noch einen Statuswert hat, so ist der Vorstellungswert von Besitz an Grund und Boden — als „Dimension" gesehen — stark reduziert, und zwar mit ausgelöst durch die Entwicklung der verschiedenen Formen von Eigenheimen, verbunden mit den verschiedenen Finanzierungsmöglichkeiten. Nur noch größerer und großer Grundbesitz hat heute noch seinen Statuswert, der jedoch sehr häufig nicht mit dem Einkommen aus dem Besitzvermögen korrespondiert. Die Jagd stellt auch keinen spezifischen Statuswert mehr für den bäuerlichen Lebensbereich dar, da Jagd zu einem Statussymbol schlechthin und zu einem soziologischen Randeffekt geworden ist. Jagdausübung in eigenen Revieren mit den dazugehörigen Ausstattungen und gesellschaftlichen Begleiterscheinungen sollte unter anderen soziologischen Aspekten gesehen werden.

Die heutigen Statussymbole der mittelständischen Schichten — also der breiten Masse der Bevölkerung — gleichen sich in Stadt und Land immer mehr an, wobei beide Teile der Gesellschaft Gebende und Nehmende zugleich sind, und innerhalb der ländlichen Gesellschaft vollzieht sich der gleiche Prozeß. Quer durch die Bevölkerungsschichten und -gruppen — als gesellschaftliche Ganzheit gesehen — ziehen sich einige markante Statussymbole, von denen nur wenige — gewissermaßen exemplarisch — hier genannt sein sollen:

a) das Halten von Hausgehilfen (innen), sofern nicht durch den Beruf des Haushaltsvorstandes bedingt;
b) die Zweit- und Drittwohnung (z. B. Land- und Stadtwohnung, Ferienwohnung u. ä.);
c) die Freizeitgestaltung mit relativ hohem Kostenaufwand und sichtbaren Effekten;
d) das Auto (Autotyp, Zweit- und Drittwagen), und dann für die nächste Zukunft das Privatflugzeug.

Auf die Menschen im ländlichen Raum bezogen müssen die bestimmenden Statussymbole in regionaler Unterschiedlichkeit gesehen werden. Je optimaler die zentralen Funktionen Wohnen, Arbeiten, Bildung und Erholung entwickelt sind und in Bezug zueinander stehen, um so mehr werden auch die bestehenden Vorstellungen von Statussymbolen sich wandeln, da „der Inhalt dieser Funktionen sich selbst dynamisch ändert" (13).

Der soziologische Strukturwandel im ländlichen Raum wird weiterhin durch gewandelte Rollensituationen bestimmt (Rollen als dynamischer Aspekt eines Status zu sehen (14)). Für die bäuerliche Familie bestand ein festgefügtes familiäres Rollensystem, wenn damit auch keineswegs eine befriedigende Kommunikation sichergestellt war. Es gab wohl nie die ideale bäuerliche Familie, wie sie in der Landvolkromantik zu oft betont worden ist. Man hat — mehr selbstverständlich — die allgemeinen Dissoziationen in die familiäre Ordnung einbezogen; die unmittelbaren Konfliktsituationen mit ihren Wirkungen blieben latent; Konflikte wurden meistens nicht ausgetragen (pointierte Konfliktsituationen in den Bauernromanen dürfen keinen Anspruch auf Allgemeingültigkeit erheben). Die derzeitige Entwicklung geht ebenso auf dem Lande den Weg, Konflikte auszutragen, so daß sich damit in diesem Bereich unseres gesellschaftlichen Lebens neue Spannungen mit verschärften Konfliktsituationen ergeben werden.

In diesem Zusammenhang ist es noch notwendig, den Wandel der Heiratskreise als soziologisches Phänomen — insbesondere als Rollenfunktion — im ländlichen Raum zu erwähnen, wobei auch der Faktor Bildung mitspricht. Bildung als Rollenfaktor gesehen bedarf einer vertieften Darstellung, um die aus den Bildungsprozessen in ländlichen Gebieten — vor allem bei Reduzierung des Stadt-Land-Bildungsgefälles (15) — entstandenen neuen Verhaltensmuster näher kennen zu lernen und Schlußfolgerungen unter raumordnerischen Aspekten ziehen zu können. Hierbei sind Rollen-, Status- und Gruppenfragen von besonderer Bedeutung.

Die in unserer Gesellschaft erfolgten und eingeleiteten Wandlungsvorgänge in der Rollenverteilung sind in Stadt und Land gegeben. Die Frage „Wie wurden die Verhältnisse so wie sie heute sind?" (11) ist für den Bereich der Soziologie nur lückenhaft zu beantworten. Es kann hier nicht Aufgabe sein, zur Theorie des Wandels in der Rollenverteilung Aussagen zu machen, sondern es sollten lediglich nur einige Fakten genannt sein, um diesen Teilbereich anzusprechen: geschlechtsspezifische Rollen, generationsspezifische Rollen, Status als Rollen, Rollenkonflikt etc. In gedanklicher Anlehnung an SHAKESPEARE stellen Brune J. Biddle und Edwin J. Thomas mit Recht heraus, das social life mit dem Leben auf der Bühne zu vergleichen, wobei das einzelne Individuum sehr verschiedene Rollen zu spielen hat. Man könnte in Überspitzung sagen, daß ein soziales Gemeinwesen einer Bühne gleicht, auf der ein jeder eine Rolle im Ensemble — im social life — zu spielen hat.

V. Gruppensoziologische Fragen (Vereine, Gemeinden)

Wenn in den bisherigen Ausführungen verstärkt vom Menschen, vom Ich, dem innersten Kern des Gesellschaftsbildes (wie oben formuliert) und von der Familie als Gruppe besonderer Art ausgegangen wurde, so soll jetzt ein kurzer Hinweis zu gruppensoziologischen Fragen erfolgen. Es steht fest, daß der einzelne nur in Gruppen leben und wirksam werden kann. Es steht gleichfalls fest, daß jeder Mensch in einer Mehrzahl, häufig sogar in einer Vielzahl von Gruppen lebt und somit sehr verschieden agieren muß, und zwar häufig in sehr kurzen Zeitabständen. Wenn in einer ausgelaufenen Zeit der Landbewohner, insonderheit der bäuerliche Mensch, in den kleinen Gruppen der Familie, der dörflichen Verwandtschaft und der Nachbarschaft seine Position hatte, so ist durch eine ständige Gruppendynamik ein erheblicher Wandel eingetreten. Traditionelle Gruppen haben zum Teil einen Bedeutungsschwund erfahren, neue Gruppen mit neuen Gehalten sind hinzugekommen; das Dorf alter Art ist in einen größeren Gemeindeverbund hineingewachsen; die ländliche Gemeinde steht mit den Nachbargemeinden ländlicher Prägung und mit der Stadt in einer zunehmend enger werdenden Beziehung. Wenn die Familie als Kleingruppe in Zukunft ihre große Bedeutung — trotz Funktionswandel — haben wird, so tritt in verstärktem Maße die größere Gruppe — die mehr informelle Gruppe — hinzu. Dies spiegelt sich im Leben von Gemeinden im schulischen Bereich, im Vereinsleben, in den politischen Parteien usw. wider. Hier werden die Gemeindegrenzen gesprengt! Der sich ergebende Verhaltenswandel der Gruppen — auf andere bezogen und rückbezogen (als Interaktion zu verstehen) — muß als gesellschaftspolitisches Phänomen gesehen und gewertet werden. Die daraus sich ergebenden Wandlungen in der Gruppenstruktur haben weitgehenden Einfluß auf das gesamte Leben einer ländlichen Gemeinde; sie sind in der Tat planungsrelevante Größen. „Die Gemeinde als administrative Einheit begreift nicht mehr die Totalität menschlichen Daseins im Sinne einer ‚Gemeinschaft'. Das gilt für die Nachbargemeinden wie für den Nahbereich als Ganzes. Man kann von einer gespaltenen Loyalität sprechen. Der Gemeindebürger hat mindestens ebenso viele Beziehungen außerhalb wie innerhalb seines engeren Gemeindebezirkes. Dennoch müßte im Nahbereich ein gewisses ‚wefeeling' entwickelt werden. Planerisch bedeutet das ein Abwägen zwischen Autarkie und Integration in höhere Systeme." So Herbert Kötter (16)*). Dieser sich vollziehende Gruppenstrukturwandel in der ländlichen Gesellschaft ist zugleich als ein Teilbereich des Strukturwandels der gesamten Gesellschaft zu sehen (17).

Zwei spezielle soziologisch bestimmte Gruppenbereiche sollen in diesem Zusammenhang gewissermaßen als Beispiele gesondert herausgestellt werden: das Vereinswesen und die ländliche Gemeinde. Es steht fest, daß die Vereine echte Gruppen repräsentieren. Ob eine im heutigen Sinne tragfähige Gemeinde noch eine Gruppe darstellt, ist zumindest sehr fraglich.

---

*) Um zur Vermeidung von Mißverständnissen den Begriff Loyalität auszuschalten, könnte man in diesem Zusammenhang von einer soziologisch bedingten Spaltung sprechen.

Für die ländliche Gemeinde stehen folgende Hauptarten von Vereinen im Vordergrund:

a) Berufsvereine,
b) konfessionelle Vereine,
c) Vereine zur Pflege der Geselligkeit,
d) Gesang- und Musikvereine,
e) Sportvereine.

Eine durchschnittlich große ländliche Gemeinde bisheriger Prägung (400—600 Einwohner) ist nicht mehr in der Lage, ein eigenständiges Vereinsleben mit gewissen Leistungen zu entwickeln, da die Anforderungen an Zahl der Mitglieder — aktive und passive —, an Einrichtungen und an finanziellem Aufwand erheblich gestiegen sind. Der starke Rückgang der Altersklassen zwischen 30—50 Jahren in den Vereinen ist noch nicht hinreichend zu begründen. Es wäre sehr verdienstlich, wenn von der ländlichen Soziologie dieser Frage eine besondere Bedeutung zugemessen würde. Den Vereinen im ländlichen Raum kommt eine gemeindeübergreifende soziologische Bedeutung zu, sofern sie standortgerecht orientiert, leistungsfähig und in ihren Organisationsformen je nach Vereinsart optimal sind (18).

Daß die überwiegende Mehrzahl unserer ländlichen Gemeinden verwaltungsmäßig gesehen einer Neuordnung bedarf, steht außer Frage (rd. 85 % aller Gemeinden der BRD liegen unter 2 000 Einwohner). Vom Soziologischen ist die Frage zu stellen, ob sich in Gemeindezusammenschlüssen wie Amtsgemeinden, Samtgemeinden und Großgemeinden (vor allem im Verwaltungsbezirk Oldenburg) ein intensives Gemeindebewußtsein entwickeln läßt, das gesellschaftspolitisch wirksam werden kann. Die Oldenburger Großgemeinde mit ihrer eigenen geschichtlichen Entwicklung dürfte ein gutes Beispiel sein, um das menschliche Zusammenführen unter soziologischen Aspekten innerhalb von ländlichen Siedlungsverbunden studieren zu können (19).

In diesem Zusammenhang sind gleichfalls die wachsenden Land-Stadt-Verflechtungen (Land-Stadt-Kontinuum) zu erwähnen. In der eingangs unterstellten Modellgemeinde von 8 000 Einwohnern sind rd. 3 500 Erwerbstätige; zu ihnen zählen rd. 1 100 Berufspendler. Zu diesem Pendlerstrom gehören noch rd. 100 Ausbildungspendler, die zur guten Hälfte das Gymnasium der benachbarten Kleinstadt besuchen. Die ärztliche Versorgung der Bevölkerung erfolgt zum Teil in der Kreisstadt. Der Einkauf des privaten Bedarfes erfolgt gleichfalls zum Teil in der Kleinstadt. Auch Theaterbesuche und der Verkehr mit den berufsständischen Organisationen erfolgen ebenso in der Stadt. In verstärktem Maße werden vor allem in Großstadtnähe Stadtbewohner ihre Zweitwohnung auf dem Lande einrichten. Benutzung und Einwirkung aller Informationsmittel, die im wesentlichen als geistige „Kinder" der städtischen „Welt" gesehen werden müssen, dürfen bei diesen Wandlungsprozessen nicht unterschätzt werden. Eine Landwirtsfamilie bringt bei überschläglicher Berechnung (außer 7 bis 8 Stunden Schlafzeit) mehr als ein Drittel der Zeit im unmittelbaren städtischen Lebensbereich zu (siehe oben Aussage KÖTTER). Diese Stadt-Land-Bindungen verstärken sich und werden verstärkten Einfluß auf die soziologischen Prozesse auf dem Lande ausüben.

VI. Wandlungsprozesse und ihre Verknüpfungen

Bei diesen Überlegungen darf jedoch nicht übersehen werden, daß die landwirtschaftlichen Betriebe in der Gemeinde — wenn auch zahlenmäßig untergeordnet — aber dennoch eine wirkende Kraft haben. Diese landbebauende Bevölkerungsschicht hebt sich in gewissen äußeren Erscheinungsformen von der landverbundenen und der landbewohnenden Bevölkerungsschicht ab (Einteilung von KONRAD MEYER) (20), wenn auch die überwiegende Mehrzahl der landwirtschaftlichen Berufszugehörigen zu den Sozialgruppen der Neben- und Zuerwerbslandwirte gehört.

Die Struktur der landwirtschaftlichen Betriebe wird sich im kommenden Jahrzehnt weiterhin wandeln. Betriebe unter 20—25 ha LN werden nicht mehr als Vollerwerbsbetriebe anzusprechen sein, da in diesen Betrieben das sozial erwünschte Solleinkommen von 20 000—25 000 DM nicht erreicht werden kann (5). Nach Vorstellungen, wie sie durch die EWG geprägt worden sind, werden sich die Vollerwerbsbetriebe nach noch größeren Betriebseinheiten — jedoch im EWG-Raum regional unterschiedlich — orientieren. Durch eine solche „Aufwertung" dieser Sozialgruppe von landwirtschaftlichen Betriebsangehörigen entwickeln sich für diese neue soziologische Verhaltensweisen, aus denen sich neue Verhaltensmuster, die von gewandelten Interaktionen (mit aktiven und passiven Einwirkungen) mitbestimmt werden, bilden. Von der gesellschaftlichen Ordnung einer ländlichen Gemeinde her gesehen, die noch landwirtschaftlich akzentuiert ist, dürfte es sozial gesehen richtig sein, daß ein Teil der landbebauenden Bevölkerungsschicht wirtschaftliche Potenz darstellt. Gewandelte Betriebsstruktur und gewandelte Organisationsformen der Betriebe sollten es ermöglichen, daß die Menschen dieser Betriebe sich mehr als bisher einflußnehmend an Gemeinschaftsaufgaben beteiligen, um damit auch zu einer höheren gesellschaftspolitischen Effizienz und Verantwortung hingeführt zu werden.

Eine Zahl von rd. 20 Vollerwerbsbetrieben erscheint schon ausreichend, um innerhalb eines Nahbereiches eine eigene Gruppe darzustellen — mit eigenem Gruppenbewußtsein und eigener Rollenfunktion im Gemeindeleben. Die Menschen dieser Vollerwerbsbetriebe werden sich stärker als bisher mit Gruppen nichtlandwirtschaftlicher „Provenienz" innerhalb und außerhalb der Wohngemeinde verbinden. Solche Überlegungen berühren in gleichem Maße die Gruppen der Zuerwerbs- und Nebenerwerbsbetriebe, wenn auch mit anderen Akzenten. Die Frage der sozialen Stufen spricht hier mit.

Diese im Wandel sich befindenden Schichtungsvorgänge — verbunden mit Gruppenwandel, Wandel der sozialen Position der Erwerbstätigen, einerlei ob selbständig oder unselbständig, Wandel im Lebensstil und in der Lebenshaltung — führen letztendlich zu einer Anpassung an „Normen", wie sie heute bereits für unser Leben weitgehend bestimmend sind. Diese nur schemenhaft angedeuteten Prozesse führen zwangsläufig in den ländlichen Gemeinden zu einem gewandelten Sozialgeflecht, wobei auch Fragen der sozialen Parität von Bedeutung sind.

Die sich vor unseren Augen vollziehenden soziologischen Prozesse werden in starkem Maße von der Entwicklung der familiären, der gruppengegebenen und wirtschaftlichen Aktivitäten getragen. Sie befinden sich in einer engen und sehr komplizierten Verknüpfung von soziologischen Determinanten und ökonomischen Variabeln einerseits und umgekehrt von ökonomischen Determinanten und soziologischen Variabeln andererseits. Aus einem solchen Bezugsfeld, das sich zunächst auf dem Wege der Analyse herausschälen wird, werden Planspiele zu entwickeln sein, die in den Bereich der Simulationstechnik gehören. Die hieraus gewonnenen Erkenntnisse können dann von der Landesplanung/ Regionalplanung genutzt werden. Für diesen Teilbereich raumforscherischer Arbeit ist es zu begrüßen, daß ERWIN K. SCHEUCH den Beitrag der Soziologie zur Landesplanung herausgestellt und konkrete Ansätze für eine besondere Bearbeitung der Steuerungsfragen der Bevölkerungsverteilung — unter soziologischen Gesichtspunkten — unterstrichen hat (21). Für ihn stellt die Soziologie eine wichtige „Ergänzungsfunktion" für das raumordnerische Geschehen dar. Ein weites Feld wissenschaftlicher Arbeit liegt vor uns, um die soziologischen Aspekte mit ökonomischen und raumordnerischen Aspekten in Einklang zu bringen. „Im Rahmen dieser Betrachtung wird das Wort Raum als ‚Daseins-Raum' verstanden. Es zeichnet somit den Zusammenhang zwischen Sozialstruktur und räumlichen Gegebenheiten" (22), wobei die soziologischen Aspekte wesentlich die strukturräumliche Ordnung bestimmen.

Die sich vor unseren Augen vollziehenden soziologischen Wandlungsprozesse im ländlichen Raum, die z. T. auch als Erneuerungsprozesse zu sehen sind und damit in den Bereich der Innovationen fallen, verlaufen von polaren Mitten aus. Die eine Mitte stellt die ländliche Gemeinde, das Dorf als Siedlungseinheit mit ihren in informellen Gruppen gebundenen Menschen dar. Der soziologische Ausbreitungsvorgang wirkt sich a) endogen innerhalb der Gemeinde und b) exogen, und zwar flächig, linienhaft oder punktuell auf das Umland aus. Die andere Mitte wird von dem Umland, insonderheit von den benachbarten Städten, gebildet. Von hier aus erfolgen soziologische Ausbreitungsvorgänge auf die ländliche Gemeinde, die regional meist unterschiedlich und von verschiedener Intensität sind.

VII. Angesprochene und anzusprechende soziologische Probleme

Aus der hier dargebotenen Gedankenskizze ergeben sich zahlreiche Fragen, die noch einer eingehenderen Untersuchung und ausführlicheren Darstellung bedürfen mit dem Ziel, diese Aussagen und Erkenntnisse in den unmittelbaren Raumbezug zu stellen, um somit den ländlichen „Daseins-Raum" als soziologisches Phänomen mit seinen Wandlungen, seiner Dynamik, seiner Flexibilität zu erfassen. So könnten gewiß von seiten der Soziologie dem Raumordner operationable Hilfen für die Entwicklung ländlicher Gebiete gegeben werden, wobei aber keineswegs an „Rezepte" zu denken ist. In 14 Punkten soll versucht werden, einige Hauptprobleme herauszustellen, die aber nicht den Anspruch auf Vollständigkeit erheben:

1. Wandlungstendenzen in der Familie, die als Interaktionen mit ihren aktiven und passiven Einwirkungen zu sehen sind. In diese Überlegungen gehören auch die Beziehungen der Familie im engeren Sinne zur Familie im weiteren Sinne. Ergeben sich aus fortschreitender Urbanisierung des ländlichen Raumes neue Verhaltensmuster im Bereich des familiären Lebens?

2. Wandlungstendenzen im Bereich der Nachbarschaften, die dem Charakter nach als informelle Gruppen anzusehen sind. Strukturwandel ist deutlich zu erkennen; ja, Auflösung dieser traditionellen Bindungen liegt vor. Welche neue Bindungen ähnlicher Art haben sich bereits vollzogen und welche bahnen sich an?

3. Einwirkungen und Auswirkungen von Emanzipationstendenzen der verschiedenen Art auf den Wandel der familiären Rollensysteme. Wie sind die sich ergebenden neuen Verhaltensmuster, die sich aus diesen Prozessen ergeben, zu sehen?

4. Nivellierungsprozesse im ländlichen Raum mit ihren Auswirkungen auf die soziale Schichtung und die soziologischen Verhaltensweisen. Welches sind zentrifugale Kräfte in einer ländlichen Gemeinde? Welche Konsequenzen ergeben sich für die Raumordnung bis hin zur städtebaulichen Planung?

5. Strukturwandel im Bereich der landwirtschaftlich-bäuerlichen Bevölkerung mit verstärkter Hinwendung zum 2-Generationen-Haushalt. Welche Folgen ergeben sich für die ausgegliederte bzw. auszugliedernde Großelterngeneration?

6. Bewußter Einbau der Rentner in die ländliche Gemeinde. Wie kann das „Dorf" die Aktivitäten der älteren Menschen nutzen? Welchen Gewinn erzielt die ländliche Ge-

meinde durch den gezielten Einbau der älteren Menschen? Welche Voraussetzungen müssen erfüllt werden, um ältere Menschen an die Heimatgemeinde zu binden und für das Wohnen auf dem Lande zu interessieren?

7. Ausbau der ländlichen Gemeinde als „attraktive" Lebensbereiche für die junge und jüngere Generation. Die sich hierbei ergebenden Grenzen sind zu sehen, um sich keinen Illusionen hinzugeben, die sich ökonomisch nicht realisieren lassen. Welche Möglichkeiten bieten sich hierbei im familiären Bereich an? Wie können die formellen Gruppen den Bedürfnissen der ländlichen Jugend mehr Rechnung tragen als bisher? Welche kommunalpolitischen Voraussetzungen sind zu schaffen, um die Gemeinde für die junge und jüngere Generation gesellschaftspolitisch wirksamer werden zu lassen?

8. Die ländlichen Gemeinden von heute müssen über ein gefächertes Angebot von formellen Gruppeneinrichtungen verfügen, damit der Entfaltung von soziologischen Bindungen im Gruppenbereich kein Hindernis entgegensteht. Das Vereinswesen hat hierbei einen besonderen Rang! Welche Standortfragen ergeben sich für Vereine im ländlichen Raum? Welche ideellen und materiellen Förderungsmaßnahmen sind notwendig, um dem Vereinsleben neue Impulse geben zu können? Welche Forderungen stellt vor allem die junge Generation an die verschiedenen Vereinsarten, damit ein intensives Vereinsleben erwachsen kann?

9. Die Verwaltungsreform im ländlichen Raume ist zwingend. Dabei sollten die soziologischen Bindungssysteme hinreichend berücksichtigt werden, damit sich ein fruchtbares Gemeindeleben in den Gemeindezusammenschlüssen entwickeln kann. Wie ist die Organisation der Verwaltungseinrichtungen in der Gemeinde zu gestalten? Wie sind die Einrichtungen für das Verkehrswesen, das Bildungswesen und das Vereinswesen standortgemäß zu orientieren, so daß sie in der Gemeinde ihren optimalen Platz haben? Wie sind die ländlichen Gemeinden eines Kreisgebietes in die Kreisstadt „einzufädeln", damit der Kreis im Bewußtsein der Menschen mehr und mehr eine raumrelevante Einheit wird? Wie kann gerade der jüngere Gemeindebürger — vor allem der jüngere Landwirt — an der Mitarbeit im öffentlichen Leben interessiert werden?

10. Ein zunehmender Wandel von agrarischen Gemeinden in Mischgemeinden der verschiedenen Stufung führt zu gewandelten Ordnungssystemen. Wie ist bauliche Ordnung im Rahmen einer zukünftigen städtebaulichen Planung im ländlichen Bereich zu sehen? Welche soziologischen Gesichtspunkte sind hierbei zu berücksichtigen?

11. Mit dem allgemeinen Wandel in ländlichen Gebieten treten soziologische Wandlungserscheinungen ein, die die Rollensysteme und Rollenverteilung betreffen. Rollen werden von sozialen Determinanten wesentlich beeinflußt. Hieraus ergibt sich ein kompliziertes Geflecht von Interaktionen. Wie wirken sich verbesserte Lebensverhältnisse der Landwirte im Bereich des soziologischen Spannungsfeldes aus? Welche Rollenfunktion hat der Landwirt innerhalb einer ländlichen Gemeinde inne bzw. wird er innehaben?

12. Rollen, Schichtungen, Status sind soziologische Begriffsbilder, die zusammengehören. Wie Rollen gegeben sind, so sind auch Schichtungen und Status gegeben. Welche Schichtungsvorgänge vollziehen sich im ländlichen Raum, und zwar bezogen auf die so flexiblen Gemeindetypen? Wie sind neue Schichtungen mit alten Schichtungen zu einer „Harmonie" zu führen? Welche neuen Bewertungsmaßstäbe im soziologischen Bereich entwickeln sich? Wie können gewandelte und neue Status in einer räumlichen Ordnung wirksam gemacht werden?

13. Die Frage, ob es in Zukunft noch typische ländliche Verhaltensmuster geben wird, bedarf gewiß noch einer eingehenderen Untersuchung. Werden sich ländliche und städtische Verhaltensweisen zunehmend angleichen? Übernimmt die Stadt traditionelle ländliche Verhaltensweisen? Übernimmt das Land traditionelle städtische Verhaltensweisen? Ist das Ineinanderfließen von städtischen und ländlichen Verhaltensweisen vorwiegend additiv zu sehen, oder ergeben sich neue Formen von soziologischen Bindungen und Bezügen, die sich auf die Gestaltung des Raumes und das Zusammenleben der Menschen im Raum auswirken?

14. Die Entwicklung von sozialökonomischen/soziologischen Modellen — als alternative Gesellschaftsmodelle gesehen — ist für die Ordnung des ländlichen Raumes erforderlich, um zu neuen regionalen Einsichten und zu realisierbaren Planungskonzepten zu gelangen. Welche Prioritäten sollten bei der Analyse gesetzt werden? Lassen sich für Raumordnung und Landesplanung für den ländlichen Raum brauchbare quantitative und qualitative Maßstäbe entwickeln? Welche Korrelationen und Interdependenzen ergeben sich als raumrelevante Größen im soziologischen Bereich? Welche methodischen Hilfen bieten sich für die in diesem Beitrag herausgestellten Fragen an, und welche Lücken gilt es noch auszufüllen?

Literaturhinweise

Zum Verstehen der geschichtlichen Entwicklung der derzeitigen Sozialstruktur in unseren ländlichen Gebieten und den damit im Zusammenhang stehenden soziologischen Zusammenhängen wird empfohlen, die fünfbändige Deutsche Agrargeschichte, hrsg. von GÜNTHER FRANZ, Stuttgart 1962—1970, heranzuziehen.

(1) FREISITZER, KURT: Soziologie und Raumordnung — Allgemeines. In: Handwörterbuch der Raumforschung und Raumordnung, 2. Auflage, hrsg. von der Akademie für Raumforschung und Landesplanung, Hannover 1970.
(2) ELIAS, NORBERT: Was ist Soziologie? Grundfragen der Soziologie. München 1970.
(3) DAHRENDORF, RALF: Homo Sociologicus. Köln und Opladen 1967.
(4) KLATT, SIGURD: Simulation. In: Handwörterbuch der Raumforschung und Raumordnung, 2. Auflage, hrsg. von der Akademie für Raumforschung und Landesplanung, Hannover 1970.
(5) ZUREK, ERNST: Materialien zur Landbewirtschaftung im Neben- und Zuerwerbsbetrieb in der BRD. Forschungsstelle der Forschungsgesellschaft für Agrarpolitik und Agrarsoziologie, Bd. 208, Bonn 1970.
(6) Agrarbericht 1971 der Bundesregierung. Deutscher Bundestag, Drucksache VI/1800 vom 12. Februar 1971.
(7) MORGEN, HERBERT und Mitarbeiter: Beiträge zur Entwicklung ländlicher Nahbereiche. Abhandlungen der Akademie für Raumforschung und Landesplanung, Bd. 52, Hannover 1967.
(8) Statistisches Jahrbuch für die Bundesrepublik Deutschland: 1970, 1968, 1966.
(9) Akademie für Raumforschung und Landesplanung: Daten zur Raumplanung. Hannover 1969.
(10) VAN DEENEN, BERND: Bäuerliche Familien im sozialen Wandel. Forschungsstelle der Forschungsgesellschaft für Agrarpolitik und Agrarsoziologie, Bd. 210, Bonn 1970.
(11) GOODE, WILLIAM J.: Soziologie der Familie, Grundfragen der Soziologie. München 1967.
(12) PLANCK, ULRICH: Landjugend im sozialen Wandel. München 1970.

(13) KÖTTER, HERBERT: Ländliche Soziologie und praktische Politik. In: Sociologia Ruralis, Vol. X, No. 4, 1970.

(14) CLAESSENS, DIETER: Rolle und Macht, Grundfragen der Soziologie. München 1968.

(15) FINZEN, CLAUS: Ursachen und Probleme des Stadt-Land-Bildungsgefälles. In: Berichte über Landwirtschaft, NF Bd. XLVIII, 1970, H. 2.

(16) KÖTTER, HERBERT: Entwicklungstendenzen der Sozialstruktur. In Beiträge zur Entwicklung ländlicher Nahbereiche, Abhandlungen der Akademie für Raumforschung und Landesplanung, Bd. 52, Hannover 1967.

(17) MOORLE, WILBERT E.: Strukturwandel der Gesellschaft, Grundfragen der Soziologie. München 1967.

(18) MORGEN, HERBERT: Wandlungen und Entwicklungstendenzen des sozialen Gefüges, der sozialen Gruppen und des Bildungswesens. In: Grundlagen und Methoden der landwirtschaftlichen Raumplanung, Sonderveröffentlichung der Akademie für Raumforschung und Landesplanung, Hannover 1969.

(19) MORGEN, HERBERT und Mitarbeiter: Die ländliche Großgemeinde. Abhandlungen der Akademie für Raumforschung und Landesplanung, Bd. XXXV, Bremen-Horn 1959.

(20) MEYER, KONRAD: Ordnung im ländlichen Raum. Stuttgart 1964.

(21) SCHEUCH, ERWIN K.: Bevölkerung und Raum- und Landesplanung unter Berücksichtigung der Soziologie. In: Raum und Siedlung, Jg. 1970, H. 6.

(22) MÜLLER, GOTTFRIED: Raumordnung. In: Handwörterbuch der Raumforschung und Raumordnung, 2. Auflage, hrsg. von der Akademie für Raumforschung und Landesplanung, Hannover 1970.

Abgeschlossen März 1971.

Finanzielle Aspekte bei der Entwicklung des ländlichen und städtischen Raumes

von

Gerhard Isenberg, Stuttgart

I. Begriff und Umfang der Öffentlichen Leistungswirtschaft

1. Angleichung zwischen ländlichem und städtischem Raum
Prinzip der „Gleichwertigkeit" in der ÖLW

Im ländlichen Raum[1][2]) vollzieht sich seit mehr als hundert Jahren, jedoch seit etwa 10 Jahren hochgradig beschleunigt, ein Strukturwandel, der sowohl die Land- und Forstwirtschaft, also den Agrarsektor, in Betrieb und Lebensführung, als auch die sektorale Struktur, d. h. den Anteil des Agrarsektors an der Gesamtzahl der ansässigen Erwerbspersonen, betrifft. Der ländliche Raum scheint in wesentlichen Lebensbereichen dem ihm früher polar entgegengesetzten städtischen Raum näher zu kommen. Dies gilt vor allem für die Ansprüche, die an die Öffentliche Leistungswirtschaft (ÖLW) gestellt werden.

Nach den Vorstellungen der Raumordner soll die Versorgung mit öffentlichen Leistungen im ländlichen Raum derjenigen im städtischen Raum[3][4]) „gleichwertig" sein. Gleichwertigkeit läßt sich dabei, so unterschiedlich in Anpassung an das verbleibende Gefälle in der Bevölkerungsdichte die einzelnen Leistungen sein mögen, in einem Sinn auffassen, nach welchem der geldliche Umfang der öffentlichen Leistungen je Kopf der Bevölkerung im ländlichen Raum annähernd demjenigen im städtischen Raum entspricht.

---

[1]) *Ländlicher Raum:* Gebiete außerhalb der Ballungsgebiete und des engeren Einzugsbereichs der sonstigen mittleren Großstädte (> 200 000 Einw.); Bevölkerungsdichte im Normalfall nicht > 200 Einw./qkm; Agrarsektor spielt als Existenzgrundlage unmittelbar und mittelbar („agrarbedingt") noch eine Rolle: Anteil am Bruttoinlandsprodukt in der Regel > 6 % (1966), bezogen auf die Region (siehe Anm. 2, also einschl. ihrer zentralen Orte bis zum kleinen Oberzentrum). Der Agrarsektor braucht aber nicht an erster Stelle zu stehen, soweit Industrie, in der Regel mit wenig Management (Vorherrschen der rein ausführenden Arbeit), hinzutritt.

[2]) *Regionen* sind (hier behelfsweise auf der Basis der derzeitigen Kreise zusammengefaßt) sozio-ökonomische Einheiten, die sich mit dem Pendelverkehr und mit den zentralörtlichen Funktionen um ein kräftiges Mittelzentrum oder Oberzentrum (oder um eine Mehrzahl von sich ergänzenden Einheiten) gruppieren, im ländlichen Raum, je nach der Bevölkerungsdichte, mit mindestens (nahezu) 200 000 bis 600 000 Einwohnern.

[3]) Der *Städtische Raum* als Gegenstück zum ländlichen Raum umfaßt die Ballungsgebiete (siehe Anm. 4) und, einschl. ihres engeren Einzugsgebiets, die mittleren Großstädte. Der Agrarsektor spielt unmittelbar nur eine geringe Rolle. Die Träger von zentralen Funktionen sind auch mit den höheren Stufen vertreten. Bei diesen, ebenso wie in der Industrie, spielt das Management eine wichtige Rolle.

[4]) *Ballungsgebiete* enthalten als Kerngebiete einen oder mehrere Siedlungskomplexe, in denen mit einer Bevölkerungsdichte von 1 000 Einwohnern/qkm mindestens eine halbe Million zusammengefaßt sind, zuzüglich des engeren Pendlereinzugsbereiches.

2. Schwierigkeiten für die begriffliche Abgrenzung der ÖLW

Voraussetzung für die Erfüllung des Grundsatzes ist die quantitative Erfaßbarkeit in der ÖLW und für diese wiederum die begriffliche Abgrenzbarkeit. Das Material der offiziellen Finanzstatistik, das sich für eine Quantifizierung der ÖLW prima vista anbietet, erweist sich jedoch ohne gründliche Umformung als wenig geeignet, denn hierin sind Bruttobeträge und Nettobeträge fast unauflösbar miteinander vermischt. Die ersteren beziehen sich auf Bereiche, die voll über den Haushalt der für die ÖLW prädestinierten Gemeinden und Gemeindeverbände laufen, die letzteren auf die in dieser Stufe häufig ausgegliederten „Sondervermögensträger", mag es sich um Eigenbetriebe oder um Gesellschaften des Handelsrechts handeln, wie meist bei Versorgungsbetrieben, oder um Zweckverbände und um Stiftungen u. ä., wie oft im Humanbereich. In vielen Sachbereichen besteht in der Finanzierung überdies eine sehr enge Verflechtung zwischen den einzelnen Stufen, insbesondere zwischen Land und Gemeinde, mit großen Unterschiedlichkeiten zwischen den Ländern und auch innerhalb des einzelnen Landes. Im Unterrichtswesen werden z. B. die Investitionen im Grundsatz zumeist von den Gemeinden getragen, die Personalkosten vom Land. Bei den letzteren ist es meist recht schwierig, die Beträge sachlich und räumlich zu „radizieren", d. h. dem Benutzer zuzurechnen.

Eine begriffliche Abgrenzung ist ebenfalls schwierig, weil die Übergänge zwischen der ÖLW und den übrigen Sphären menschlichen Handelns, insbes. auf der Gemeindestufe, fließend sind, einerseits zur Erwerbswirtschaft in den eigentlichen Versorgungsbereichen, andererseits zu der Widmungssphäre (karitative Einrichtungen, Sportvereine, Familie u. ä.) im Humanbereich. Hinzu kommt bei der Quantifizierung, daß die Länderstufe, abgesehen von den Schlüsselzuweisungen, über eine Fülle von Sachtiteln in einem *zeitlich* recht unterschiedlichen Grad zur Deckung der auf der Gemeindestufe entstehenden Aufwendungen beiträgt. Fernerhin ist die Stufe des Bundes, zwar weniger in seinem Haushalt unmittelbar, und hier fast ausschließlich über die Bundesfernstraßen, um so mehr aber über die eingegliederten „Großunternehmen" Bundespost und Bundesbahn, in einem kaum zu unterschätzenden Umfang an der ÖLW beteiligt.

Ohne die Vorschaltung von Studien, die monographisch in die Einzelheiten der „Bezirke", d. h. der betreffenden Gemeinden und Gemeindeverbände, gehen, ist es nahezu unmöglich, festzustellen, wieweit der Grundsatz der Gleichwertigkeit verwirklicht ist. Hierzu wäre es notwendig, in erster Linie mit *Bruttobeträgen,* den gesamten Umfang der öffentlichen Leistungen zu ermitteln, und zwar — jeweils gesondert — für alle die Bezirke, die zum ländlichen Raum gerechnet werden, und demgegenüber für die Bezirke des städtischen Raumes. Zur Zeit gibt es in der offiziellen Statistik weder für Teilgebiete noch für die BRD im Ganzen Größenordnungen, die den Bruttoumfang der ÖLW eindeutig umreißen.

3. Versuch einer Abgrenzung der ÖLW nach Merkmalen

Es wird der Versuch gemacht, für den Umfang der ÖLW im ländlichen Raum wenigstens einige ganz grobe Größenordnungen zu finden. Dazu bedarf es einer Abgrenzung, die möglichst wenig willkürliche Elemente enthält, was angesichts der fließenden Übergänge recht schwierig ist. Es ist hier ein Weg zu wählen, bei dem der Gesichtspunkt der Gleichwertigkeit im Vordergrund steht. Bei diesem Weg müssen für die ÖLW kumulativ die folgenden Merkmale vorliegen:

1. *Wirtschaftliche Tätigkeit* im Sinn der *Deckung von Bedarfen,* wie sie in verschiedenen Lebensbereichen Verkehr, Bildung usw. auftreten. Die ÖLW hebt sich damit ab von den beiden anderen Funktionsbereichen des Staates, nämlich einmal von der reinen

„Ordnungstätigkeit", bei der, abgesehen von der Aufrechterhaltung der Sicherheit selbst (nach innen über die Polizei und nach außen über die Streitkräfte), durch Gebote und Verbote in andere Lebensbereiche, so auch in die marktorientierte Erwerbswirtschaft, eingegriffen wird, und zum anderen von der „Übertragungstätigkeit", bei der in der Hauptsache über die Steuern größere Beträge für Zwecke sozialer, sektoraler und regionaler Art umgeschichtet werden.

2. *Vorliegen eines öffentlichen Interesses,* zumeist verbunden mit der *Einschaltung von öffentlichem Zwang,* sei es direkt für die eigene Tätigkeit wie der Schulzwang bei Unterricht, oder indirekt etwa als Anschlußzwang mit Andienungspflicht über die Verleihung von Konzessionen (Ausschließlichkeitsrechte) an private Träger (meist Gesellschaften des Handelsrechts).
Dabei ist die ÖLW in der Regel beschränkt auf die Deckung von solchen Bedarfsarten, für die weder die Erwerbswirtschaft allein noch die Widmungssphäre geeignet sind; sie werden im einzelnen nachher aufgeführt.

3. *Allgemeinheit der Bedarfsarten,* wie sie beim Menschen als „*Normalverbraucher*" auftreten. Dabei muß für den Normalverbrauch, im Interesse der Vergleichbarkeit, überall ein und dieselbe Stufe der zentralörtlichen Funktionen zugrunde gelegt werden; das ist hier die „Mittelstufe", die Stufe der *Region*[5]), wie sie andernorts in einem besonderen Beitrag umrissen ist. Zu dem Normalverbrauch an ÖLW wird hier, neben dem Endkonsum selbst, auch der Bedarf an öffentlichen Leistungen der Betriebe gerechnet, die mit der Darbietung von Waren und sonstigen Leistungen als Nahbedarfsträtige unmittelbar und mittelbar im Dienst der Einkommensverwendung der ansässigen Bevölkerung stehen.
Wenn vom Normalverbraucher gesprochen wird, bedeutet dies, daß hier zwei Arten von ebenfalls im weitesten Sinn von der öffentlichen Hand getragenen Leistungen *nicht* in die ÖLW einbezogen sind, nämlich

a) Spitzenleistungen, wie sie üblicherweise nur in Metropolen (z. B. Staatsballett) oder in den dafür bestimmten Veranstaltungen (Festspiele u. ä.) sowie in nicht dem Normalverbraucher unmittelbar dienenden Einrichtungen, etwa für Großforschungen, dargeboten werden;

b) Spezialleistungen, wie sie von Gemeinden und Land gelegentlich in den Dienst der für die Struktur des Gebietes wichtigen Erwerbszweige gestellt werden, etwa die gemeindliche, ebensogut für Genossenschaften in Betracht kommende Bullenhaltung oder eine Materialprüfungsanstalt für die regional massiert vorkommenden Betriebe eines speziellen Industriezweiges, u. a. m.

4. Arten der ÖLW

Nach dem Gesagten läßt sich unter der ÖLW, bis zur Stufe der Regionen einschließlich, nahezu all das zusammenfassen, was in den Gemeinden und Gemeindeverbänden als Aufgabenbereich zuerkannt wird, nämlich

1. Im technischen Bereich:
Im Verkehr sind es die Anlagen, die in erster Linie für die Erschließung und Bedienung der Gebiete der Regionsstufe und darunter einschl. des Nachrichtenverkehrs, dabei auch ihrer Anschließung an den großen Raum, bestimmt sind. Ausgeschlossen sind lediglich die Anlagen, die ganz überwiegend den überregionalen Zwecken, also vom

---

[5]) Siehe Anm. 2.

Gesichtspunkt der Region dem überregionalen, doppelseitigen, großräumigen Durchgangsverkehr dienen. Mehrzweckeinrichtungen sind anteilig zu bewerten.

Ähnliches gilt für die öffentliche Energieversorgung; hier bleiben Leistungen mit 220 KV und mehr sowie die ohnehin (meist zur Erwerbswirtschaft gehörenden) Anlagen für die eigentliche Erzeugung außer Betracht.

Die Wasserversorgung sowie die Entsorgung für Abwässer und Müll sind mit Ausnahme der speziellen Anlagen der Großindustrie *ganz* eingerechnet, ferner der Feuerschutz, die Pflege von Grünflächen, Friedhofswesen u. ä.

2. *Im Humanbereich:*

Das Unterrichtswesen, ferner von den Hochschulen, soweit ausgliederbar, diejenigen Teile, die zur Ausbildung des den Normalverbraucher dienenden Nachwuchses gerechnet sind, ferner Volkshochschulen u. ä., Kindergärten, die üblichen Einrichtungen für Sport sowie die dem allgemeinen Gesundheitswesen dienenden Einrichtungen bis zum Standard des Schwerpunkt-Krankenhauses.

5. Versuche zur Quantifizierung der ÖLW und ihre Ergebnisse

Eine Berechnung über den realen Umfang der ÖLW bis zur Regionalstufe ist für den ländlichen Raum erstmalig über alle Grenzen der Fachsparten und der Instanzen hinweg von der Agrarsozialen Gesellschaft e. V. Göttingen (unter Mitwirkung des Verfassers) durchgeführt worden; in der Schrift von JÜRGEN KRAFT und O. ROSENBAUM „Was kostet das moderne Dorf?" (1961) sind die Ergebnisse zusammengefaßt. Diese beziehen sich in der Hauptsache auf den Aufwand für die Grundausstattung (Infrastruktur). Sie erforderte nach dem jetzigen Preisniveau etwa 10 000 DM je Kopf. Im Laufe des vergangenen Jahrzehnts sind ähnliche Untersuchungen dazugekommen; so seien aus der Fülle der Arbeiten nur zwei zu nennen, die vom Deutschen Landkreistag herausgegebene Schrift „Disparitäten im ländlichen Raum" 1970 und die Studie von HANSMAYER-FÜRST über die „Zentralörtliche Ausstattung in Rheinland-Pfalz". Ergänzend sind die mannigfachen Untersuchungen zu erwähnen, die für den städtischen Raum vom Deutschen Städtetag und von einzelnen Städten, vor allem von Hamburg, gemacht worden sind.

In der eigenen Untersuchung kommen wir, stets bezogen auf die in Abschnitt 4 umrissenen Sachbereiche, also einschl. Post und Bundesbahn und der öffentlichen Energieunternehmungen, für die Bruttoleistungen zu folgender Größenordnung (je Kopf):

Grundausstattung	11 000 DM,
davon werden z. T. jährlich aufgewendet für Investitionen	500 DM,
laufender Betriebsaufwand (einschließlich der Personalkosten) jährlich	1 800 DM,
davon werden gedeckt aus den Eigenleistungen der Benutzer über tarifl. Preise, Gebühren, Beiträge u. ä., vor allem in der Versorgung, im Regionsverkehr und Nachrichtendienst, sowie im Gesundheitswesen (über Krankenkassenbeiträge u. ä.)	950 DM,
über die Haushalte der Gemeindestufe	450 DM,
über die Haushalte der Landesstufe (vor allem für Unterricht) und über die Haushalte der Bundesstufe, vor allem für Fernstraßen sowie für Abdeckung des Defizits der Bundesbahn und (anstaltsintern) der Bundespost	400 DM.

Um dem Leser eine Größenvorstellung zu vermitteln über die Bedeutung der ÖLW, sei hier der Kopfbetrag des Bruttoinlandsprodukts (Bip) genannt, der sich 1969 je Kopf auf rund 10 000 DM belaufen hat. Dabei ist darauf hinzuweisen, daß es sich beim Bip um eine *Netto*leistung handelt (Erlöse ab Vorleistungen, jedoch einschließlich Ersatzinvestitionen), bei der ÖLW aber um *Brutto*leistungen.

II. Entwicklung der Öffentlichen Leistungswirtschaft

1. *Vergangenheit mit Gegensätzlichkeit zwischen ländlichem und städtischem Raum*

Im Hinblick auf die Forderung nach der *Gleichwertigkeit* in der ÖLW stellt sich die Frage: Wie hat es denn hierin in der Vergangenheit gestanden? Damit sind die Zeiten gemeint, in denen der an sich schon seit eineinhalb Jahrhundert einsetzende Strukturwandel noch nicht in das rasante Tempo der letzten zehn Jahre geraten ist.

1. Vor dem Zweiten Krieg und auch noch Anfang der fünfziger Jahre ist man ganz allgemein, vor allem aber im Finanzwesen, davon ausgegangen, es bestehe zwischen „Stadt" und „Land" eine *Polarität*, nach der die „Stadt" nahezu vollständig in den arbeitsteilenden Wirtschaftskreislauf eingebaut, das „Land" dagegen noch mit weiten Teilen sozusagen in einem kleinräumigen Kreislauf für die *Selbstversorgung* eingerichtet sei. Kennzeichnend für die Polarität ist die Unterscheidung, die der preußische Finanzminister POPITZ zwischen dem „*kanalisierten*" Einwohner der Stadt und dem „*nichtkanalisierten*" Einwohner des Landes gemacht hat. Die Selbstversorgung beschränkt sich nicht nur auf den Sektor der Land- und Forstwirtschaft, bei der, gleich ob es sich um Gutshöfe oder um bäuerliche Familienwirtschaften handelt, ein namhafter Teil des Bedarfs sowohl für den Betrieb — vor allem aber das Futter für die tierische Zugkraft — als auch für den menschlichen Verbrauch aus den eigenen Bodengrundlagen gedeckt wird, sondern auch auf die öffentliche Leistungswirtschaft: Das Wasser wird aus eigenen Quellen gewonnen und — angereichert durch Fäkalien und Müll — wieder dem Boden zugeführt, die Gemeindemitglieder werden beim Bau der öffentlichen Wege zu „Fronarbeiten" herangezogen, das Holz aus dem Gemeindewald wird für Instandsetzungsarbeiten an der Schule und für ihre Beheizung verwendet, die laufenden, meist personalintensiven Aufgaben werden, abgesehen vom Schulunterricht und der Polizei, über die ehrenamtliche Tätigkeit erfüllt u. a. m. Was in der Stadt auf dem Weg über den Geldkreislauf und den öffentlichen Haushalt erscheint, vollzieht sich auf dem „Land" außerhalb; die öffentlichen Leistungen kosten kein oder kaum Geld.

2. Das Verfahren der *Selbstversorgung* mag zwar etwas primitiv erscheinen; gleichwohl braucht im Grad der Erfüllung nicht zwangsläufig eine Benachteiligung gesehen zu werden. Das Land ist eben andersartig gewesen als die Stadt. Alles in allem hat die Lebenshaltung auf dem Land wegen der Entbehrlichkeit einer Reihe von Zwischengliedern wesentlich weniger Geld erfordert als in der Stadt. Das Land ist „*billiger*" gewesen. Dem ist auch in der Besoldung der Kräfte, die auf dem Lande gegen Entgelt für öffentliche Aufgaben eingesetzt waren, durch niedrigere Sätze (Ortsklassen) Rechnung getragen worden. Unter den vorher geschilderten Umständen ist es möglich gewesen, gleiche oder ähnliche Leistungen auf dem Land nominell mit weniger Finanzmitteln darzubieten. Insgesamt hat das Volumen der gebietskörperschaftlichen Finanzen je Kopf, selbst wenn man im Sinn der Region kleinere und mittlere Zentren zum Lande im Sinne des ländlichen

Raumes hinzurechnet, kaum die Hälfte desjenigen in der Stadt betragen. Bei den in der Statistik üblichen Gemeindegrößenklassen, in denen die zentralörtlichen Funktionen nur unzureichend zum Ausdruck kommen, ist das Gefälle zwischen der Metropole von mehr als 1 Million Einwohnern und dem Dorf von wenigstens 500 Einwohnern noch um ein Vielfaches größer gewesen.

3. Ungeachtet des allgemeinen Gefälles hat es *innerhalb* des ländlichen Raumes große *Unterschiede* gegeben. Sie waren in der Hauptsache durch die Ertragsbedingungen der Landwirtschaft bedingt, sowohl in bezug auf die Natur wie auf die Betriebsgrößenstruktur. In ertrags- und strukturgünstigen Gebieten konnte man sich vergleichsweise ein ansehnliches Finanzvolumen leisten, in extrem ertragsschwachen Höhengebieten dürfte das Aufkommen an Reichs- und Landessteuern mit Kopfraten, die unter 10 DM lagen, kaum wesentlich über den Erhebungskosten gelegen haben, denn auch die Masse der für die Landwirtschaft tätigen Betriebe des Nahbedarfs ist mit ihren Einkünften und Umsätzen, im Gegensatz zu den ertragsgünstigen Gebieten, unterhalb der für die Steuerpflicht geltenden Schwellenwerten geblieben.

2. Auswirkungen des Strukturwandels auf die Finanzwirtschaft — Der ländliche Raum als Defizitquelle

Im Zuge der Beschleunigung des *Strukturwandels* ist der Agrarsektor — und dies gilt allgemein für die Dorfgemeinschaft — aus dem Zustand der Selbstversorgung herausgetreten und hat sich nahezu ganz in den großräumigen Geldkreislauf eingegliedert. Zugleich haben die nichtagrarischen Bevölkerungskreise fast überall das Übergewicht gewonnen, wie die auswärts tätigen, aber auf dem Lande lebenbenden Fernpendler, ferner die Personen, die in den auf dem Land neu errichteten Industriebetrieben arbeiten, die früher in der Stadt gewesenen Rentner und der Fremdenverkehr. In sektoraler Hinsicht ist jedenfalls eine Angleichung an den städtischen Raum eingetreten.

Für die öffentlichen Finanzen liegt das Problem darin, daß der Wandel bei den Ausgaben in anderer Weise zum Ausdruck kommt als bei den Einnahmen. Beide Seiten haben sich zwar außerordentlich erweitert, jedoch die Ausgaben in wesentlich höherem Grad als die Einnahmen. Auf diese Weise ist der ländliche Raum, obwohl die Arbeitsproduktivität im Agrarsektor seit 15 Jahren wesentlich stärker gestiegen ist als in der Industrie, zu einer Quelle von *Defiziten* aller Art geworden.

3. Ausgabenseite im ländlichen Raum

1. Die *Ausgabenseite* wird dadurch, daß ein großer Teil der öffentlichen Leistungen, die früher über die Selbstversorgung liefen, in den *Geldkreislauf* einbezogen und zugleich quantitativ und qualitativ stark erweitert wurden, einen Umfang erreichen, der auf der Regionsstufe demjenigen im städtischen Raum annähernd entspricht. Verursacht ist die Anhebung der Ausgaben durch die Schaffung von Anlagen für die Entsorgung bei Abwässern und Müll, die Anschließung der nicht motorisierungsfähigen Bevölkerungskreise an die Stätten der Arbeit und der Einkommensverwendung über den öffentlichen Nahverkehr, die Ersetzung der oft einklassigen Dorfschule durch mehrzügige Hauptschulen und Gymnasien, durch Schwerpunktkrankenhäuser mit Fachabteilungen anstelle des „universalen" Kleinstadtkrankenhauses u. a. m.

2. Auf der anderen Seite sind die *Bedingungen* für die Darbietung von öffentlichen Leistungen in ländlichen Raum im allgemeinen wesentlich *ungünstiger* als im städtischen

Raum. Dies gilt besonders für die wege- und leitungsgebundenen Anlagen der Infrastruktur. Deren Auslastung setzt eine Massierung voraus, wie sie im ländlichen Raum mit seiner allgemein niedrigen Bevölkerungsdichte schwer herzustellen ist. Die Schwierigkeiten nehmen zu, wenn die Bevölkerung gestreut auf die Vielzahl von kleinen Wohnplätzen verteilt ist. Eine solche Streuung kann solange vorteilhaft gewesen sein, als die Landwirtschaft mit einem hohen Grad der Selbstversorgung die hauptsächliche Erwerbsgrundlage gebildet hat. Entfällt diese Voraussetzung, so ist die Siedlungsstruktur, wie sie derzeit auch in weiten Teilen des ländlichen Raumes vorherrscht, überholt und vom finanziellen Standpunkt aus überaus kostspielig.

3. Die *Kostspieligkeit* in der Versorgung der ländlichen Siedlungsformen wird weitgehend verdeckt und kommt in den Haushalten der Gebietskörperschaften nur unvollkommen zum Ausdruck, vor allem deshalb, weil die wege- und leitungsgebundene Infrastruktur in der Hauptsache entweder von haushaltlich ausgegliederten Institutionen getragen wird, wie von den Unternehmungen der öffentlichen Energieversorgung, von der Bundesbahn und der Bundespost, oder — wie bei der Mehrzahl der Straßen — von den Haushalten der überregionalen Instanzen des Landes und des Bundes.

Da weder die Einnahmen noch die Ausgaben räumlich „radiziert" werden, tauchen die durch die Siedlungsstruktur verursachten *Defizite* in den *Globalrechnungen* der genannten Institutionen unter. Aufgebracht werden die zu ihrer Deckung notwendigen Mittel von den Gebieten, in denen die Bedingungen günstiger sind, nämlich von dem städtischen Raum, insonderheit von den Ballungsgebieten. Dort sind die hohen Anschlußwerte für Energie und Fernsprechdienst entsprechend gewinnbringend. Soweit auch dort im öffentlichen Nahverkehr Defizite entstehen, sind sie — je Personenkilometer gerechnet — wesentlich geringer. Etwas abgeschwächt gilt das, was zu den Unterschieden zwischen dem ländlichen Raum und städtischen Raum gesagt ist, auch für den Transport der Kinder an die zunehmend vergrößerten Schuleinheiten. Man ist sich daher gar nicht bewußt, was die überholte Siedlungsstruktur im ländlichen Raum kostet. Vieles, vor allem die Energietarife für die Industrie, könnten billiger sein, wenn man sich nicht veranlaßt sähe, den ländlichen Raum auf Kosten des städtischen Raumes mit durchzuschleppen. Auf der anderen Seite hat der ländliche Raum mancherlei Vorteile, vor allem für Anlagen, die große Flächen erfordern. Aber von solchen Vorteilen ist die ÖLW selbst in bezug auf die Einnahmen nur im geringen Grad betroffen. Im Ganzen gesehen nimmt der Aufwand für die ÖLW im ländlichen Raum mit der quantitativen und qualitativen Verbesserung progressiv zu.

4. Eine *gleichwertige* Leistung ist im ländlichen Raum gegenüber dem städtischen Raum um so teurer, je gestreuter die Siedlungsweise ist. Allgemein gilt der Satz: Zur gleichwertigen Versorgung mit der Gesamtheit der öffentlichen Leistungen sind im ländlichen Raum mehr Mittel nötig als im städtischen Raum, d. h. umgekehrt: Auch bei nominell gleichen Geldbeträgen müßte die Versorgung im ländlichen Raum schlechter sein.

4. Einnahmeseite im ländlichen Raum

Auf der *Einnahmeseite* sieht es im ländlichen Raum kaum anders, eher noch ungünstiger aus.

1. Gegenüber der Vorkriegszeit sind zwar die Einnahmen pro Kopf und Steuern *prozentual* stärker gestiegen als im städtischen Raum — hier spricht man von einem Prozeß der Angleichung zwischen Stadt und Land; aber der prozentuale Anstieg besagt wenig angesichts der extrem niedrigen Ausgangsbasis. Der Prozeß der Angleichung

beschränkt sich weitgehend auf die sektorale Seite, jedenfalls nicht auf das, was wir als die „sozialfunktionelle" Seite bezeichnen. Die Erwerbszweige, die sich im Laufe der Nachkriegszeit im ländlichen Raum stark erweitert und damit im Erwerbsleben zu einem ansehnlichen Teil die durch den Rückgang im Kräftebedarf der Landwirtschaft entstandenen Lücken ausgefüllt haben, bringen steuerlich bescheidene Beträge ein, jedenfalls bei weitem nicht das, was zu einer leitbildgerechten Ausstattung an öffentlicher Leistungswirtschaft notwendig wäre. Der Rückstand ist in der Hauptsache darauf zurückzuführen, daß die ergiebigen *Steuerquellen* im ländlichen Raum nur sehr *schwach* vertreten sind. Der ländliche Raum bleibt von dem Genuß der Wirkungen, die unmittelbar und mittelbar von einer progressiven Gestaltung der Steuersätze ausgehen, weitgehend ausgespart.

2. Innerhalb der *Industrie* handelt es sich im ländlichen Raum fast ausschließlich um die *ausführende* Arbeit, allenfalls um Vorbereitung und Kontrolle. Das eigentliche Management, ebenso wie die Forschung und Entwicklung, sind in der Hauptsache in den Ballungsgebieten konzentriert. Dort sind etwa 80 % des Managements der Großunternehmungen. Solche Einrichtungen sind für die der Gemeindestufe zukommenden Steuerquellen besonders ergiebig sowohl für die Gewerbesteuer, die auch nach der Kürzung noch ins Gewicht fällt, als auch für die Gemeindeeinkommensteuer, obwohl bei deren Gestaltung die Progressionswirkungen stark abgeschwächt sind.

3. Die Funktionen, für die der ländliche Raum in der näheren Zukunft in besonderem Maße prädestiniert erscheint, sind im allgemeinen noch *weniger steuererträchtig* als die ausführende Arbeit in der Industrie. Der *Fremdenverkehr* ist nur dort lukrativ, wo sich dank hervorragender Qualitäten der Umwelt angemessene Pensionspreise (40 DM pro Tag und mehr) erzielen lassen. Für die Mehrzahl der ländlichen Gebiete ist dies nicht zu erwarten. Sie müssen in der Regel mit maximal 20 DM vorlieb nehmen. Das sind soziale „Dumpingpreise". Ähnliches gilt für den sonstigen Freizeitbetrieb. Er erfordert flächenbeanspruchende Anlagen, die steuerlich kaum etwas einbringen. Bei den Rentnern dürfte zwar die Neigung zur Wohnungsnahme im ländlichen Raum wegen des ständig wachsenden Niveaus der Boden- und Mietpreise in den Großstädten gefördert werden, aber soweit es sich um Sozialversicherung als Unterhaltsquelle handelt, ist der steuerliche Effekt geringfügig. Vermögende Rentner werden als Wohnsitz solche Gebiete wählen, die ohnehin steuerergiebig sind. Garnisonen der Bundeswehr erbringen zwar etwas mehr für die Gemeindeeinkommensteuer, sonst aber sind sie wenig interessant. Bei den Nahbedarfstätigen wird durch all die genannten Funktionen zwar der Erwerbsspielraum erweitert, jedoch sind die Betriebsformen, wie sie im ländlichen Raum überwiegen, wegen der Freibeträge steuerlich wenig ergiebig.

4. Es darf nicht übersehen werden, daß die Erfolge, die bereits jetzt in der Schaffung von industriellen Arbeitsplätzen erzielt worden sind, *nicht ausreichen*, um das Mißverhältnis, das zwischen der *Tragfähigkeit* und der *Zahl der Einwohner* und der dadurch bedingten Zahl der Erwerbspersonen besteht, zu *beseitigen*.

Der Prozeß der Schrumpfung im Agrarsektor und die dadurch verursachte Verringerung in der Tragfähigkeit der bisher agrarisch bestimmten Gebiete ist noch lange nicht abgeschlossen; es werden weitere Lücken zu erwarten sein. Von dem Schrumpfungsprozeß sind nicht nur die ertragsschwachen Gebiete betroffen, sondern in zunehmendem Grad auch die Gebiete, die noch vor 20 Jahren als agrarstrukturell einigermaßen gesund anzusehen waren und wegen der stärkeren Einbeziehung in den Geldkreislauf in früheren Zeiten, wie etwa in den norddeutschen Küstenländern, steuerlich ziemlich ergiebig gewesen sind. Dort werden nunmehr auch die früher recht finanzkräftigen Betriebe des gewerblichen

Nahbedarfs fühlbar in den Schrumpfungsprozeß einbezogen. In einzelnen Gewerbebereichen ergibt sich eine starke Überbesetzung, was sich in einer Minderung der Steueraufkommen auswirkt.

5. Ansteigen der Defizitquellen in der Zukunft

Alles in allem werden wir auch in Zukunft für den ländlichen Raum trotz der positiven Seite des Strukturwandels innerhalb der ÖLW mit einem *Ansteigen* der *Defizitquellen* zu rechnen haben.

Wie hoch die vom städtischen Raum aufzubringenden Zuschüsse sein werden, läßt sich allerdings jetzt noch nicht, auch nicht mit näherungsweisen Beträgen, umreißen. Es werden für den laufenden Betriebsaufwand einschl. der Ersatzinvestitionen, bezogen auf den Kopf der Bevölkerung je Jahr, im ländlichen Raum auf der Basis der Regionen, sicherlich nicht weniger als 500 DM sein.

Die Feststellungen dürfen nicht in der Richtung mißverstanden werden, als solle man den „Defizitspender" ländlicher Raum finanziell austrocknen. Vielmehr kommt es uns darauf an, Umfang und Art der Defizitquellen klar zu ermitteln. Dies ist eine Voraussetzung dafür, daß sich die Mittel der ÖLW künftig mit einem Wirkungsgrad einsetzen lassen, der wesentlich höher sein wird als bei dem derzeitigen Schematismus des Gießkannenprinzips; bei diesem werden die Aktivitäten zur Selbsthilfe viel eher gelähmt als zur Entfaltung gebracht.

III. Anhang

Zur Erläuterung unserer Ausführungen werden die nachstehenden Materialien beigefügt:

1. Darstellung Nr. 1:

Zum Umfang des Gefälles zwischen „Stadt" und „Land"

Die offizielle Finanzstatistik beschränkt sich, soweit sie die Ausgabenseite betrifft, in ihrer strukturellen Aufgliederung auf die Gemeindegrößenklassen; diese sind institutionell bedingt und überschneiden sich häufig mit den Gegebenheiten der sektoralen Struktur und Siedlungsweise. Zusammenfassungen zur Ausgabenseite auf der jeweils gleichen Zentralitätsstufe — hier für die der Region — sind weder für Strukturgruppen (Industrieregionen, Agrarregionen u. ä.) noch für die Siedlungskomplexe der Ballungsgebiete gemacht worden, in keinem Fall in einer Weise, die sich für die Erfassung der Eigenarten des Bedarfs an Öffentlichen Leistungen im ländlichen Raum und im städtischen Raum auswerten ließe.

Selbst wenn man mit den Gemeindegrößenklassen als den „Repräsentanten" für den ländlichen und für den städtischen Raum vorlieb nimmt, sind die Daten der Finanzstatistik nur bedingt aussagekräftig, denn hier machen sich die Überschneidungen bemerkbar, die sich in den Brutto- und Nettobeträgen aus der Unterschiedlichkeit der Organisationsformen (Eingliederung in den Haushalt als Normfall, Eigenbetrieb, Wirtschaftsunternehmen, Stifung u. ä.) und der Stufe der Träger (Gemeinde, Land, Bund, Betriebe u. ä.) ergeben. All der eben gemachten Vorbehalte muß man sich bewußt sein, wenn in den nachstehenden Aufstellungen versucht wird, einige Anhaltspunkte zum Thema zu gewinnen:

Tabelle 1:

Investitionen[1]) und Finanzausstattung[2]) der Gemeinden
und Gemeindeverbände und Ämter 1964[3])

Gemeindegrößenklassen nach Einwohnerzahl	Investitionen	Finanzausstattung	Differenzen „Überschuß" + „Defizit" —
	in DM je Einwohner		
> 200 000	312	463	+ 155 sozusagen Groß-städte
100 000 bis 200 000[4])	300	342	+ 42 soz. gehobene Mittelstädte
50 000 bis 100 000[4])	274	327	+ 47 soz. Mittelstädte
2 000 bis 50 000[5])	254	252	— 2 Hauptkomplex
< 2 000	221	175	— 46 „Dörfer"

Ausgaben für:

[1]) Bauten, Grunderwerb, bewegl. Vermögen, Darlehnsgewährung und Beteiligungen (jeweils sofern an der Quelle ausgewiesen), aufgebracht von den Kommunalverwaltungen einschl. der Ausgaben des Erwerbsvermögens, soweit der Kämmereiverwaltung zurechenbar.

[2]) Steuereinnahmen und allg. Finanzzuweisungen.

[3]) Leider fehlen im Augenblick noch Umrechnungen für ein aktuelleres Jahr.

[4]) Nur kreisfreie Städte.

[5]) Nur kreisangehörige Gemeinden. Die zugehörigen Größenklassen 20 000 bis 50 000, 10 000 bis 20 000, 5 000 bis 10 000, 3 000 bis 5 000 und 2 000 bis 3 000 sind zu *einem* Komplex deshalb zusammengefaßt, weil sie bei den Investitionen nur geringfügige Unterschiede aufweisen: Maximal 258 D, minimal 247 DM. Bei der Finanzausstattung dagegen besteht das übliche Gefälle; bei der Größenklasse 2 000 bis 50 000 261 DM, im laufenden Abstieg bei 2 000 bis 3 000 nur noch 207 DM.

Die Grunddaten für die Darstellung 1 sind dem Buch von WINFRIED RASKE „Die Kommunalen Investitionen in der BR", Stuttgart 1971, Tabellenanhang D 1, entnommen und von mir in geeigneter Weise umgerechnet. Die zitierte Tabelle selbst beruht auf der offiziellen Finanzstatistik des Statistischen Bundesamtes, Kommunalfinanzen, Fachseite L, Reihe I/II. RASKE weist ebenfalls auf die beschränkte Aussagekraft der offiziellen Statistik hin.

Man ersieht: Es besteht zwar bei den Investitionen zwischen „Stadt" (repräsentiert durch die „Großstädte") und „Land", repräsentiert durch die „Dörfer", ein Gefälle, aber es ist angesichts der Unterschiedlichkeit der Aufgaben und des Bedarfs mit den Eckposten von 312 und 201 DM sehr bescheiden.

Größer ist das Gefälle bei der Finanzausstattung — mit den Eckposten 463 und 175 DM —, wobei zu bemerken ist, daß die Großstädte fast ausschließlich auf die eigenen Steuereinnahmen angewiesen sind, die Dörfer dagegen umgekehrt auf nicht selbst aufgebrachte allgemeine Finanzzuweisungen. Bei den Großstädten und Mittelstädten aller Art ergibt sich nach Investitionen und Finanzausstattung ein Überschuß; er wandelt sich innerhalb der als Ganzes ausgegliederten Hauptgruppe (2 000 bis 50 000 Einwohner) in ein Defizit. Solche Defizite müssen in der Hauptsache durch Bedarfszuweisungen gedeckt werden.

Aus der Feststellung, wonach Gefälle zwischen „Stadt" (städtischer Raum) und „Land" (ländlicher Raum) ungeachtet der Unterschiedlichkeit der Aufgaben sehr gering ist, läßt sich die Vermutung ableiten, daß eine gleichwertige Ausstattung bei dem letzteren wegen der geringen Auslastungsmöglichkeit eben *mehr Mittel* erfordert. Die Ungunst der Bedingungen wird im ländlichen Raum allerdings dadurch abgeschwächt, daß das Niveau der Löhne — bei den für die Ausstattung hauptsächlich in Betracht kommenden Bauleistungen — wesentlich geringer ist als im städtischen Raum. Hinzu kommt, daß im ländlichen Raum noch immer ein gewisses Rudiment der Selbstversorgung geblieben ist. Dort, wo es erkennbar dem allgemeinen Wohl der Bevölkerung dient, läßt sich die freiwillige (ehrenamtliche) Mitarbeit noch immer leichter organisieren als in der Anonymität der „Stadt". Auf diese Weise ist es zuweilen möglich, mit gegebenen Mitteln einen ähnlichen oder sogar größeren Effekt wie in der Stadt zu erzielen.

Wir wollen nicht versäumen, an dieser Stelle wenigstens eine grobe Größenvorstellung darüber zu vermitteln, wie hoch, die Gesamtausgaben — laufende und Investitionen zusammen — nach der offiziellen Finanzstatistik der Gemeindestufe und Gemeindeverbände in den Gemeindegrößenklassen sind und wie sie sich auf die einzelnen Sachzwecke verteilen.

Zu diesem Zwecke haben wir Angaben für 1968 in Baden-Württemberg (Stat. Taschenbuch 1970, hauptsächlich S. 164) ausgewertet, z. T. unter schätzungsweiser Umrechnung der Ausgaben der Kreise auf die einzelnen Größenklassen.

Tabelle 2:   *Ausgaben der Gemeinden / Gemeindeverbände 1968*
                 in Baden-Württemberg, je Kopf in DM

Gemeindeart Einwohner, Größenklasse	Kreisangehörige Gemeinden			Stadtkreise[1])	Land ∅
	< 3 000	3 000 bis 10 000	> 10 000		
Allgemeines[2])	94	78	67	75	85[3])
Volksschulen	64	82	60	44	63
Übriges Bildungswesen, Kultur	54	78	126	147	122
Soziales	33	30	54	122	111
Gesundheit	45	56	83	158	114
Bau, Wohnung	100	107	147	221	156
Öffentl. Einrichtungen u. Wirtsch.-Unternehmen	223	184	211	335	234
	613	615	748	1102	885

[1]) Im allgemeinen > 100 000 Einwohner.
[2]) Ohne reine Finanztransaktionen geschätzt und ohne Polizei, die nur teilweise kommunalisiert ist.
[3]) Einschließlich einiger nicht aufteilbarer Posten.

Auf eine Kommentierung müssen wir aus Raumgründen verzichten. Nur soviel sei gesagt: Zwischen den beiden unteren Größenklassen mit < 3 000 und 3 000 bis 10 000 Einwohnern besteht überhaupt kein Gefälle. Da in der letzteren Gruppe bereits zentrale Funktionen der Unterstufe enthalten sind, kann vermutet werden, daß hier mit den gleichen Mitteln *mehr* an Leistungen erzielt wird als in den dörflichen Gemeinden. Auch gegenüber den Gemeinden mit > 10 000 Einwohner bis fast 90 000 Einwohnern ist der Abstand gering (748 DM gegen 615 DM). Erst die Stadtkreise, hier fast ausnahmslos Großstädte, heben sich mit 1 102 DM durch ein überdurchschnittliches Ausgabenniveau hervor.

Bei den Steuereinnahmen besteht ein großes Gefälle; es ist allerdings wegen der Industrialisierung des ländlichen Raumes in Baden-Württemberg geringer als in anderen Bundesländern. Die Differenz wird bis zur Erreichung der Mindestbedarfsziffern durch Zuweisungen ausgeglichen.

Hier geben wir die auf Grund der in den o. a. Quellen enthaltenen Daten — da leichter greifbar — für das Jahr 1969 wieder, nach eigener Umrechnung.

Einwohner, Größenklasse	Einnahmen aus Gemeindesteuern je Kopf in DM	Allgemeine Schlüssel-Zuweisungen je Kopf in DM	Finanzausstattung
< 3 000	196	133	331
3 000 bis 10 000	294	109	403
10 000 bis 100 000	475	58	533
> 100 000	546	51	597

Wenn man die Städte mit 100 000 Einwohnern in der Finanzausstattung mit 100 ansetzt, beträgt der Satz bei den Dörfern mit < 3 000 Einwohnern 55 %. Bei den Steuereinnahmen allein beträgt der Satz 36 %.

2. Darstellung Nr. 2:

Zum Verlauf nach dem Krieg

Das Gefälle, das zwischen Stadt und Land besteht, hat sich gegenüber der etwa bis Mitte der fünfziger Jahre dauernden Normalisierungsperiode sehr stark abgeflacht.

Zur Kennzeichnung des Verlaufs nach dem Krieg verweisen wir anstelle von Tabellen, die, um den komplizierten Sachverhalten gerecht zu werden, sehr umfangreich sein müßten, auf zwei charakteristische Vorgänge, nämlich:

1. Auf die Verringerungen, die in den Abweichungen der Gemeindegrößenklassen vom Mittelwert bei den kommunalen Investitionen in der Zeit von 1955 bis 1965 eingetreten sind. Der Vorgang wird in dem o. a. Buch von RASKE auf S. 130 in der Form von „Lorenzkurven" dargestellt, was hier leider nicht wiedergegeben werden kann.

2. Auf eine — erst in einem späteren Beitrag durch Quellenangabe belegbare — eigene Berechnung auf Grund einer Untersuchung des Bayer. Stat. Landesamtes, woraus hervorgeht, daß die gesamten Investitionen aller Stufen in der Stadt, hier repräsentiert durch die Städte München, Nürnberg und Fürth, im Jahre 1955 etwa das 3fache des „Landes", hier repräsentiert durch die Summe der kreisangehörigen Gemeinden < 10 000 Einwohner, betragen haben, im Jahre 1964 dagegen nur noch das 1,3fache.

Noch in der ersten Hälfte der fünfziger Jahre ist das Gefälle in Fortsetzung der Verhältnisse der Vorkriegszeit sehr steil gewesen. Dadurch ist ein Rückstand des Landes, das sich bereits damals, hauptsächlich unter dem Einfluß der Kriegsfolgen, in einem strukturellen Wandel befand, gegenüber den Städten entstanden. Diese haben die an sich seinerzeit relativ hohen Steuereinnahmen vor allem für den Wiederaufbau verwendet und damit die Aufnahmefähigkeit für Wirtschaft und Bevölkerung erhöht, zumeist über den Stand der Vorkriegszeit hinaus. Unter dem Einfluß von „landverbundenen" Politikern, die sich — aus den verschiedensten Richtungen kommend — auf die bis dahin wegen ihrer „Entballungsfreundlichkeit" von neoliberaler Seite angefeindeten oder zumindest belächelten Gedankengänge der Raumordnung zu berufen pflegten, ist der landesinterne Finanzausgleich zugunsten der finanzschwachen, meist im ländlichen Raum liegenden Gemeinden hochgradig intensiviert worden. Ähnliches gilt, etwas abgewandelt und abgeschwächt, im übrigen auch für den horizontalen Finanzausgleich zwischen den Bundesländern (Länderfinanzausgleich). Ein Zusammenhang besteht zwischen den beiden Ebenen des Finanzausgleichs darin, daß die finanzschwachen Länder erst über den Länderfinanzausgleich in die Lage versetzt wurden, über den landesinternen Finanzausgleich die Unterschiede zwischen den starken und schwachen Gemeinden ganz wesentlich abzuschwächen. Auf diese Weise werden die finanzschwachen Gemeinden und allgemein der ländliche Raum in die Lage versetzt, Investitionsmittel zur Verbesserung und Erweiterung ihrer Grundausstattung aufzubringen in einem Ausmaß, das quantitativ nahe an den Standard des städtischen Raumes herankommt, ja diesen sogar, wenn man dabei die wahre Bedarfslage unterstellt, in manchen Fällen überschreitet. Gerechtfertigt ist dies nur insoweit, als es sich um einen Nachholbedarf handelt.

Ungeachtet der Intensivierung des Länderfinanzausgleichs verbleiben zwischen den Bundesländern in der Finanzausstattung ihrer Gemeinden noch beträchtliche Unterschiede; sie sind nicht nur auf die Unterschiede in der gesamten Finanzkraft der einzelnen Länder zurückzuführen, sondern auch auf die Verschiedenheiten in der Aufgabenverteilung zwischen Land und Gemeinde. Setzt man den Bundesdurchschnitt je Kopf (ohne Stadtstaaten) mit 100 an, so bestehen im Jahre 1964 bei den kommunalen Investitionen der kreisangehörigen Gemeinden, die hier behelfsweise den ländlichen Raum repräsentieren mögen, Abweichungen, wie sie nachstehend aufgeführt sind. Zur weiteren Orientierung ist auch das gesamte Aufkommen an Ländersteuern (einschl. Einkommensteueranteil) vor Vollzug des Finanzausgleichs angegeben.

Tabelle 3:

Abweichungen vom Bundesdurchschnitt (Kopfziffern) der Flächenstaaten, 1964

	Investitionen der kreisangehörigen Gemeinden[1]	Aufkommen an Ländersteuern[2]
Saarland (Sa)	— 25	— 30
Schleswig-Holstein (SH)	— 19	— 30
Niedersachsen (NdS)	— 9	— 19
Nordrhein-Westfalen (NRW)	+ 2	+ 12
Rheinland-Pfalz (RP)	+ 3	— 20
Bayern (By)	+ 3	— 11
Hessen (He)	+ 14	+ 21
Baden-Württemberg (BW)	+ 32	+ 15
BR ohne Stadtstaaten	± 0	± 0

[1]) Wiederum in eigener Auswahl entnommen aus dem Buch von RASKE, S. 136.
[2]) Eigene Umrechnung auf Grund von „Bevölkerungsstruktur und Wirtschaftskraft der Bundesländer 1970", hrsg. vom Stat. Bundesamt.

Aus der Tabelle ersieht man, daß das kommunale Investitionsvolumen nicht immer gleichläuft mit dem gesamten Steuerkraftaufkommen. Gleichläufigkeit besteht zwar bei den zwei steuerschwächsten Ländern Saarland und Schleswig-Holstein sowie bei dem steuerschwachen Land Niedersachsen. Rheinland-Pfalz dagegen, etwa ähnlich steuerschwach, leistet sich ein leicht überdurchschnittliches Investitionsvolumen, was z. T. auf starken Nachholbedarf, z. T. auch auf eine andersartige Aufgabenverteilung zwischen Land und Gemeinden zurückzuführen sein dürfte. Ähnlich dürfte es sich in Bayern verhalten. Unter den finanzstarken Ländern fällt die relativ geringe Investitionstätigkeit in Nordrhein-Westfalen auf und umgekehrt das extrem hohe Volumen in Baden-Württember — hier kommt der hohe Einfluß der Vertreter der kleinen Gemeinden und der Landräte, aber auch das extrem hohe Gewerbesteueraufkommen in einigen für das Land charakteristischen Industriegemeinden sowie die Begrenzung der Kreisfreiheit in der Regel auf Städte mit mehr als 100 000 Einwohner zum Ausdruck.

Durch die reichliche Dotierung der kleinen Gemeinden wird der Spielraum sowohl auf der Landesstufe wie bei den Großstädten fühlbar eingeschränkt. In Hessen dürften die Verhältnisse in etwa der Steuerkraft des Landes angemessen sein.

In welchem Ausmaß sich die gesamte Steuerkraft eines Landes auf die Finanzausstattung (Steuereinnahmen und allg. Zuweisungen) des ländlichen Raumes auswirkt, zeigt sich vor allem an den Kreisen, die sowohl in bezug auf Steuerkraft als auch auf die allgemeine Struktur schwach sind.

Hierzu werden 7 Kreise in Baden-Württemberg und 11 in Niedersachsen miteinander verglichen:

Im arithmetischen Durchschnitt betragen die Daten je Kopf in DM

	Baden-Württemberg	Niedersachsen
Steuereinnahmen	157	125
Allgemeine Finanzzuweisungen Schlüsselzuweisungen	137	104
$=$	294 100	229 DM 78

Im Rahmen der Intensivierung des Finanzausgleichs ist bei der Dotierung der Gemeinden des ländlichen Raumes nicht immer rationell, d. h. im Sinne eines bestmöglichen Wirkungsgrades, verfahren worden. Zu dem guten Willen, beim Aufholen des Rückstandes gegenüber dem städtischen Raum zu helfen, gesellte sich ein Mangel an Einsicht in den Bedarf. Bei der Festlegung des Mindestbedarfs in jeder Gemeinde — gleich, ob groß oder klein, ob steuerschwach oder steuerstark — sind in den meisten Bundesländern etwa zu Beginn der sechziger Jahre Kopfziffern zugrunde gelegt worden, die sich eher am Durchschnitt als an den bedarfsbestimmenden Faktoren orientieren. Bei einem solchen Schematismus ist weder den zentralörtlichen Funktionen noch den Entwicklungstendenzen hinreichend Rechnung getragen worden, mit anderen Worten: ist am Bedarf vorbeigegangen worden.

Das mag im besonderen Grade für das bereits zitierte Land Baden-Württemberg gelten. Dort dürfte u. a. der hohe Standard einiger ländlichen Industriegemeinden dazu geführt haben, die Maßstäbe für den Mindestbedarf recht hoch festzusetzen.

Kennzeichnend für den Mangel einer Berücksichtigung der Entwicklungstendenzen ist, daß auch Zwerggemeinden noch 1969 in den Genuß einer Finanzausstattung (wiederum wie bei 1: eigene Steuern plus allg. Zuweisungen) mindestens in Höhe von rund 250 DM pro Kopf kommen.

Das ist kaum weniger als das, was expansiven Vorortgemeinden zur Verfügung steht. Solche Zwerggemeinden, d. h. Gemeinden mit < 200 Einwohnern, sind zumeist ohne nennenswerte Funktionen öffentlicher Art (wie Schulen, Gemeindeschwester u. a.). Die Bevölkerung nimmt überdies ab. Bei der Erledigung der einfachen „Schreibarbeit" ist man auf die Hilfe des Verwaltungsaktuars oder des Landratsamtes angewiesen. Da fast jede Familie der Zwerggemeinde in Baden-Württemberg von den hohen Zuweisungen in irgendeiner Weise profitiert, entsteht eine Interessenlage, mit der sich die Bewohner möglichst für die Beibehaltung eines Zustandes einsetzen, der vom Standpunkt der Gesamtheit unwirtschaftlich ist. Glücklicherweise sind die kostspieligen Zwerggemeinden im Land Baden-Württemberg nur sehr schwach vertreten, so daß diese Art der Fehlleitung von öffentlichen Mitteln beim Gesamthaushalt wenig zu Buche schlägt.

Wäre der Anteil der Zwerggemeinden in Baden-Württemberg ähnlich groß wie in Niedersachsen, so hätte man wahrscheinlich schon ähnliche Lösungen wie dort gewählt. In Niedersachsen ist man allein schon durch die Finanzlage zu einer Festsetzung der Mindestbedarfsziffern auf einem viel niedrigeren Niveau genötigt.

In jüngster Zeit beginnt in der Dotierung der Gemeinden fast in allen Bundesländern ein Wandel einzusetzen. Gemeinden mit zentralörtlichen Funktionen werden auch über die Schlüsselzuweisungen höher bedacht, und entwicklungslose Gemeinden bleiben bei Bedarfszuweisungen weitgehend ausgespart. Als Orientierungsgrundlage für die finanziellen Regelungen pflegt vor allem im Land Schleswig-Holstein der Landesentwicklungsplan zu dienen.

3. Darstellung Nr. 3:

Einiges zu den Bestimmungsgründen der Steuerkraft im ländlichen und im städtischen Raum

Mit der Forderung nach Gleichwertigkeit stellt sich die Frage, wer die Mittel aufzubringen hat. Als Antwort liegt nahe, daß jede Region für die ÖLW, soweit sie sich unserer Definition gemäß auf die Deckung des Bedarfs der eigenen Bevölkerung beschränkt, selbst aufzukommen hat. Eine solche Lösung entspricht finanzwirtschaftlich dem „Äquivalenzprinzip" — jeder Leistung steht eine entsprechende Gegenleistung gegenüber. Für die Anwendung des Äquivalenzprinzips gibt es, vereinfacht gesehen, zwei Wege: den direkten des Einzelentgelts und den indirekten des Gruppenentgelts. Beim ersteren kommt der Nutznießer für die öffentliche Leistung direkt über den Preis, frei oder tarifiert, ferner über Gebühren und Beiträge auf, beim zweiten Weg muß die Gesamtheit der Nutznießer ohne Zurechnung auf den Einzelfall die Kosten ganz — wie bei der Straße — oder mindestens teilweise, über die Deckung von Defiziten wie im öffentlichen Nahverkehr, in der Form von Steuern mit oder ohne Zweckbindung decken. Bei beiden Wegen gibt es aus der regionalen Sicht Abweichungen vom „Äquivalenzprinzip". Beim letzten Weg wird zwar vom Nutznießer überall ein direktes Entgelt gezahlt, aber in einem Gebiet entstehen Defizite, im anderen Überschüsse. Beim zweiten Weg entsteht der gleiche Effekt dadurch, daß das eine Gebiet weniger an Steuern aufbringt als dort an Aufwand entsteht, beim anderen Gebiet ist es umgekehrt.

Defizite entstehen, wenn zwei Bedingungen vorliegen, einzeln oder zusammen: Die Standortverhältnisse sind für die Darbietung der öffentlichen Leistungen ungünstig; bei gestreuter Siedlungsweise ist die wirtschaftliche Leistungskraft und damit weitgehend auch die Steuerkraft niedrig. Im ländlichen Raum fallen beide Bedingungen zusammen.

Gleichwertigkeit und Äquivalenz schließen sich aus. Entweder müssen zur Herstellung eines gleichwertigen Standards die Belastungen über Steuern oder Entgelte unzumutbar gesteigert werden, oder bei zumutbarer Belastung bleibt der Standard zurück. Das Gefälle zum städtischen Raum wird immer größer. In beiden Fällen verschlechtern sich die

Standortbedingungen in einem Maße, das zur Vollerosion führen muß. In diesem Zusammenhang sei auch auf die Schrift von Konrad Littmann verwiesen: „Die Gestaltung des kommunalen Finanzsystems unter raumordnungspolitischen Gesichtspunkten", Hannover 1968, insb. S. 28 ff.

In den Grundzügen müßte die Steuerkraft, deren Ausschöpfung zur Deckung der Kosten der ÖLW notwendig ist, bei einem raumadäquaten Steuersystem (wo sich die Gruppenäquivalenz herstellen läßt) gleichläufig mit der Wirtschaftskraft sein. Das derzeitige Steuersystem kommt mit der Verbesserung durch die Einführung des Gemeindeeinkommensteueranteils der Forderung der Raumadäquatheit näher als bisher bei dem Übergewicht der raumfremden Gewerbeertragssteuer, doch ist auch jetzt der Abstand zwischen „Ist" und „Soll" recht fühlbar. Als einigermaßen radizierbar im Sinn der Gruppenäquivalenz, und zugleich je nach der strukturbedingten Bedarfslage variierbar, lassen sich (wie näher dargestellt wird in den Informationsbriefen für Raumordnung, R. 6 1.1.II „Finanzverfassung, Finanzausgleich und Raumordnung", I/II je I S. 7/8 — Stuttgart 1969) ansehen: die Grundsteuer A und B, die Gewerbesteuer, die Einkommensteuer bis zur Proportionalzone, eine etwaige Einzelhandels- und Dienstleistungsumsatzsteuer, die Kraftfahrzeugsteuer und einige kleinere Steuern. In der Darstellung 4 wird der Versuch gemacht, die Zusammenhänge zwischen Steueraufkommen und Struktur (sektoral und sozialer Art) aufzuzeigen.

In den nachstehenden Tabellen sind einige Merkmale, die bei Raumadäquatheit steuerrelevante Merkmale sein dürften, angegeben, und zwar in den Tabellen 4/5: die Stufe der zentralörtlichen Funktionen; in Tabelle 6: einige strukturelle Tatbestände wie

1. die sozialfunktionale Schichtung, die für uns in erster Linie maßgebend für die Aufkommen der Gemeindeeinkommensteuer angesehen wird (mit dem Merkmal des Besatzes an gehobenen Lohnempfängern); 2. das persönliche Einkommen als Indiz der „Kauffähigkeit"; 3. das Bruttoinlandprodukt als Indiz der realen Wirtschaftskraft; 4. die Agrarquote (als Merkmal der sektoralen Struktur); 5. der Industriebesatz (wie bei 4); 6. die Lohn-Gehalts-Relation als Indiz des Managements; 7. der Beitrag des Tertiärsektors zum Sozialprodukt als Indiz von Funktionen sowohl zentraler als auch überregionaler Art. Das Land Baden-Württemberg ist gewählt worden, weil wir hier am besten aus eigener Anschauung die Hintergründe kennen.

Tabelle 4:

Nettoproduktion je Beschäftigten[1]) nach den Stufen der Zentralität[2])

Stufe		Handel und Verkehr	Dienste	Tertiäre insgesamt	
I II III a)	Gebiete ohne gehob. Mittel- zentren	100	100	100	im allgemeinen zum ländlichen Raum zu rechnen[3])
III b)	gehobene Mittelzentren	128	106	114	
IV a)	Einfache Ober- zentren außerhalb von Ballungsgebieten	134	108	119	neutral
b)	Gehobene Oberzentren in Ballungs- gebieten	159	119	135	zum „Städtischen Raum" zu rechnen
V	Metropolen	169	136	149	

[1]) Eigene Berechnungen auf Grund der kreisweisen Ermittlung des Bruttoinlandproduktes 1961 (für spätere Jahre derzeit nicht möglich, da zusammenfassende Angaben über die Beschäftigtenzahlen im Tertiärbereich nicht vorliegen). Auszug aus einer eigenen Studie „Das Raumwirtschaftliche Gefälle" 1968/69. — Bis jetzt nur herausgegeben als Umdruck zu einer Lehrdarbietung über Raumordnung an der Universität (TH) Stuttgart im WS 1970/71.

[2]) Gegenüber den Leitlinien der KRO und denen des Landes Baden-Württemberg haben wir die Mittelzentren und die Oberzentren noch untergliedert. Dabei kommen die gehobenen Mittelzentren den einfachen Oberzentren näher als der „einfachen" Version der eigenen Stufe.

[3]) Zugrunde gelegt sind für den ländlichen Raum nur die Länder Bayern und Niedersachsen; denn bei diesen läßt sich die zentralörtliche Struktur in den Daten, die sich unvermeidbarerweise auf die Kreise im Ganzen beziehen, wegen des agrarischen Charakters klarer erkennen als in den andern Bundesländern.

Interpretation: Mit der Stufe der Zentralen Funktionen nimmt die Nettoleistung je Beschäftigten zu; an der Spitze stehen die Metropolen (Hamburg, Düsseldorf-Köln, Frankfurt, Stuttgart, München).

Der ländliche Raum, zu dem die unteren Stufen der zentralen Orte (Kleinzentrum, Unterzentrum, einfaches Mittelzentrum) einschließlich der Dörfer gerechnet sind, bildet mit 100 den Ausgangswert. Es fällt auf, daß das Gefälle bei Handel und Verkehr größer ist als bei den Diensten. Das liegt daran, daß in den Diensten der öffentliche Einfluß, der in der Tendenz nivelliert, stark wirksam ist, jedenfalls weit mehr als beim Handel für sich allein. Die Relation zwischen Ministerialdirektor und Amtsgehilfen ist mit etwa 10 zu 1 wesentlich geringer als zwischen dem führenden Direktor eines Kaufhaus-Konzerns und einem Lagerarbeiter, mit etwa 60 zu 1.

Tabelle 5:

Charakteristische Zahlen aus Bayern[1])
(Eigene Umrechnung aus „Kreiszahlen", Bay. Stat. Landesamt, veröffentlicht 1969)

	Bayern insgesamt	Städte München Nürnberg-Fürth	Übrige kreisfreie Städte	„Land- kreise"
Auf 100 Volkschüler entfallen höhere Schüler[2])	26	47	73	13
Industriebeschäftigte[3]) je 100 Einwohner	11,9	15,5	20,5	8,8
Lohn-Gehalts-Relation[4]) in der Industrie	1,90	1,20	1,73	2,84

[1]) Bayern ist gewählt, weil hier fast alle namhaften Zentralen Städte „ausgekreist" sind, dementsprechend die Landkreise weitgehend von zentralen Funktionen ausgehöhlt sind und im besonderen Grad das „platte Land" repräsentieren.
[2]) Herbst 1967.
[3]) Stand 1968, I. Quartal.
[4]) Stand wie bei Tabelle 4, nämlich: Summe der gezahlten Arbeiterlöhne bezogen auf die Summe der gezahlten Angestelltengehälter.

Interpretation: Die Spitzenwerte liegen, nur soweit es das industrielle Management betrifft, in den Großstädten, sonst aber bei den kreisfreien Städten. Diese heben sich aus den übrigen Landkreisen als Träger der zentralen Funktionen und weitgehend auch als Standorte der Industrie hervor. In den Großstädten werden diese Eigenschaften als zentraler Ort dadurch abgeschwächt, daß — sei es bei den Trägern der zentralen Funktionen oder bei der Industrie — viele der Arbeiter in der Stadt wohnen, während sie in eigentliche Mittel- und Kleinstädte vom auswärtigen Wohnsitz aus, d. h. aus dem umgebenden Landkreis, einpendeln. Das gleiche gilt für die „höheren Schüler". Die Funktionen sind im ländlichen Raum noch in höherem Grad als in den Großstädten räumlich institutionell aufgespalten. Eine Zusammenfassung von Stadt und Umland zu Regionen als Lebenseinheiten ist in beiden Fällen geboten, jedoch im ländlichen Raum besonders dringlich.

Anmerkungen zu Tabelle 6:

[1]) Im allgemeinen die Gebiete der derzeitigen Regionalen Planungsgemeinschaften mit Abwandlungen bei Doppelzugehörigkeit von Kreisen; diese sind als Ganzes zu derjenigen Region geschlagen, die u. E. am ehesten paßt.
[2]) Kreise sind nach Autokennzeichen abgekürzt; der Kreis mit dem Schwerpunkt oder dem führenden Platz ist kursiv gesetzt.
[3]) Lohnsteuerpflichtige mit Bruttolohn von > 20 000 DM (1965), bezogen auf, hier maßgebend für die Reihenfolge, 1 000 Einwohner.
[4]) Summe der Einkünfte der Veranlagten ohne unselbständige Arbeit zuzüglich Summe der Bruttolöhne (1965) bezogen auf die Einwohnerzahl.
[5]) Bruttoinlandprodukt (Bip) je Kopf der Wirtschaftsbevölkerung (Wib, diese ist Wohnbevölkerung (Wob) ± 2mal Pendlersaldo) 1966.
[6]) Anteil der Land- und Forstwirtschaft am Bruttoinlandprodukt 1966.
[7]) Beschäftigte in Industriebetrieben mit ≥ 10 Beschäftigten, bezogen auf 100 Einwohner.
[8]) In Industriebetrieben zu 7: bezahlte Arbeiterlöhne bezogen auf dort bezahlte Angestelltengehälter; wenn an Löhnen 320 Mio. DM und an Gehältern 160 Mio. DM bezahlt wurden, beträgt die Relation (320 : 160 =) 2,00.
[9]) Beitrag der Tertiären zum Bruttoinlandsprodukt (1966) bezogen auf die Einwohnerzahl, hier also auf die Wohnbevölkerung (Wob).

98

Tabelle 6:   *Steuerkraftsrelevante Strukturdaten für Regionen in Baden-Württemberg — 1965/66*

	1	2	3	4	5	6	7	8	9
Region	Zugehörige Kreise	Wohnbevölkerung 1000	Gehobene Lohnbezieher je 1000 Einwohner	Persönliches Einkommen 1000 DM je Einwohner	Bip/Wib in 1000 DM	Agrarquote am Bip %	Industriebesatz je 100 Einwohner	Lohn-Gehaltsrelation Industrie	Tertiär Bip/Wob 1000 DM
1. Odenwald	*Mos*, Beh, Tbb	221	*5,0*	3,19	6,04	9,9	10,5	3,10	2,08
2. Hohenlohe	*Sha*, Cr, Kün, Mgh, Öhr	252	*6,8*	3,29	5,88	11,0	10,5	2,91	2,47
3. Ortenau (Offenburg)	*Og*, Bü, Kel, Lr, Wol	387	*7,4*	3,71	7,81	7,7	14,0	2,81	2,55
4. Oberschwaben Süd (Östl. Bodensee)	*Rv*, Slg, Sig, Tt, Wg	401	*7,9*	3,79	6,80	10,3	13,5	2,38	2,58
5. Baar (Villingen)	*Vl*, Ds, Rw, Tut	386	*8,4*	4,48	7,83	3,9	23,0	2,27	2,41
6. Oberschwaben Nord (Donau mit Ulm)	*Ul*, Ul, Bc, Ehi, Mün	384	*8,7*	3,95	7,80	8,0	16,5	1,85	2,86
7. Hochrhein	*Lö*, Säk, Wt	291	*8,8*	3,68	7,82	4,1	16,0	2,10	2,43
8. Ostalb	*Aa*, Hdh, Gd	382	*9,7*	4,23	7,58	4,8	21,5	2,28	2,24
9. Bodensee West	*Kn*, Sto, Ueb	301	*10,0*	3,81	6,78	6,5	14,0	1,98	2,80
10. Nordschwarzwald	*Pf*, Pf, Cw, Fds	359	*10,0*	4,96	8,38	3,9	17,0	1,86	3,05
11. Neckar Alb	*Rt*, Tü, Hch, Hor, Bl	526	*10,5*	4,76	7,78	3,6	20,0	2,45	2,70
12. Württemberg, Unterland	*Hn*, Hn	280	*11,0*	4,37	8,13	5,4	18,5	2,17	2,95
13. Breisgau	*Fr*, Fr, Em, Mül, Neu	463	*12,0*	3,89	6,93	6,5	10,0	2,14	3,44
14. Mittelbaden	*Ka*, Ka, Br, Ra, Bad	750	*14,0*	4,70	8,63	2,7	15,0	2,06	3,84
15. Rhein-Neckar	*Ma*, Ma, Hd, Hd, Snh	886	*14,5*	4,74	8,53	2,3	18,5	1,83	3,78
16. Mittlerer Neckarraum	*S*	2 206	*17,5*	5,63	10,2	2,0	21,0	1,65	4,04
davon Landkreise	Bb, Leo,Lb, Vai, Es, Nt, Gp, Bk, Wn	1 576	*14,3*	5,03	9,09	3,3	19,0	2,16	2,47
Stuttgart	(*S*)	630	*26,2*	7,16	11,84	0,5	25,0	1,35	8,15
Land Baden-Württemberg		8 476	*12,5*	4,68	8,37	4,1	17,5	2,05	3,25

99

Um das Blickfeld nicht zu stark auf Baden-Württemberg einzuengen, führen wir auch für Niedersachsen das für die Reihenfolge maßgebende Zahlenmerkmal an, nämlich den Besatz mit „gehobenen Lohnbeziehern" 1965 — entsprechend Spalte 2 für Baden-Württemberg —, und zwar wiederum bezogen auf Regionen als den sozioökonomischen Einheiten der gehobenen Mittelstufe. Aus welchen Kreisen die Regionen zusammengesetzt sind, ist zu entnehmen aus dem einschlägigen Aufsatz des Verfassers im Archiv für Niedersächsische Landeskunde und Landesplanung 1968. Für die von dem Mittel stärker abweichenden Werte sind, soweit offenliegend, stichwortartig einige Gründe angeführt.

Region	Lohnsteuerpflichtige (1965) mit Bruttolohn > 20 000 DM je 1 000 Einwohner	
1. Nienburg	5,0	Ohne größeres Mittelzentrum; zentrale Funktionen weitgehend in Bremen; agrarisch, mit Ertragsungunst
2. Emsland	5,2	Ohne größeres Mittelzentrum; Landwirtschaft ertragsschwach
3. Ostfriesland	6,0	Agrarisch (damals), stark überbesetzte Landwirtschaft
4. Vorland von Bremen	6,4	Ohne zentrale Funktionen (in Bremen), noch agrarisch; Auspendlergebiet
5. Elbe-Weser-Dreieck (Cuxhaven)	6,9	Stark agrarisch, ohne eigenes größeres Zentrum (da in Bremerhaven); Landwirtschaft extrem schwach)
6. Jade (Wilhelmshaven)	7,4	Nachwirkung von kriegsbedingten Einbußen an Tragfähigkeit, *noch* agrarisch
7. Harzvorland	7,4	Im Schatten von Braunschweig, rückläufige Ausgangsindustrien (Harzbergbau u. ä.)
8. Heide Ost (Lüneburg)	7,8	Stark agrarisch, Zonenrand
9. Oldenburg	7,8	Überbesetzte Landwirtschaft, ziemlich ertragsarm
10. Mittelweser (Hameln)	8,0	Etwas Industrie, aber wenig Management
11. Heide West (Celle)	8,4	mittelgut
12. Osnabrück	8,4	mittelgut
13. Stade	8,7	Trotz Strukturschwäche relativ hoher Besatz, da am Ostrand Wohngebiet von gehobenen Hamburgern
14. Oberer Leinegraben (Göttingen)	8,8	Teilweise strukturschwach, jedoch durch Universität aufgehoben
15. Hildesheim	9,0	Randregion von Hannover
16. Braunschweig	11,2	Industrie mit Management (VW), gehobene zentrale Funktionen
17. Hannover	15,4	Zentrale Funktionen der Spitze, Industrie mit Management. Abstand zum Mittleren Neckarraum (Stuttgart mit 17,5) gering.

4. Darstellung Nr. 4:

Möglichkeiten für eine raumadäquate Aufbringung von Steuern

Vorbemerkungen

Die ÖLW im ländlichen Raum tendiert, wie im besonderen aus der Darstellung 3 hervorgeht, zu defizitären Ergebnissen. Dessen ungeachtet sind, vor allem, um zu einem rationellen Mitteleinsatz anreizende Interessenlagen herzustellen, Lösungen anzustreben, bei denen der ländliche Raum in die Lage versetzt wird, einen tunlichst großen Anteil des Aufwandes aus eigenen Quellen aufzubringen. Dazu bedarf es anstelle des oft korrumpierend wirkenden Zuweisungssystems eines hohen Grades an eigener Finanzhoheit, nicht nur bei den Ausgaben, sondern auch bei den Einnahmen.

Als geeignete Trägerin bietet sich nach all dem, was in dem dafür einschlägigen Sonderbeitrag gesagt ist, die *Region* an. Daß eine solche Aufwertung der Region nicht die Initiative auf der Gemeindestufe auszuschließen braucht, sei hier nur beiläufig gesagt. Es kommt darauf an, die Aufgaben, d. h. die Ausgaben und die Einnahmequellen, im Sinn der Raumadäquatheit[1]) aufzuteilen. Dazu bedarf es allerdings vertiefter Studien, vor allem über den Aufwand, den der Verkehr im Sinn der Entfernungsüberwindung im Verhältnis zu dem Geschäftswert, d. h. hier zu dem bei der Leistungsdarbietung selbst entstehenden Aufwand, erfordert.

Wir bezeichnen dies mit „Distanzrelation". Wertvolle Vorarbeiten hat in sachlicher Hinsicht FRIDO WAGENER[2]) geleistet. Je besser die Einsicht in die räumlichen Wirkbereiche der einzelnen Sachaufgaben, desto eher wird es möglich sein, den Spielraum für die Aktivitäten auf der Stufe der Gemeinde zu sichern. Dabei ist allerdings an Größenordnungen zu denken, wie sie mit 5 000 bis 10 000 Einwohnern bei den Verwaltungsreformen in der Mehrzahl der Bundesländer angestrebt werden. Gemeinden alten Stils, die zumeist mit den Dörfern von < 1 000 Einwohnern gleichzusetzen sind, mit eigener Finanzhoheit ausgestattet zu belassen, wäre auf längere Sicht ebenso sinnwidrig, wie wenn man die großen Städte in die einzelnen sich durch bestimmte Funktionen hervorhebenden „Quartiere" — City, Arbeiterviertel, gehobene Wohngebiete, Industriezonen u. a. — in eigene Selbstverwaltungskörper lediglich deshalb aufspalten würde, weil sie sich voneinander räumlich deutlich abheben. Denn auch im ländlichen Raum greifen die Funktionen des Arbeitens, des Erholens, des Wohnens, der Dienstbeanspruchung u. a. derart ineinander über, daß sich Ansätze zu sozioökonomischen Einheiten herausbilden, die sich von einer größeren Stadt nur dem Grade, nicht dem Wesen nach abheben.

Aufgabe der vorliegenden Darstellung ist es, aufzuzeigen, in welcher Weise das mögliche Steueraufkommen einer Region — stets einschließlich der Gemeinden aufzufassen — durch die strukturellen Verhältnisse bestimmt wird. Bei unseren Berechnungen werden aus der Gesamtheit der für die Regionsstufe in Betracht kommenden Steuerarten diejenigen ausgewählt, die im Sinn der Darstellung 3 radizierbar sind. In der allgemeinen Zusammensetzung ist das derzeitige Steuersystem in der BRD zwar in Einzelheiten reformbedürftig, aber im ganzen durchaus brauchbar.

Um das Entstehen von Interessenlagen, nach denen die kommunale Stufe (Gemeinden und Gemeindeverbände) zu standortwidrigem Verhalten, wie es bisher bei dem Übergewicht der Gewerbesteuer geschehen ist, bewogen werden, zu vermeiden, halten wir es für

---

[1]) Siehe den demnächst im Rahmen eines Forschungs- und Sitzungsberichtes der Akademie für Raumforschung und Landesplanung, Forschungsausschuß „Raum und Finanzen", erscheinenden Beitrag „Finanzverfassung und Stufung nach dem räumlichen Wirkbereich".

[2]) Neubau der Verwaltung. München 1969.

notwendig, daß in einem tunlichst ausgewogenen Verhältnis eine Mehrzahl von Steuerarten offengehalten wird. Dementgegen würde es sich ähnlich, wie bei der Gewerbesteuer, wenn auch abgeschwächt, im Falle einer taxe unique, etwa bei einer Steuer auf das Einkommen, selbst wenn die Progressionssätze abgekappt sind, oder auf den Einzelhandelsumsatz, verhalten. Die Steuern sollen an verschiedenartige Tatbestände anknüpfen, in einer Weise, die den jeweils vorkommenden Strukturen gerecht wird.

Bei einem strukturadäquaten Steuersystem sollten soziale Härten auf andere Art als über eine äquivalenzwidrige Ermäßigung der Steuersätze ausgeglichen werden. Auf der Basis der Region und darunter handelt es sich, abgesehen von Bagatellsteuern, deren Beibehaltung oder Aufhebung für die Diskussion unerheblich wäre, um die folgenden Steuerarten und Steuern (Größenordnungen sind zum Niveau 1969 angeführt):

A) Realsteuern

Ihnen liegen regionsbelegene Gegenstände zugrunde, mit deren Benutzung in irgendwelcher Weise die Inanspruchnahme der ÖLW verbunden ist. Die Steuern sollen mit (allein können sie es ohnehin nicht) dazu beitragen, daß die Gegenstände lage- und standortgerecht verwendet werden. Ein solches Ziel läßt sich am ehesten dadurch erreichen, daß man an den Ertrag anknüpft, der sich bei tunlichst lagegerechter Nutzung ergeben würde, d. h. also an den *potentiell* erzielbaren Ertrag und nicht an den tatsächlichen. Verwirklichbar ist der Grundsatz des potentiellen Ertrags allerdings nur dort, wo die ertragsrelevanten Merkmale auf längere Sicht erkennbar sind, d. h. beim Boden, dagegen kaum bei Gewerbebetrieben mit schwankendem Fernabsatz.

Zu den Realsteuern werden hier gerechnet:

1) Die Grundsteuer A

Sie trifft Boden und Betrieb des Agrarsektors und bildet insoweit ein Analogon zur Gewerbesteuer. Das derzeitige Aufkommen ist in der BRD mit 450 Mio. DM gering, aber durchaus der tatsächlichen Wertschöpfung entsprechend. Die Grundsteuer A verhält sich zur Gewerbesteuer mit einem Aufkommen von 430 zu 10 500 Mio. DM ähnlich wie der Agrarsektor zum gewerbesteuerpflichtigen Gewerbe mit einer Wertschöpfung von 20 zu 440 Mrd. DM, hier 1 zu 25, dort 1 zu 22. Für die Agrargebiete stellt die Grundsteuer A noch immer eine wichtige Einnahmequelle dar. In Zukunft wird eine erfolgreiche Umstellung der Landwirtschaft, möglicherweise in Verbindung mit flächengebundenen Subventionen, eine Erhöhung zulassen, sie kann jedoch kaum über 600 Mio., d. h. über 10 DM je Einwohner der BRD und über 50 DM je ha gewogener Nutzfläche, hinausgehen.

2) Die Grundsteuer B

Sie trifft den nichtagrarisch genutzten Boden einschließlich (was die Hauptsache ausmacht) der Bauwerke. Diese Steuer bedarf einer Umgestaltung insoweit, als der Bewertung weit mehr als bisher die lagebedingten Ertragselemente zu gewichten sind, weniger die Bauwerke. Es sind demgemäß marktgerechte, d. h. vor allem lagegerechte Mieten und Erträge zu unterstellen. Die an sich gerechtfertigte Förderung der Anreize zum Erwerb von Eigentum darf bei der Grundsteuer nicht auf Kosten der Kommunalstufe gehen. Hierfür sind vielmehr sachgebundene Zuweisungen aus dem überregionalen Steueraufkommen erforderlich. Bei einer derartigen Handhabung der Grundsteuer B wird sich in der Zukunft die Schere zwischen Stadt und Land noch weit mehr öffnen, als das bisher der Fall ist.

Unter den derzeitigen Verhältnissen wird es im ländlichen Raum im Gegensatz zum städtischen Raum nur in sehr begrenztem Maße möglich sein, potentielle Reinerträge in einer Höhe zu erzielen, die an sich notwendig wäre, um eine Äquivalenz gegenüber der

ÖLW herzustellen. Im ländlichen Raum sind große Teile des Hausbesitzes ertraglos, vor allem, wenn man anstelle der ursprünglichen Herstellungskosten die gegenwartsnahen Baukosten zugrunde legen würde. Zur Deckung der Kosten der ÖLW wird man sich genötigt sehen, in höherem Maße als bisher von direkten Entgelten Gebrauch zu machen, man denke an die knappen Güter Wasser, an die Verkraftbarkeit der Abwässer, an die Einstellplätze usw. Dies gilt in verstärktem Maße für den städtischen Raum. Über eine Erhöhung der direkten Entgelte werden Überlastungen früher erkennbar und ökonomisch fühlbar gemacht, als dies bei der derzeitigen Erstarrung von Gebühren und Steuern geschehen kann.

Bei der Festsetzung der Gesamthöhe der Grundsteuer B ist von der Notwendigkeit auszugehen, die Grunderwerbsteuer, die in ihrer jetzigen Höhe ganz überwiegend zu raumwirtschaftswidrigem Handeln (künstliche Immobilität!) Anlaß gibt, ganz wesentlich, mindestens auf ein Drittel des derzeitigen Aufkommens (1968 mit 820 Mio. DM!), etwa über den Wegfall des Gemeindeanteils, zu reduzieren.

Zum Ausgleich sind die Sätze der Grundsteuer B selbst zu erhöhen. Darüber hinaus wird eine Erhöhung aus mehrerlei Gründen notwendig sein, so zur Herstellung einer Ausgewogenheit der Steuerquellen, zur Vermeidung von raumordnungswidrigen Interessenlagen und schließlich zur Sicherung ausreichender Einnahmen überhaupt. Zu denken ist im Vergleich zu bisher (2 100 Mio. DM zuzüglich entfallender Grunderwerbsteuer 600 Mio. DM) an zusammen 2 700 Mio. DM, zusätzlich 900 Mio. DM Erhöhung in Anpassung an das Baukostenniveau, an einen Betrag ausgehend von 3,6 Mrd. DM — das sind im Schnitt rund 60 DM je Einwohner. Die Beträge werden im städtischen Raum wegen der günstigeren Ertragsmöglichkeiten je Kopf annähernd um zwei Drittel höher sein als im ländlichen Raum.

3) Die Kraftfahrzeugsteuer

Sie ist wegen der leichten Radizierbarkeit ganz den Regionen zuzurechnen. Die Länder sollten als Ersatz auf die Partizipierung an der Mineralösteuer abgestellt werden. Auf die Gestaltung der Kraftfahrzeugsteuer im einzelnen braucht hier nicht eingegangen zu werden. Im Hinblick auf das weitere Ansteigen in Zahl und Qualität der Kfz können rund 4,8 Mrd. DM, rund 80 DM je Einwohner, zugrunde gelegt werden, wobei auf eine reale Erhöhung gegenüber 1969 verzichtet wird.

4) Gewerbesteuer

Sie bedarf einer Umgestaltung im Sinn der Vorschläge der Finanzreformkommission von 1966. Dabei sollten die Ertragselemente weitgehend wegfallen zugunsten der Äquivalenz, die sich eher an Arbeitsentgelten, Transportbewegungen, Kapitalinvestitionen bemessen läßt. Um ein Übergewicht zu vermeiden, müßte das Aufkommen auf der Stufe der Region auf etwa 8,4 Mrd. DM, also 140 DM je Einwohner, begrenzt werden; in dieser Höhe wäre allerdings die künftige Gewerbesteuer notwendig, allein schon, um neben den speziell zu deckenden Schäden die Mittel für die Sicherung der äußeren Umwelt aufzubringen.

B) Ertragsabhängige Steuern

Diese sind hier beschränkt auf:

5) Die Einkommensteuer

Hier beziehen wir uns wieder, wie bei der Gewerbesteuer, auf die Vorschläge der Finanzreformkommission. Für die nächste Gegenwart sind die Vorschläge in der Weise realisiert worden, daß den Gemeinden aus der Gesamtmasse zu einem Siebentel die

Beträge zugeteilt werden, die sich nach dem örtlichen Aufkommen ergeben würden, wenn alle Pflichtigen nur mit einem Einkommen von 8 000 DM und 16 000 DM bei Splitting besteuert würden (kurz bezeichnet mit 8 000/16 000 DM). Auf diese Weise werden die Unterschiede, die sich bei Zugrundelegung der tatsächlichen Aufkommen infolge der Progressionswirkungen ergäben, zwar wesentlich abgeschwächt, aber nicht beseitigt. Es verbleibt eine Progression insoweit, als große Teile der niedrigeren oder sozial begünstigten Einkommen unter die Freigrenze fallen. Die Bezieher niedriger Einkommen sind hauptsächlich im ländlichen Raum ansässig. Dementsprechend verbleibt im Aufkommen ein Gefälle gegenüber dem städtischen Raum. In welchem Umfang das Gefälle verbleibt, soll am Beispiel Baden-Württembergs gezeigt werden. Wegen der Dezentralisation der Industrie ist das Gefälle hier geringer als etwa in Bayern, wo der Unterschied zwischen München und dem Bayrischen Wald noch krasser wäre. Nachstehend einige Zahlen aus Baden-Württemberg (Basis 1968):

	in % des Landes- durchschnitts	
1. Nahbereiche mit hochgradiger Struktur- schwäche	38	(Basis 1965 z. B. Creg- lingen, Stödtlen
2. Strukturschwache Kreise im Ganzen, also incl. Mittelzentrum	57	z. B. Crailsheim, Buchen
3. Strukturschwache Regionen im Ganzen, also incl. gehobenem Mittelzentrum	64	Hohenlohe, Odenwald
4. Industrieregionen mit weniger lukrati- ven Firmen, verbunden mit struktur- schwacher Landwirtschaft	91	Ostalb
5. Industriezonen mit relativ ertrags- reichen Firmen	100	Württemberg. Unterland
6. Darunter gehobenes Mittelzentrum allein	120	Heilbronn
7. Vorortkreise der Metropole mit geho- bener Wohnbevölkerung	143	Böblingen, Leonberg, Eßlingen
8. Mittlerer Neckarraum im Ganzen	123	d. h. Stuttgart incl. Umlandkreise
9. Metropole Stuttgart allein	148	
10. Landesdurchschnitt (je Einwohner)	100	Baden-Württemberg

Hierbei sind die Schlüsselanteile der Gemeinden an der Einkommensteuer für 1970 zugrunde gelegt (Gesetzblatt 1970, Nr. 5, vom 13. März 1970).

Aus der Aufstellung ersieht man, daß trotz allen Bemühens um eine Nivellierung ein Gefälle besteht, das zwischen dem strukturschwächsten Nahbereich und der Metropole beinahe 4 zu 1 (exakt 1,48 : 38 = 3,9 : 1) beträgt. Durch den Zusammenschluß zu Regionen wird das Gefälle zwischen dem stärksten Glied (Mittlerer Neckarraum) auf 123 : 64 = 1,93 zu 1 verringert, in der Hauptsache dadurch, daß jede Region ein Mittelzentrum umschließt, in dem gehobene Einkommensbezieher vertreten sind.

Die Zahlen lassen erkennen, daß es zweckmäßig ist, dem Ausgleich auf der Landesstufe einen Ausgleich auf der Regionsstufe vorzuschalten.

Zur weiteren Abschwächung des Gefälles könnte eine Regelung dienen, bei der zwar jeder Einkommensbezieher, ähnlich wie es bei den Beiträgen zur Sozialversicherung geschieht, ohne Rücksicht auf die sozialen Gesichtspunkte der Belastbarkeit für die kommunalen Zwecke mit einem bestimmten Prozentsatz, der etwa um 2 % pendeln müßte, herangezogen wird. Das dabei entstehende Gefälle würde auf Regionsbasis in etwa demjenigen beim Durchschnittseinkommen je Kopf entsprechen. In Baden-Württemberg wären dies 5,63 (Mittlerer Neckarraum) zu 3,19 (Odenwald), d. h. 1,77 zu 1 (statt 1,93 zu 1 bei der Einkommensteuer). Da eine derartige Lösung einstweilen wenig Chance für eine politische Durchführbarkeit bietet, wird sie in die Berechnungen (Darstellung 5) nicht einbezogen.

Anstelle des derzeitigen (1970) Betrags von rund 7 Mrd. DM wird es notwendig sein, die Region i. w. S. mit rund 175 DM je Kopf — das wären in der BRD rund 10,5 Mrd. DM — auszustatten. Die Einbußen, die dabei Bund und Ländern entstehen, werden reichlich dadurch ausgeglichen, daß viele Aufgaben, vor allem im Nahverkehr und Straßenbau, nach unten zu verlagern sind.

C) Steuern auf Geschäftsvorgänge

6) Die Umsatzsteuer auf das Nahbedarfsgewerbe

Sie könnte als bisher völlig neue Möglichkeit zur weiteren Auflockerung der Finanzmasse der Region in Betracht kommen und wird auch von sachkundiger Seite (K. LITTMANN in dem o. a. Werk und G. ZEITEL in mancherlei Veröffentlichungen) vorgeschlagen. Die Steuer ist radizierbar insoweit, als sie nur die letzte Stufe der Einkommensverwendung trifft, die sich in der Regel über das nahbedarfstätige Gewerbe vollzieht; dessen Wirkbereich beschränkt sich, wie in dem Beitrag zur „Region" gesagt ist, weitgehend auf die Region.

Als Trägerin der Steuer ist die Stufe der Region — und nicht die der darunter stehenden Gemeinde — geeignet. Denn auf der Stufe der Gemeinde gibt es infolge der Funktionsteilung zwischen dem zentralen Ort und dem Einzugsbereich vielerlei Überschneidungen, sowie vor allem seit dem Auftreten der nicht zentralgebundenen Supermärkte auch zwischen gleichstufigen Gemeinden. Aus mehrerlei Gründen, die sowohl die sektorale und soziale Politik (Mittelstand) als auch die Erfassung betreffen, empfiehlt es sich, den Steuersatz allerhöchstens mit 4 % des Bruttoumsatzes oder entsprechend mehr beim Nettoumsatz — bei lebensnotwendigem Bedarf mit halben Sätzen — zu beschränken.

Fassen wir die Größenordnungen zusammen, so ergibt sich für die BRD ein Bild, wie es nachstehend umrissen ist. Neben den Durchschnitten sind die Zahlen für den ländlichen Raum in Klammern angegeben. Auf die Frage, ob die Ergebnisse noch durch die Variierung der Hebesätze nach oben oder unten verändert werden können, soll hier nicht eingegangen werden. Hierzu bedarf es einer besonderen Betrachtung. Wir halten eine Variierung für systemgerecht; sie erweitert den Spielraum der Selbstverwaltung.

Tabelle 7:

Größenordnungen über die Steuermasse der Region
(einschließlich der Gemeinden) —

Alle Zahlen nur ganz grob gerundet — z. T. auf Grund von allerdings fundierten
Schätzungen —

	Preisbasis 1969		darunter ländlicher
	BRD in Mrd. DM	DM je Einwohner	Raum (hier etwa 30 Mio. Einwohner)
A. *Realsteuern*			
1. Grundsteuer A	0,6	10	(16)
2. Grundsteuer B	3,6	60	(45)
3. Kraftfahrzeugsteuer	4,8	80	(74)
4. Gewerbesteuer	8,4	140	(103)
A. *Realsteuern*	17,4	290	(238)
B. *Ertragsgebundene Steuern*			
5. Gemeinde-Einkommensteuer	10,5	170	(136)
C. *Steuern auf Geschäftsvorgänge*			
6. Regionsumsatzsteuer	6,0	100	(76)
Insgesamt	43,9	560	(450)

Wie aus der Aufstellung hervorgeht, läßt sich die kommunale Steuermasse, wenn das Institut der Region zwischengeschaltet wird, von derzeit, d. h. 1969, rund 270 DM auf etwas mehr als das Doppelte, auf 560 DM, erweitern. Auf diese Weise könnten die Zuweisungen auf diejenigen Fälle reduziert werden, die weder über einen regionsinternen Ausgleich noch durch sonstige Regelungen allgemeiner Art zu bewältigen sind. Ein gewisser Spielraum liegt auch noch in der Erhöhung der speziellen Deckungsmittel, etwa beim Wassergeld u. ä. Einschließlich desselben (und sonstiger Einnahmen) wäre es möglich, die kommunale Finanzmasse — real, ohne Finanztransaktionen wie Rücklagen usw. — auf das Niveau anzuheben, das wir an anderer Stelle mit rund 900 DM angegeben haben.

5. Darstellung Nr. 5:

Ermittlung des Steueraufkommens für ausgewählte Strukturtypen — auf Regionsbasis

In Anknüpfung an die Ausführungen in Darstellung 3 und 4 wird hier gezeigt, wie sich das Steueraufkommen über die Ableitung von einigen Grunddaten für einige Strukturtypen, wie sie im ländlichen Raum vorkommen oder möglicherweise vorkommen könnten, bestimmen läßt.

Zu den Strukturtypen ist das Nähere gesagt in einer bisher noch nicht veröffentlichten Schrift: „Methoden zur Ermittlung von Wirtschaftskraft und Finanzkraft von Regionen."

Aufgeführt werden in den Tabellen 8 und 9 die folgenden Strukturtypen:

A) Als Beispiele für den ländlichen Raum

I. Als Idealtyp, der zwar in dieser Reinheit auf Regionsbasis in der BRD nicht vorkommt, aber eine wichtige Orientierungsgrundlage bildet: „Reine" Agrarregion, d. h. der Agrarsektor, mit recht ertragreichen Betrieben und mit viel Intensivkulturen, bildet das einzige „Fundament" für die Existenz der ganzen Bevölkerung; dementsprechend ist die Industrie ausschließlich agrarbedingt (Weiterverarbeitung usw.).

II. Strukturschwache Agrarregion, ergänzt durch Fremdenverkehr und Rentner (der einfachen Klasse) und fremddirigierte Filialbetriebe der verarbeitenden Industrie.

III. Leistungsschwache Mischstruktur: Industrie vorwiegend mit fremddirigierten Filialbetrieben vorherrschend, auf der ehemaligen Basis eines leistungsschwachen Agrarsektors, wenig überregionale Tertiäre. Überkommene Agrarbasis strukturschwach.

IV. Leistungsstarke Mischstruktur: Industrie mit eigenständigen Firmen (Management in der Region), Einrichtungen des überregionalen Tertiärsektors (Hochschule usw. wohlhabende Rentner). Überkommene Agrarbasis leistungsstark.

B) Übergang vom ländlichen Raum in den städtischen Raum

V. Industrieregion: mit vielseitiger Industrie, teilweise fremddirigiert, mittelmäßige Ertragskraft, Agrarsektor nur noch schwach vertreten.

C) Demgegenüber als Beispiel für den *städtischen Raum:*

VI. Ballungsgebiet mit leistungsstarker Metropole (Spitzenmanagement in Industrie und Tertiärsektor).

IV. Zusammenfassung

I

1. In der (beruflich) sektoralen Struktur findet, seit etwa 15 Jahren stark beschleunigt, ein Prozeß der Angleichung des ländlichen Raumes an den städtischen Raum statt. In der Öffentlichen Leistungswirtschaft (ÖLW), d. h. in der Deckung des Bedarfs an öffentlichen Leistungen, fühlt sich der ländliche Raum durch allerhand Rückstände gegenüber dem städtischen Raum noch benachteiligt. Angestrebt wird daher eine „Gleichwertigkeit". Gleichartigkeit kann wegen der unvermeidbar verbleibenden Unterschiede in Bevölkerungsdichte und Siedlungsform naturgemäß nicht in Frage kommen.

2. Eine Gleichwertigkeit zu konkretisieren und zu quantifizieren ist wegen der fließenden Übergänge zur Erwerbswirtschaft und zu karitativ-humanitären Organisationen außerordentlich schwierig. Dabei ist die ÖLW in den Haushalten der Gebietskörperschaften sehr ungleichartig ausgebracht, je nachdem direkt mit Bruttobeträgen oder, soweit über ausgegliederte Träger (Bundesbahn, Bundespost, Gesellschaften des Handelsrechts, Stiftungen u. ä.) laufend, mit Nettobeträgen. Dabei gibt es im räumlichen Wirkbereich vielerlei Überschneidungen (Beispiel: Der Bund bedient über die Bundespost den Bürger bis zum Ortsbereich hinab).

3. Dem Prinzip der Gleichwertigkeit dürften am ehesten die *Bruttobeträge* der tatsächlichen Aufwendungen entsprechen. Dabei ist, mangels vergleichbarer Zahlen in der offiziellen Finanzstatistik, auszugehen von dem Umfang der *realen* Leistungen der ÖLW, und zwar in der systemgemäßen Begrenzung auf diejenigen Sachbereiche, wo das öffent-

Tabelle 8:

Struktur	Typ 1 Bip Mio. DM	Typ 1 Ak 1000	Typ II Bip Mio. DM	Typ II Ak 1000	Typ III Bip Mio. DM	Typ III Ak 1000	Typ IV Bip Mio. DM	Typ IV Ak 1000	Typ V Bip Mio. DM	Typ V Ak 1000	Typ VI Bip Mio. DM	Typ VI Ak 1000
1. Agrarsektor	800	35	240	20	165	12	270	15	160	10	300	15
Bip/ha 1000 DM	1,25		0,60		0,55		1,10		0,80		1,50	
Bip/Ak 1000 DM	23,0		12,0		14,0		18,0		16,0		20,0	
2. Industrie	200	6	400	19	920	40	970	31	1 940	66	6 700	190
Bip/Ak 1000 DM	33,0		21,0		23,0		31,3		29,4		35,3	
3. Überregionale Tertiäre	80	3	140	9	55	3	560	20		4	5 800	175
3. a) gewerbesteuerpflichtig		(1)		(4)		(2)		(8)		(2)		(90)
b) Bip/Ak 1000 DM	27,0		15,0		18,0		28,0		25,0		33,1	
4. Fernbedarf (= 1 bis 3)	1 080	44	780	48	1 140	55	1 800	66	2 200	80	12 800	380
5. Nahbedarf	1 120	45	620	37	1 060	55	2 000	84	2 200	90	15 200	470
5. a) darunter gewerbesteuerpflichtig	(34,0)		(26,0)		(42,0)		(64)		(70)		(360)	
6. Bip/Ak (von 5.) 1000 DM	(25,0)		(17,0)		(19,5)		(23,8)		(24,4)		(32,3)	
7. (= 5:4) Nahbedarf/Fernbedarf	1,04 und 1,02		0,75 und 0,77		0,93 und 1,00		1,11 und 1,27		1,00 und 1,125		1,19 und 1,23	
8. Summe 4+5	2 200	89	1 400	85	2 200	110	3 800	156	4 400	170	28 000	850
9. Erwerbsquote	ca. 42%		38,8%		44%		39,5%		43%		42%	
10. Bevölkerung in 1000		210		220		250		380		400		2 000
11. Fläche qkm	6 000		4 000		3 000		2 500		2 000		2 000	
12. Einw./qkm (= 11/12)	35		55		83		152		200		1 000	
13. Bip/Einw. (= 9/11)	10,5		6,36		8,40		10,00		11,00		14,00	
14. Einkommen/Ak 1000 DM	18,5		12,70		13,70		20,20		19,40		25,60	
15. 1:9 Agrarquote Agrar/Bip %	36,5%		17%		8%		7%		3,5%		1%	

Bip = Bruttoinlandprodukt in Mio. DM   Ak = Vollbeschäftigte in 1000

Tabelle 9:

Aufkommen an regionsbestimmten Steuern	Typ I Mio. DM	Typ II Mio. DM	Typ III Mio. DM	Typ IV Mio. DM	Typ V Mio. DM	Typ VI Mio. DM
1. Grund A	30	10	5	10	7	14
DM/ha	50	25	25	40	35	70
DM/Einwohner	143	46	20	26	17	7
2. Grund B	9	7	9	20	18	156
DM/Einwohner	44	32	36	52	45	78
3. Kfz	18	15	18	31	30	170
DM/Einwohner	85	68	72	82	75	85
4. Gewerbe	15	15	27	42	56	284
darunter Fern (2+3a)*	$7 \times 500 = 3$	$23 \times 360 = 8{,}4$	$42 \times 380 = 16$	$39 \times 520 = 20$	$68 \times 480 = 32{,}6$	$280 \times 550 = 154$
Nah (5a)*	$34 \times 340 = 12$	$26 \times 250 = 6{,}5$	$42 \times 280 = 11$	$64 \times 350 = 22$	$70 \times 340 = 23{,}8$	$360 \times 360 = 130$
DM/Einwohner	71	69	107	110	140	142
5. Einkommen	26	17	23	59	53	168
DM/Einwohner	125	78	94	156	132	184
6. Umsatz aus Nahbedarf	16	11	15	32	31	250
DM/Einwohner	75	48	60	84	78	125
7. Insgesamt (1 bis 6)	114	75	97	194	195	1 242
DM/Einwohner	543	341	389	510	487	621

* Zahl der Ak mal ($\times$) Betrag in DM je Ak = Aufkommen.

liche Interesse, mangels Eignung des erwerbswirtschaftlichen Weges, aus mannigfachen Gründen, u. a. auch wegen der „Wirtschaftlichkeit" wie beim Anschlußzwang der Versorgung, den Einsatz von öffentlichem Zwang erfordert.

4. Gegenüber der gesamten öffentlichen Tätigkeit ist die (normale) ÖLW einzuengen auf die Leistungen, die unmittelbar im Dienst der Allgemeinheit der Bürger, sozusagen der „Normalverbraucher", stehen. Um deren Bedürfnisse zu decken, reichen üblicherweise die Einrichtungen und Leistungen aus, wie sie bis zur Stufe einer Region (oder je nach den Definitionen auch einer kleinen Oberregion) mit in der Regel 300 000 bis 600 000 Einwohnern dargeboten werden. Auszuklammern sind Spitzenleistungen und solche Einrichtungen, die sich — sei es auf hoher Stufe wie Forschungsanstalten, sei es auf der örtlichen Stufe wie der Gemeindebulle — auf die Erfüllung von besonderen Fachzwecken beschränken.

5. Im obigen Sinne sind zur ÖLW zu rechnen:

a) im Technischen Bereich: Anlagen des Regional- und Ortsverkehrs (auch in Ballungsgebieten) mit anteiliger Zurechnung bei Mehrzweckanlagen, Verteileranlagen in der Energieversorgung (ohne Fernleitungen mit $>$ 110 VO), Versorgung und Entsorgung beim Wasser, Müllbeseitigung, Friedhöfe, Feuerschutz u. ä.;

b) im Humanbereich: Unterrichtswesen (einschließlich Nachwuchsausbildung für den Normalverbraucher), Kindergarten u. a. m., Altenpflege sowie Sport, Anlagen des Gesundheitswesens, etwa bis zum Schwerpunktkrankenhaus.

6. Als Größenordnungen für die ÖLW lassen sich — u. a. auf Grund von Arbeiten der Agrarsozialen Gesellschaft ganz grob und mangels verbindlicher Angaben durch systematische Untersuchungen nachprüfen — zum Preisniveau 1969, also noch vor dem Ruck nach oben, anführen:

Grundausstattung (Neuwert)	11 000 DM
davon jährlich als Ersatz und zur technischen Anpassung zu investieren	500 DM
Laufender Betriebsaufwand, insbesondere für Personal	1 800 DM
davon zu decken durch spezielle Entgelte aus gebietskörperschaftliche Haushalten	850 DM

II.

(1) Vor dem Krieg bestand in der ÖLW zwischen städtischem Raum und ländlichem Raum eine klare Polarität — dort volle Eingliederung in den geldlichen Wirtschaftskreislauf mit marktähnlichem Entgelt für jede Leistung, auch für den Anschluß ans Kanalnetz, hier noch weitgehende Selbstversorgung außerhalb des Geldkreislaufs, wie Ehrenamt, Frondienst, Zuführung der Abwässer und Abfälle über Kompostierung und Versickerung in den eigenen Boden — („Nichtkanalisierter" Einwohner nach *Popitz*). Etwaige Entgelte wie für Schuldienst, Polizei waren dem niedrigen Lohnniveau des ländlichen Raumes angepaßt (Ortsklassen!). Der ländliche Raum war in jedem Fall andersartig als der städtische Raum und je Kopf u. a. wegen der Ausschaltung von Zwischengliedern wesentlich billiger, was nicht überall als Mangel empfunden zu werden brauchte.

Für den geldlichen Umfang der ÖLW waren im ländlichen Raum die natürlichen und agrarstrukturellen Ertragsbedingungen der Landwirtschaft maßgebend; ertragreiche Gebiete, wie die Marschen in Schleswig-Holstein, konnten sich, weil, agrarbedingt, auch die Grundlage für ein leistungsstarkes Gewerbe gegeben war, einen hohen Standard leisten, der den in manchen Industriezonen übertraf; Kümmergebiete in industriearmen Mittelgebirgszonen wie in Eifel und Rhön mußten sich im Hinblick auf das extrem niedrige

Steueraufkommen, soweit der Staat nicht einsprang, mit einem niedrigen Standard bescheiden. Demnach bestand auch innerhalb des ländlichen Raumes zwischen reich und arm ein starkes Gefälle.

(2) Von dem Wandel, der nach dem Krieg sektoral und funktional im ländlichen Raum einsetzt, wird auch die ÖLW betroffen, allerdings auf der Ausgabenseite in anderer Weise als auf der Einnahmenseite.

1. Auf der Ausgabenseite wird die ÖLW mit der Verdrängung der selbstversorgenden Elemente fast restlos in den Geldkreislauf einbezogen (Kanalisierung, hauptamtlicher Bürgermeister, Hauptschulgebäude usw.). Quantitativ nähert sich der ländliche Raum dem städtischen Raum, bezogen auf die Regionsbasis, an. Die Bedingungen für die ÖLW sind im ländlichen Raum aber wegen der Kleinheit der Siedlungskörper u. ä., in einer arbeitsteiligen Wirtschaft, die große Einheiten erfordert, wesentlich ungünstiger. Die überkommene Siedlungsstruktur erweist sich mit dem Bedeutungsschwund und der betrieblichen Umstellung der Landwirtschaft als veraltet. Gleiche Leistungen sind zumeist kostspieliger als im städtischen Raum. Dies gilt vor allem für die wege- und leitungsgebundenen Darbietungen.
Dieser Sachverhalt wird großenteils dadurch verdeckt, daß die Aufwendungen nicht über die kommunalen Gebietskörperschaften ausgewiesen werden, sondern untergehen in den Gesamthaushalten der übergeordneten Gebietskörperschaften oder in den Betriebsrechnungen der ausgegliederten Unternehmen wie Bundespost, Elektrizitätsversorgungsgesellschaften. In beiden Fällen werden die im ländlichen Raum entstehenden Defizite von den Einwohnern derjenigen Gebiete getragen, die für die Darbietung günstigere Bedingungen bieten, d. h. vom städtischen Raum.

2. Auf der Einnahmenseite sind zwar die Beträge, die die Bevölkerung des ländlichen Raumes aufbringt, im Zuge des Strukturwandels ebenfalls stark gewachsen, aber längst nicht in dem Maße, wie es notwendig wäre, um den geldlichen Mehraufwand, der durch den Ersatz der Selbstversorgung entsteht, auszugleichen. Bezogen auf den Kopf der Bevölkerung des ländlichen Raumes sind die von der Allgemeinheit zu deckenden Defizite überproportional gestiegen.
Der hauptsächliche Grund für die Diskrepanz, die sich im ländlichen Raum zwischen Ausgaben und Einnahmen ergibt, liegt darin, daß sich der Strukturwandel sektoral und funktional auf solche Elemente beschränkt, die — abgesehen von der Landwirtschaft selbst — steuerlich ebenfalls wenig ergiebig sind. Daran kann selbst eine über die Beschränkung auf die Proportionalzone gezielt wirkende Nivellierung in der Gemeindeeinkommensteuer wenig ändern. Denn der meist an sich erfolgreiche Ansatz von Industriebetrieben beschränkt sich auf die reine Fertigung, während sich das gehobene und damit steuerergiebige Management auf den städtischen Raum konzentriert. Der Fremdenverkehr und die Wohnsitznahme von Rentnern erbringen, außerhalb der Gebiete des Prominenztourismus, wegen der niedrigen Pensionspreise ebenfalls wenig Steuern. Tagesausflüge von „Picknickern" verursachen dem ländlichen Raum mehr an Lasten als an Einnahmen. Das der laufenden Versorgung von Bevölkerung und Landwirtschaft dienende Gewerbe ist, z. T. als Folge des Zurückbleibens der landwirtschaftlichen Erlöse, übersetzt und steuerlich überwiegend in der Freizone.

(3) Zur Zeit gibt es kaum Anzeichen dafür, daß sich an dem Gefälle, das am Aufkommen an Steuern nach wie vor zwischen dem städtischen Raum und dem ländlichen Raum besteht, Wesentliches ändern wird. Eine gründliche Beobachtung der Vorgänge ist angebracht.

Raumrelevante Einflüsse aus der Steigerung der Produktivität der Landwirtschaft und ihrer begrenzten Absatzmöglichkeiten

von

Günther Thiede, Luxemburg

I. Problemstellung

Bei der Aufstellung von Leitsätzen für die Entwicklung ländlicher Räume muß, im Rahmen des Möglichen, die wahrscheinliche Entwicklung der landwirtschaftlichen Erzeugung und ihres Absatzes berücksichtigt werden. Angebot und Nachfrage wirken sich auch auf die Landnutzung aus, und zwar entweder direkt oder über agrarpolitische Lenkungsmaßnahmen, die insbesondere Intensität und Richtung des landwirtschaftlichen Erzeugungsprozesses beeinflussen. Zugleich wirken weitere Triebkräfte, die — allgemein gesprochen — aus der volkswirtschaftlichen Entwicklung resultieren und die im besonderen Falle des landwirtschaftlichen Erzeugungsprozesses gerade durch den technischen Fortschritt gekennzeichnet sind.

Bei der Interdependenz dieser verschiedenartigen, zum Teil sehr spezifischen und auch gegenläufigen Triebkräfte dürfte es kaum möglich sein, gesicherte quantitative Voraussagen über die wirkliche zukünftige Entwicklung der Nutzung unseres Bodens zu machen.

Dennoch sind Raumforschung und Landesplanung auf gewisse qualitative und möglichst auch auf zumindest grob quantitative (d. h. zumindest die Entwicklungs*tendenz* wiedergebende) Bewertungen angewiesen. Dabei stellt sich — vor allen anderen Überlegungen — zunächst einmal die Frage, ob in den Zeiträumen, die für die Planungsarbeiten relevant sind, die Bodennutzung für landwirtschaftliche Zwecke im bisherigen Umfange erhalten bleibt oder ob — evtl. sogar ganz einschneidende — Veränderungen zu erwarten sein werden.

Sollte letzteres der Fall sein, ist unter Umständen eine völlig andere Flächennutzung vorzusehen. Dabei müssen dann für jene Flächen, die nicht mehr der landwirtschaftlichen Nutzung unterworfen sein werden, andere Nutzungen eingeplant werden. Dies kann in mehr landwirtschaftlich geprägten Gebieten zu völlig anderen Strukturen mit ganz entscheidenden Konsequenzen führen.

Ob es sich bei diesen Aspekten mehr um theoretische Überlegungen handelt, oder ob unter Umständen sogar mit ganz erheblichen Flächenverschiebungen gerechnet werden muß, soll der nachstehende Beitrag untersuchen.

Dabei wird von der bisher erkennbaren Situation und den — nach heutiger Kenntnis — mit großer Wahrscheinlichkeit zu erwartenden Entwicklungstendenzen ausgegangen. Diese sind natürlich durch politische Eingriffe in gewissem Umfange veränderbar, aber kaum vorauszusehen. Als Beispiel ist die Austauschbarkeit von selbsterzeugtem Futter und eingeführtem Futter zu erwähnen: Durch agrarpolitische Maßnahmen (z. B. Einführung von Abschöpfungen) könnten die Flächenansprüche zur Futterversorgung aus der eigenen Scholle stark erhöht werden. Auch sind politische Beschlüsse — obwohl sie zur Zeit gleichfalls nicht zu erwarten sind — bezüglich einer wesentlichen Forcierung der Agrarexporte oder der Nahrungsmittellieferungen an Entwicklungsländer nicht völlig auszuschließen. Schließlich ist zu erwähnen, daß Innovationen in der Technik (z. B. durch neue Erfindungen oder durch die starke Verwendung von synthetischen Erzeugnissen als Substitution von Nahrungs- und Futtermitteln) zu völlig neuen Situationen führen können.

Bei der Abwägung der künftigen Produktions- und Verbrauchsstruktur bei landwirtschaftlichen Erzeugnissen kommt es zunächst darauf an, die wichtigsten Triebkräfte bezüglich ihres wahrscheinlichen Einflusses gesondert zu untersuchen. Die Absatzmöglichkeiten werden in erster Linie durch die Zunahme der Bevölkerung, durch quantitative und qualitative Wandlungen im Pro-Kopf-Verbrauch und durch die Absatzmöglichkeiten außerhalb der eigenen Grenzen bestimmt. Produktionsveränderungen und zukünftiges Produktionsvolumen unterliegen dagegen dem Einfluß von vielen weiteren Faktoren. Diese können im wesentlichen unter zwei Hauptgruppen zusammengefaßt werden: Wandlungen im technischen Fortschritt des reinen Erzeugungsprozesses und Wandlungen in der Struktur der Produktionsbetriebe.

Da die Bundesrepublik mehr und mehr in die Europäische Gemeinschaft hineinwächst, wird es als richtig angesehen, die Beurteilung der möglichen Entwicklungstendenzen nicht auf die Grenzen der Bundesrepublik zu beschränken, sondern darüber hinaus auch in den Rahmen der Gemeinschaft[1]) zu stellen. Dies ist um so mehr erforderlich, als viele Aspekte der landwirtschaftlichen Produktionspolitik nicht mehr isoliert im nationalen Rahmen gelöst werden und sich somit auf den viel größeren EWG-Raum auswirken oder in Zukunft verstärkt auswirken werden. Hinzu kommt, daß die derzeitige Agrarmarktpolitik zwar die nationalen Grenzen zwischen den EWG-Partnern niedergerissen, dafür aber an den Außengrenzen der Gemeinschaft bestimmte Barrieren errichtet oder verstärkt hat. Der derzeitige und vor allem der zukünftige Absatz orientiert sich in diesem vergrößerten Raum. Daher muß die Untersuchung in starkem Maße auf die Produktions- und Absatzverhältnisse der Gemeinschaft Rücksicht nehmen.

II. Wandel der Absatzmöglichkeiten

1. Der Bevölkerungszuwachs

Während die der land- und forstwirtschaftlichen Nutzung zur Verfügung stehende Bodenfläche im allgemeinen nahezu gleichbleibt, wächst die Bevölkerung der Welt stetig und mit beachtlichen Steigerungsraten. Der Ausgang des Wettlaufes zwischen landwirtschaftlicher Erzeugung und Bevölkerungszuwachs wird dabei oftmals sehr unterschiedlich beurteilt. Die Urteile reichen von Pessimismus bis Optimismus. Diese grundsätzliche Widersprüchlichkeit beruht jedoch in vielen Fällen auf unterschiedlichen Prämissen, und sie ist auch zu einem großen Teil dadurch zu erklären, daß sich die Untersuchungen auf unterschiedliche geographische Räume beziehen, in denen der Lebensstandard der Bevölkerung und das Niveau der landwirtschaftlichen Erzeugung außerordentlich verschieden sind. Mitteleuropa weist naturgemäß als entwickelte Industrielandschaft ganz andere Voraussetzungen auf als die Entwicklungsländer. Für die Zwecke von Raumforschung und Landesplanung kommt es daher darauf an, die in diesem Teil der Erde vorzufindende Struktur und zu erwartende Dynamik zugrunde zu legen.

Von 1950/51 bis 1968/69, also in 18 Jahren, ist die in der Europäischen Wirtschaftsgemeinschaft zu versorgende Bevölkerung von 158 auf 187 Millionen Personen angestiegen. Der Anstieg um 29 Millionen Personen (nahezu die Hälfte der Bevölkerung, die

---

[1]) Durch die mögliche Erweiterung der Gemeinschaft dürften sich zwar einzelne Akzente verschieben, nicht aber die hier aufgezeichneten Grundlinien der erwarteten Entwicklung.

heute in der Bundesrepublik lebt!) bedeutet einen Zuwachs um insgesamt 18 v. H. oder von 0,9 v. H. je Jahr (berechnet nach der Zinseszinsformel). Entsprechende Zahlen über die Steigerung des Volumens der landwirtschaftlichen Erzeugung liegen für einen derart längerfristigen Zeitraum für die Wirtschaftsgemeinschaft leider nicht vor.

Es gibt aber Berechnungen für einen 8-Jahres-Abschnitt, bei denen Durchschnittszahlen gegenübergestellt werden, die sich auf Mehrjahresdurchschnitte um 1958/59 und um 1966/67 beziehen und aus denen hervorgeht, daß der Erzeugungszuwachs wesentlich stärker gewesen ist, nämlich 3 v. H. jährlich. Weitere Einzelheiten werden in Abschnitt III/1 behandelt.

Dabei ist hervorzuheben, daß in allen EWG-Ländern jedes Jahr bestimmte Flächen der landwirtschaftlichen Nutzung entzogen und für die Besiedlung, zur Verkehrserschließung, als Erholungsgebiet usw. verwendet werden, brachliegen oder als ärmliches Dauergrünland nicht mehr genutzt werden. Neulandgewinnung sowie Kultivierung von Moor- und Heideflächen sind wesentlich geringer als dieser „Verlust" an landwirtschaftlichem Kulturboden. Auch ist hervorzuheben, daß in fast allen EWG-Ländern die Forstflächen auf Kosten der landwirtschaftlichen Flächen erweitert worden sind.

Per Saldo verliert die EWG-Landwirtschaft jedes Jahr einige hunderttausend Hektar landwirtschaftlicher Nutzfläche. Wirklich vergleichbare Statistiken mit zuverlässigen Zahlen gibt es allerdings hierüber nicht; doch handelt es sich jährlich um Flächen, die zwischen 0,2 bis 0,5 v. H. der noch vorhandenen landwirtschaftlichen Flächen ausmachen.

Die Folge ist ein, wenn auch sehr langsamer, Schwund an landwirtschaftlicher Fläche, der — kombiniert mit dem Ansteigen der Bevölkerungszahlen — zu einer sichtbaren Verringerung der Nahrungsfläche je Einwohner geführt hat (Tabelle 1).

Tabelle 1:

Nahrungsfläche in Ar je Einwohner 1950 und 1968

	1950	1968	Rückgang
Frankreich*)	80	66	(— 14)*)
Luxemburg	49	40	— 9
Italien	42	36	— 6
Deutschland	28	23	— 5
Niederlande	23	18	— 5
Belgien	21	17	— 4
EWG	45	37	— 8

*) Durch Änderung der Definitionen errechnet sich statistisch ein überhöhter Rückgang der Nahrungsfläche.

Anmerkung: Der Begriff „Nahrungsfläche" bezieht sich auf die landwirtschaftliche Nutzfläche der einzelnen Mitgliedstaaten, die nicht immer gleichmäßig definiert wird, insbesondere nicht im Vergleich zwischen beiden Untersuchungszeiträumen.

Diese Entwicklung wird sich weiter fortsetzen, und zwar vermutlich in noch verstärktem Umfang. Der Produktivitätszuwachs der Landwirtschaft ist aber überproportional groß. Die Erzeugung je Flächeneinheit steigt sehr viel stärker, und die Verhältnisse haben sich umgedreht: Nicht mehr der Verbraucher sorgt sich, nämlich um seine Versorgung mit Nahrungsmitteln, sondern der Landwirt, nämlich um den Absatz seiner Erzeugnisse.

2. Der zukünftige Nahrungsverbrauch (Pro-Kopf-Verbrauch)

Da der Nahrungsaufnahme natürliche Grenzen gesetzt sind, wird der Absatz der landwirtschaftlichen Erzeugung — soweit sie der menschlichen Ernährung dient — entscheidend von dem Niveau des Nahrungsverbrauches bestimmt. Unter den Verhältnissen Mitteleuropas ist heute bereits weitgehend eine Sättigung erreicht, die in der Größenordnung von 3 000 Tageskalorien (Verbrauchskalorien) je Kopf liegt.

Zusätzliche Absatzchancen für die Landwirtschaft sind kaum noch in einer (zusätzlichen) Nahrungsaufnahme des einzelnen gegeben. Wohl aber bringt die — vorläufig noch andauernde — Umschichtung in der Zusammensetzung des individuellen Nahrungsverbrauches gewisse ergänzende Absatzmöglichkeiten, da bei dem Umwandlungsprozeß von pflanzlichen Erzeugnissen in höherwertige tierische Erzeugnisse in beachtlichem Umfang ursprüngliche Kalorien der landwirtschaftlichen Urproduktion verlorengehen.

Zusätzliche Absatzchancen ergeben sich allerdings nicht unbeschränkt, sondern nur solange sich noch der Trend zur Beschränkung des Verbrauches von pflanzlichen Erzeugnissen, besonders an kohlehydratreichen Grundnahrungsmitteln, und — damit verbunden — zur Ausdehnung des Verbrauches von eiweißhaltigen tierischen Erzeugnissen fortsetzt.

Der bereits erwähnte natürliche Zuwachs der Bevölkerung wirkt sich hingegen direkt auf die Verbesserung der Absatzchancen der Landwirtschaft aus. Er ist für Mitteleuropa sogar von wesentlich größerer Bedeutung als die Qualitätsverbesserung im Nahrungsverbrauch.

Nach Untersuchungen für die Europäische Wirtschaftsgemeinschaft[2]), die sich über eine Zeitspanne von acht Jahren erstrecken (von einem Fünfjahresdurchschnitt um 1958/59 bis zum Dreijahresdurchschnitt um 1966/67), die sich ausdrücklich auf Naturalwerte der landwirtschaftlichen Erzeugung beziehen und die damit den Nutzeffekt für die Landwirtschaft wiedergeben, wurde der Nahrungsverbrauch in der Gemeinschaft um 38,5 Mio. t Getreideeinheiten (G.E.) oder um 22 v. H. erweitert.

Darin schlägt allerdings die außerordentlich hohe Steigerung des Pro-Kopf-Verbrauches in Italien stark durch. Das Verbrauchsniveau Italiens liegt noch immer weit unter dem seiner Partner; die Steigerungsraten sind daher für dieses Land besonders groß. Ohne Berücksichtigung Italiens sind für die anderen fünf EWG-Länder zusammengenommen innerhalb von acht Jahren nur 25,4 Mio. t G.E. mehr verbraucht worden, was einer Steigerungsrate von 17 v. H. entspricht.

In der gleichen Zeit erhöhte sich die Einwohnerzahl der fünf Länder um knapp 12 Mio. Personen oder um 10 v. H. Daraus geht hervor, daß der größte Teil des bereits genannten Verbrauchszuwachses (um 17 v. H.) durch die Bevölkerungsvermehrung (10 v. H.) verursacht wurde.

Im einzelnen ist der Mehrverbrauch jedes Landes an Nahrungsmitteln innerhalb des Abschnittes von acht Jahren schätzungsweise auf folgende Ursachen zurückzuführen (abgerundete Aufteilung in v. H.):

	Bevölkerungs-vermehrung	„Erhöhung" des Pro-Kopf-Verbrauches
Niederlande	70	30
Frankreich	55	45
BR Deutschland	50	50
Belgien-Luxemburg	45	55
Italien	20	80

---

[2]) G. Thiede: Die Versorgungslage der EWG mit landwirtschaftlichen Erzeugnissen. In: Berichte über Landwirtschaft, Heft 2/1970, S. 227—275.

In diesem Zusammenhang ist nicht nur erneut auf Italien zu verweisen, sondern besonders auch darauf, daß die „Erhöhung" des Pro-Kopf-Verbrauches[3]) fast ausschließlich durch das starke Vordringen eines einzigen Nahrungsmittels verursacht worden ist, nämlich des Fleisches. Berechnet man den Mehrverbrauch an Nahrungsmitteln je Einwohner in kg G.E. (dies geschieht ausdrücklich in G.E., um den Effekt für die Landwirtschaft beurteilen zu können) während der betrachteten acht Jahre, so ergeben sich folgende Steigerungssätze:

	Fleisch	Alle übrigen Nahrungsmittel
Italien	+ 120 kg G.E.	+ 75 kg G.E.
Frankreich	+ 100 kg G.E.	+ 5 kg G.E.
BR Deutschland	+ 85 kg G.E.	+ 10 kg G.E.
Belgien-Luxemburg	+ 65 kg G.E.	+ 20 kg G.E.
Niederlande	+ 65 kg G.E.	— 15 kg G.E.

Tatsächlich ist also der Mehrabsatz an landwirtschaftlichen Erzeugungseinheiten, soweit er einer Steigerung des Pro-Kopf-Verbrauches zugeordnet werden kann, fast ganz allein auf die starke Vermehrung des Fleischverbrauches zurückzuführen. Nach einem Zuwachs in dreizehn Jahren (von 1955/56 bis 1968/69) um 13,4 kg je Kopf hat der Fleischverbrauch im Durchschnitt der EWG jetzt 73,7 kg je Einwohner und Jahr (BR Deutschland 80,3 kg) erreicht. Diese starke Aufwärtsentwicklung kann nur noch für eine begrenzte Zeit andauern.

Auch für den Genuß von Fleisch wird die Sättigungsgrenze bald erreicht sein, so daß die Landwirtschaft nur noch in begrenztem Umfang mit weiteren Absatzsteigerungen auf Grund des größeren Wohlstandes und des damit verbundenen Mehrverbrauches von höherwertigen Nahrungsmitteln rechnen kann. Eine Erweiterung ihres Absatzes ist dann nur noch — wenn man von den begrenzten Möglichkeiten der Exportsteigerung absieht (siehe folgendes Kapitel) — auf Grund der Vermehrung der Bevölkerung möglich.

3. Absatzmöglichkeiten außerhalb der eigenen Grenzen

Die ökonomische Grundidee des Gemeinsamen Marktes ist in dem vergrößerten Wirtschaftsraum und in einer Arbeitsteilung der Regionen zu suchen. Durch die Abschaffung der Grenzen konkurrieren die einzelnen Regionen innerhalb dieses vergrößerten Marktes um den Absatz ihrer Erzeugnisse. Sobald jedoch mehr erzeugt wird, als der EWG-Markt dauerhaft aufnehmen kann, muß der Absatz außerhalb der Grenzen der Gemeinschaft gesucht werden. Ist dieser Absatz nicht in vollem Umfang möglich, muß nach den Gesetzen der Marktwirtschaft die Erzeugung entsprechend gedrosselt werden. Geschieht das nicht, fallen entsprechende Überschüsse an.

Alle Überlegungen über die künftige Gestaltung ländlicher Räume können an diesen Tatsachen nicht vorbeigehen. Es ist zu fragen, ob die Gemeinschaft in der Lage sein wird, einen nennenswerten Teil ihrer eventuellen landwirtschaftlichen Überschüsse außerhalb ihrer Grenzen abzusetzen.

Die Beantwortung hängt naturgemäß davon ab, wie die agrarpolitische Konstellation innerhalb und außerhalb der Gemeinschaft beurteilt wird. Die Gemeinschaft gewährt

---

[3]) Die „Erhöhung" umfaßt nicht nur den Mehrverbrauch an gleichartigen Nahrungsmitteln, sondern auch die Bevorzugung höherwertiger Nahrungsmittel auf Kosten von solchen geringeren Nährwertgehaltes.

ihren landwirtschaftlichen Erzeugern z. T. ganz erhebliche finanzielle Unterstützungen, so wie übrigens praktisch alle entwickelten Staaten der Welt. Das innergemeinschaftliche Preisniveau für landwirtschaftliche Erzeugnisse liegt in vielen Fällen ganz erheblich über dem Niveau der sogenannten Weltmarktpreise. Dabei ist allerdings zu bedenken, daß diese sogenannten Weltmarktpreise in vielen Fällen staatlich manipuliert, d. h. künstlich verbilligt sind, um der Überschüsse der betreffenden Anbieterländer möglichst Herr zu werden.

Bisher ist die Gemeinschaft — wenn man alle landwirtschaftlichen Erzeugnisse zusammenrechnet (siehe Abschnitt III/1) — noch nicht per Saldo als Überschußgebiet für landwirtschaftliche Erzeugnisse zu betrachten. Die Entwicklung in der Vergangenheit wie auch die Aspekte für die Zukunft lassen es jedoch als außerordentlich wahrscheinlich, eigentlich als sicher, erscheinen, daß die eigene EWG-Produktion in absehbarer Zeit den eigenen Bedarf an landwirtschaftlichen Erzeugnissen überschreiten wird. Es ist sogar wahrscheinlich, daß die im folgenden Kapitel beschriebene Produktivitäts-Explosion so bedeutend sein wird, daß — ohne einschneidende Maßnahmen — beachtliche Überkapazitäten und Überschußproduktionen entstehen werden.

Falls es nicht gelingt, die damit entstehenden Überschüsse auf dem Weltmarkt unterzubringen, bleibt nur eine entsprechende Beschränkung der landwirtschaftlichen Produktionskapazität übrig, also letzten Endes auch eine Herausnahme von Flächen aus dem landwirtschaftlichen Produktionsprozeß. Leider muß aus der heutigen Kenntnis dieser vielfältigen Problematik die Möglichkeit des Absatzes von landwirtschaftlichen Erzeugnissen außerhalb der Gemeinschaft als wenig vielversprechend angesehen werden, insbesondere, wenn es sich um bedeutende Mengen handelt.

Hierfür spricht eine Reihe von Gründen. Zunächst einmal ist es erforderlich, die Exportmengen zu konkurrenzfähigen Preisen anzubieten, was nur durch entsprechende, d. h. sehr umfangreiche finanzielle (staatliche) Mittel möglich sein wird. Damit erhebt sich zunächst die Frage, ob es wirklich sinnvoll ist, alljährlich Steuermittel für die „künstliche" Verbilligung von landwirtschaftlichen Exportgütern aufzubringen und deren Höhe von dem Umfang der Produktionssteigerung bzw. der stark überproportional ansteigenden Exportspitze bestimmen und damit unter Umständen außerordentlich stark anschwellen zu lassen. Ist es nicht viel besser, das „Übel" an der Wurzel zu packen und mit (möglicherweise geringeren) Steuergeldern zu einer Umstruktuierung der Landwirtschaft, d. h. der bereits angedeuteten Flächenstillegung zu gelangen?

Für eine derartige Lösung spricht auch die Tatsache, daß in allen entwickelten Ländern der Welt die gleichen Probleme bestehen und daß sich damit die Absatzmöglichkeiten auf dem sogenannten Weltmarkt voraussichtlich eher verringern als wesentlich erweitern werden. Auf alle Fälle würde die EWG als neuer Anbieter letzten Endes auch erhebliche politische Widerstände zu überwinden haben, wenn sie dauerhafte größere landwirtschaftliche Überschußmengen außerhalb ihrer Grenzen unterzubringen sucht.

Auch eine Überschußverwertung im Rahmen von Hilfsaktionen für Entwicklungsländer oder in Katastrophenfällen dürfte keine dauerhafte und vor allem keine wirklich wirksame, d. h. durchschlagende Hilfe sein. Die hierfür erforderlichen finanziellen Mittel sind noch viel größer als bei den kommerziellen Exporten. Derartige Aktionen, so notwendig sie u. U. im Einzelfall sein werden, können keine grundsätzliche Lösung ergeben, zumal es sich — wegen der finanziellen Belastungen — voraussichtlich nicht um wirklich bedeutende Mengen handeln kann.

4. Der Engpaß bei den Absatzmöglichkeiten

Somit muß zusammenfassend festgestellt werden, daß die Landwirtschaft Mitteleuropas — langfristig gesehen — nicht mit einer entscheidenden Erweiterung ihrer Absatzmöglichkeiten rechnen kann.

Wenn die Bundesrepublik zur Zeit auch noch als Zuschußgebiet anzusehen ist und weniger Nahrungsmittel erzeugt als sie benötigt, so besagt dies im Zeichen der Weiterentwicklung des gemeinschaftlichen EWG-Marktes nicht sehr viel, da diese Versorgungslücke mit den anderen EWG-Partnern in einträchtiger Konkurrenz geteilt werden muß. Hinzu kommt, daß sich diese Lücke im Laufe der Zeit mehr und mehr verengen wird.

In der Umschichtung des Pro-Kopf-Verbrauches können nur noch für eine begrenzte Reihe von Jahren zusätzliche Absatzmöglichkeiten durch Bevorzugung eiweißhaltiger tierischer Erzeugnisse (die einen höheren landwirtschaftlichen Produktionsaufwand erfordern) und Verminderung von pflanzlichen Grundnahrungsmitteln angenommen werden. Die anschließend zu erwartenden weiteren Umwandlungen in der täglichen Nahrung werden vornehmlich der Ernährungsindustrie (z. B. durch weiter verbesserte Herstellung von vorgefertigten, gebrauchsfertigen Nahrungsmitteln) zugute kommen, dagegen nicht den landwirtschaftlichen Erzeugern.

Auch für den Absatz außerhalb der eigenen Grenzen sollte man sich keinen allzu großen Erwartungen hingeben, da einmal diese Märkte nur bedingt aufnahmefähig sind und Exporte zudem nur mit Hilfe von ganz erheblichen Exportbeihilfen oder anderen finanziellen Hilfen möglich sein werden. Es ist zweifelhaft, ob die dafür erforderlichen großen Geldbeträge bereitgestellt werden, wenn sich die Erkenntnis durchsetzt, daß eine grundlegende Reform der Landwirtschaft mit einer entsprechenden Produktionsbeschränkung nicht nur gesünder, sondern auch weniger kostspielig ist.

So bleibt der Landwirtschaft als wichtigste Quelle für eine Erweiterung ihres Absatzes die fortlaufende Erweiterung der zu versorgenden Bevölkerung. Die Steigerungsrate ist jedoch in Mitteleuropa verhältnismäßig gering. In den vergangenen zwanzig Jahren lag sie für die EWG bei weniger als einem Prozent jährlich. Daß sich diese Rate in der Zukunft wesentlich erhöhen wird, ist nicht wahrscheinlich. Eine Anpassung der künftigen landwirtschaftlichen Erzeugung an diesen Rhythmus wird sich — nach einer z. Z. noch nicht mit Sicherheit abzuschätzenden Übergangszeit — voraussichtlich kaum vermeiden lassen. Diese Anpassung bedeutet auch Stillegung von Bodenflächen, der Urquelle der landwirtschaftlichen Erzeugung. In welchem Umfang derartige Flächeneinschränkungen eingeplant werden müssen, hängt weitgehend davon ab, welches Tempo man bei der Verbesserung der Produktivität der Landwirtschaft für die Zukunft erwartet. Denn je mehr die Produktivität der landwirtschaftlichen Erzeugung steigt, um so stärker müßte zu dem Mittel des „Einfrierens" von Kapazitäten geschritten werden.

III. Wandel der Flächenproduktivität der Landwirtschaft

Die Steigerung der landwirtschaftlichen Erzeugung ist während der letzten 20 Jahre wesentlich schneller vor sich gegangen, als zu Beginn dieses Zeitraumes erwartet werden konnte. Unter Verwendung des „Gesetzes" des abnehmenden Ertragszuwachses der landwirtschaftlichen Produktion glaubte man ursprünglich an eine weniger starke Zunahme der Erträge je Flächen- oder Tiereinheit. Durch das Auftreten neuer, d. h. bis dahin nicht bekannter Impulse, die durchweg in neuen Produktionstechniken, Züchtungserfolgen usw. zu suchen sind, überstieg jedoch der Mehrertrag in der Praxis den theoretisch erwarteten Zuwachs oftmals ganz erheblich.

1. Steigerung der landwirtschaftlichen Erzeugung

Die landwirtschaftliche Erzeugung auf dem Gebiet der heutigen Bundesrepublik ist im Verlauf von 90 Jahren mehr als verdreifacht worden. Je Flächeneinheit gerechnet wurde die Erzeugung sogar vervierfacht. Dabei ist für die letzten 20 Jahre — also im Vergleich zur Situation um 1950, als der letzte Vorkriegsstand der Produktion wieder erreicht worden war — mit einer Steigerung um etwa 80 v. H. zu rechnen. Die durchschnittliche Erzeugungssteigerung lag demnach in der Nachkriegszeit jährlich bei etwas über 3 v. H. (Zinseszinsformel).

Die Tabelle 2 zeigt, daß die absolute Höhe der Zuwachsraten in Deutschland im Laufe des letzten Jahrhunderts — wobei die Kriegszeiten ausgenommen wurden — nicht abgenommen, sondern eher zugenommen hat.

Tabelle 2:

Jährlicher Zuwachs der landwirtschaftlichen Erzeugung in Deutschland seit 1883

Gebietsstand	Zeitraum*)	Zuwachs der Gesamterzeugung in v. H.**) je Jahr
Reichsgebiet v. 1913	1883—1911	1,8
Reichsgebiet v. 1937	1926—1936	2,3
Bundesgebiet	1950—1968	3,2

*) Bei den angegebenen Anfangs- und Endjahren handelt es sich zumeist um Mehrjahresdurchschnitte, in dessen Mitte die angegebenen Jahre liegen.
**) Berechnet nach der Zinseszinsformel.
Quelle: Umgerechnet nach Statistisches Jahrbuch über Ernährung, Landwirtschaft und Forsten.

Um die Jahrhundertwende lag die Steigerungsrate der landwirtschaftlichen Erzeugung in Deutschland bei jährlich 1,8 v. H., zwischen den beiden Weltkriegen bei 2,3 v. H. und heute bei über 3 v. H.

Neuere Berechnungen, die im Statistischen Amt der Europäischen Gemeinschaften durchgeführt wurden, beziehen sich auf die EWG-Länder. Allerdings umfassen sie nur einen verhältnismäßig kurzen Zeitraum (Vergleich der Mehrjahresdurchschnitte um 1958/59 und um 1966/67). Sie beziehen sich — im Gegensatz zu den bisher genannten Zahlen — auf die je Flächeneinheit erzeugte Menge. Bei der Umrechnung auf diese Bezugsgröße wird besonders deutlich, wie groß die Unterschiede in der Produktivität (bezogen auf die Fläche, die ursprünglich als einzige Quelle der landwirtschaftlichen Produktion angesehen wurde) zwischen den verschiedenartig entwickelten Ländern der EWG sind (Tabelle 3).

Diese Zahlen sind in mehrfacher Hinsicht aufschlußreich. Im Gegensatz zu einer weitverbreiteten Meinung zeigt es sich einmal, daß absolut die größten Zuwachsmengen von jenen Ländern (Niederlande, Belgien) erzielt worden sind, die bereits die weitaus höchsten Erträge aufzuweisen hatten. Zum anderen sind diese Zuwachsraten auch nach ihrem prozentualen Zuwachs als ziemlich bedeutsam anzusehen, da sie sich für einen Zeitraum von nur acht Jahren im Durchschnitt jedes Landes von jeweils 24 bis 36 v. H. bewegen. Im Mittel aller Länder wird ein jährlicher Produktionszuwachs von etwa 3 v. H. (Zinseszinsformel) erreicht. Damit wird die für die Bundesrepublik bereits erwähnte Zuwachsrate auch im größeren Rahmen der Europäischen Gemeinschaft bestätigt.

Tabelle 3:

Landwirtschaftliche Erzeugung) in dz Getreideeinheiten,*
umgerechnet je vorhandene landwirtschaftliche Nutzfläche

Land	1958/59**	1966/67**	Zuwachs absolut	v. H.
Niederlande	57,5	77,9	+ 20,4	36
Belgien-Luxemburg	48,3	60,0	+ 11,7	24
BR Deutschland	31,7	40,7	+ 9,0	28
Italien	20,0	25,9	+ 5,9	29
Frankreich	18,0	24,1	+ 6,1	34
EWG	23,3	30,5	+ 7,2	31

*) Bruttoerzeugung, d. h. einschl. tierischer Erzeugung mit Hilfe von eingeführten Futtermitteln.

**) Mehrjahresdurchschnitte um dieses Wirtschaftsjahr.

Quelle: G. Thiede: Die Versorgungslage der EWG mit landwirtschaftlichen Erzeugnissen. In: Berichte über Landwirtschaft, Heft 2/1970, S. 247.

Allerdings ist bei allen bisher vorgelegten Berechnungen darauf zu verweisen, daß die gezeigten Erzeugungszahlen die sogenannte Bruttoerzeugung umfassen, worunter neben der Erzeugung mit Hilfe der eigenen Futtergrundlage (Nettoerzeugung) auch die Erzeugung mit Hilfe von eingeführten Futtermitteln verstanden wird. Da die Zufuhr von Auslandsfutter (insbesondere infolge seines niedrigen Preises; es gilt aber auch wegen seines höheren Eiweißgehaltes als besonders wertvolles Ergänzungsfutter) überproportional zugenommen hat[4]), erreicht der Erzeugungszuwachs bei der Nettoerzeugung nicht ganz die gleiche Höhe. Die Verwendung von Auslandsfutter hat in einzelnen Gebieten der Gemeinschaft ganz besonders große Ausmaße angenommen, was gleichfalls für Raumforschung und Landesplanung von besonderer Bedeutung ist. Zeigt es sich doch, daß eine moderne Landwirtschaft in zunehmendem Maße als flächensparende Produktionsform betrieben werden kann. Dies ist besonders deutlich aus dem niederländischen Beispiel zu ersehen, das später besprochen wird.

2. Untersuchungen in Vergangenheit und neuester Zeit über die Entwicklung der Erträge

Es scheint nützlich zu sein, einen kurzen Blick auf frühere Untersuchungen zu werfen, soweit sie sich mit der Entwicklung der Hektarerträge befaßt haben. Es ist ämlich festzustellen, daß früher durchweg viel zu geringe Steigerungsraten unterstellt worden sind. So wurden in den Arbeiten von a) Plate/Woermann (1962)[5], b) EWG-Kommission (1963)[6] und c) Ifo-Institut (1967)[7] für die Höhe der durchschnittlichen Hektarerträge an Getreide (durchschnittliche Normalerträge) für das Jahr 1970 Unterstellungen angefertigt, die sich später als weitab von der eingetretenen Wirklichkeit liegend erwiesen. Im

[4]) Siehe im einzelnen: G. Thiede: Die Versorgungslage der EWG mit landwirtschaftlichen Erzeugnissen. In: Berichte über Landwirtschaft, Heft 2/1970, S. 260 f.

[5]) R. Plate und E. Woermann: Landwirtschaft im Strukturwandel der Volkswirtschaft. Sonderheft 14 der Agrarwirtschaft, Hannover 1962.

[6]) Der Gemeinsame Markt für landwirtschaftliche Erzeugnisse — Vorausschau „1970" — EWG-Studien, Reihe Landwirtschaft, Nr. 10, Brüssel 1963.

[7]) Ifo-Institut für Wirtschaftsforschung: Long-term development of demand and supply for agricultural products in the Federal Republic of Germany; München 1967.

Vierjahresdurchschnitt der Jahre 1967 bis 1970 wurde in der Bundesrepublik tatsächlich ein Ertrag von 35,9 dz/ha Getreide erzielt, der ganz erheblich über den ursprünglich für 1970 angenommenen Erträgen liegt:

PLATE/WOERMANN	32,6 dz/ha,
EWG-Kommission	31,6 dz/ha,
Ifo-Institut	33,7 dz/ha.

Gleiches gilt für die Kartoffelerträge, die tatsächlich das Niveau von 285 dz/ha im Durchschnitt der vier Jahre 1967 bis 1970 erreichten, für die aber ursprünglich für 1970 nur 229, 240 bzw. 270 dz/ha (Normalertrag) erwartet worden waren.

Diese Beispiele lassen sich fortsetzen und auch auf andere Länder ausdehnen. Stellvertretend für weitere Untersuchungen ist auf eine Arbeit der OECD[8]) zu verweisen, die 1965 bis 1966 erarbeitet und 1968 veröffentlicht worden ist. Darin sind — ausgehend von den tatsächlichen Weizenerträgen des Dreijahresdurchschnittes 1961 bis 1963 — Annahmen über die Weizenerträge des Jahres 1985 veröffentlicht worden. Vergleicht man die Erträge, die für den Durchschnitt der Jahre 1967 bis 1969 in diesen Ländern tatsächlich bereits erzielt wurden, mit denen, die sich für diesen gleichen Zeitraum theoretisch als linearer Trend zwischen 1962 und 1985 errechnen lassen, so werden z. T. bedeutende Unterschätzungen sichtbar. Tatsächlich wurden bereits nach einem so kurzen Zeitraum seit Vornahme dieser Untersuchung in Frankreich und Deutschland 5 bis 6 dz und in Italien und Belgien 1 bis 2 dz Weizen mehr je Hektar geerntet, als dies von der OECD erwartet worden war. Lediglich für die Niederlande wurden seinerzeit realistischere Annahmen gemacht.

Es zeigt sich also, daß die Hektarerträge gerade in den letzten Jahren ganz erheblich stärker gestiegen sind, als von berufener Seite zuvor angenommen worden war. Die Ursachen sind im unerwartet starken Fortschritt der Produktionstechnik zu suchen, wie er sich besonders ausdrückt durch Verwendung besonderer, neugezüchteter Sorten (z. B. Kurzstroh-Sorten, Hybridmais), durch konsequentere Anwendung von einwandfreiem Saatgut, von Mineraldünger und Schädlingsbekämpfungsmitteln sowie durch verbesserte Fruchtfolge, durch Regulierung des Wasserhaushaltes und andere moderne Anbaumethoden.

Es fragt sich, ob sich diese Entwicklung fortsetzen wird oder ob die Periode der letzten Jahre als Ausnahmesituation gewertet werden muß. Gewiß wurden in den Jahren 1968 und 1969 besonders hohe Erträge erzielt, die zu einer Rekordproduktion der Landwirtschaft geführt haben. Es ist jedoch unwahrscheinlich, daß hierfür ausschließlich ganz besonders günstige Witterungsbedingungen verantwortlich gewesen sind. Viele Anzeichen deuten auf eine technische Revolution im Erzeugungsprozeß hin. Diese Revolution könnte letzten Endes zu Erträgen führen, die beim ersten flüchtigen Betrachten zunächst einmal als völlig unglaubwürdig erscheinen.

So erwartet eine von der französischen Regierung eingesetzte, aus namhaften Wissenschaftlern und Verwaltungsbeamten zusammengesetzte Kommission (VEDEL-Kommission), daß lediglich bei konsequenter Anwendung der heute bereits bekannten Erzeugungstechniken (also noch nicht einmal durch Anwendung von zukünftigen Erkenntnissen) die Erträge Frankreichs an Weizen, Gerste und Mais bis 1985 verdoppelt und die an Zuckerrüben um 20 bis 30 v. H. erhöht werden können[9]).

---

[8]) OECD — Projections agricoles pour 1975 et 1985 (Europe — Japon — Amérique du nord — Océanie) — Production et consommation des principaux produits alimentaires; Paris 1968.
[9]) Ministère de l'agriculture, Perspectives à long terme de l'agriculture française 1968—1985; Paris 1969.

Der dieser Kommission angehörende Direktor der Zentralen Forschungsstelle für Agrarökonomie und Agrarsoziologie, Denis Bergmann, geht in seiner Modellbetrachtung[10]) sogar noch wesentlich weiter. Er unterstellt, daß die französische Landwirtschaft im nationalen Durchschnitt folgende Erträge erreichen könnte, wenn sie auf das allermodernste umgestaltet werden würde (in Klammern die für 1968 gültigen abgerundeten Durchschnittserträge):

Getreide	90 dz/ha	(35),
Kartoffeln	400 dz/ha	(2000),
Zuckerrüben	650 dz/ha	(440),
Wein	80 hl/ha	(50)
Gemüse	}	Ertragssteigerung um 50 v. H.
Obst		

Diese Zahlen müssen zu denken geben. Sie demonstrieren — selbst wenn sie niemals voll erreicht werden sollten — einmal, in welcher Größenordnung die potentiellen Erzeugungssteigerungen der europäischen Landwirtschaft schlechthin eingeschätzt werden müssen, und zum anderen, mit welchen Produktionssteigerungen (und damit Exportüberschüssen) bei unserem EWG-Partner Frankreich unter Umständen gerechnet werden muß.

3. Einflüsse aus der Modernisierung der Produktionsstruktur

Neben den Einflüssen auf die Steuerung der Erträge, die aus einer konsequenten Anwendung der modernen Produktionstechnik (d. h. beim rein technischen Produktionsvorgang) herrühren, muß an die Einflüsse gedacht werden, die sich aus dem allgemeinen Strukturwandel der Landwirtschaft ergeben werden.

Es führt zu weit, im einzelnen auch nur die wichtigsten in der Diskussion oder in der praktischen Anwendung befindlichen Pläne und Vorhaben anführen und hinsichtlich ihres Einflusses auf die Erweiterung der Produktion erörtern zu wollen. Letzten Endes zielen die verschiedenen Förderungsvorhaben darauf ab, einen rationellen Einsatz von Arbeitskraft, Boden und Kapital zu ermöglichen.

Die landwirtschaftliche Produktionsstruktur wird dabei vor allem durch eine Reihe von höchst bedeutsamen Aktivitäten betroffen werden: verstärkte Spezialisierung der einzelnen landwirtschaftlichen Betriebe auf einzelne oder wenige Produktionszweige bzw. auf teilweise oder vollständige Arbeitsteilung zwischen verschiedenen, bisher noch völlig isoliert wirtschaftenden Betrieben; Vergrößerung der bisherigen, unzureichenden Produktionskapazitäten durch Zukauf oder Pacht; Aufgabe solcher Flächen oder Betriebe, die keine befriedigenden Erträge erzielen oder erzielen können. Diese Anpassungsprozesse führen im Grunde genommen zu einer weitgehenden Industrialisierung der landwirtschaftlichen Produktion. Damit verbunden sind alle Vorteile einer Produktionskostensenkung, einer vereinfachten Organisation, des verstärkten Einsatzes modernster Produktionsverfahren und des höheren Ausstoßes je Einheit und damit der den Einzelsubjekten zur Verfügung stehenden Mobilisierung von Produktionsreserven.

In diesem Zusammenhang sei nur auf das Beispiel der Niederlande verwiesen. Dieses Land verfügt auf vielen Gebieten bereits über eine sehr intensive, völlig auf moderne Techniken und an die Exportnotwendigkeiten orientierte landwirtschaftliche Produktionsstruktur. In Tabelle 3 wurde schon einmal auf die außerordentlich hohen durch-

---

[10]) D. Bergmann: Présentation sommaire de travaux en cours pour l'élaboration d'un modèle d'une agriculture française très fortement modernisée; Paris 1969 (Manuskript).

schnittlichen Erträge der niederländischen Landwirtschaft, bezogen auf die L.N., wie auch auf die besonders kräftigen Steigerungsraten in nur acht Jahren verwiesen. Zugleich wurde betont, daß ein großer Teil der Erzeugungsgrundlagen fortlaufend in der Form von Auslandsfutter importiert wird.

Während die Landwirtschaft der Bundesrepublik z. Z. — statistisch gesehen — etwas über 40 dz G.E. je ha L.N. erzeugt und die Steigerungsrate in acht Jahren bei 9 dz G.E./ha lag, weist die niederländische Landwirtschaft eine Erzeugungshöhe von 78 dz G.E./ha und eine Steigerungsrate von 20 dz G.E./ha auf. Dabei ist nicht nur das eigentliche Erzeugungsniveau der Niederlande etwa doppelt so hoch wie das von Deutschland. Vielmehr ist auch die niederländische Steigerungsrate (trotz höheren Niveaus) gleichfalls doppelt so groß. Daraus ergibt sich, daß die vorhandene landwirtschaftliche Nutzfläche durchaus nicht mehr der allein entscheidende Produktionsfaktor ist.

In welchem Umfang besondere organisatorische Mittel in den Niederlanden eingesetzt werden, wird in Tabelle 4 an dem Beispiel der Verwendung von eingeführten Futtermitteln in den Niederlanden illustriert.

Tabelle 4:

Landwirtschaftliche Erzeugung der Niederlande, unterteilt nach Eigenerzeugung sowie nach Erzeugung aus eingeführten Futtermitteln in 1 000 t G.E.

	1958/59*	1966/67*	Zuwachs
Gesamterzeugung davon:	13 300	17 600	+ 4 300
— pflanzl. Enderzeugung	2 350	3 100	+ 750
— tierische Enderzeugung aus eigenem Boden	7 150	7 700	+ 550
— tierische Enderzeugung aus Auslandsfutter	3 800	6 800	+ 3 000

*) Mittel mehrer Jahre.
Quelle: G. THIEDE: Die Versorgungslage der EWG mit landwirtschaftlichen Erzeugnissen. In: Berichte über Landwirtschaft, Heft 2/1970, S. 247 und 261.

1958/59 wurden in den Niederlanden Auslandsfuttermittel im Gegenwert von rund 3,95 Mio. t G.E.[11]) verwendet, was einem Rationssatz von rund 1 100 kg G.E. je vorhandener G.V.E. entspricht. Acht Jahre später waren es bereits 6,95 Mio. t G.E.[11]) oder rund 1 600 kg (!) G.E. je G.V.E. Dementsprechend stieg die tierische Erzeugung auf der Grundlage von Auslandsfuttermitteln in nur acht Jahren um 3 Mio. t G.E. oder um 90 v. H. Zur gleichen Zeit konnte die tierische Erzeugung auf der Grundlage der eigenen Futtergrundlage nur verhältnismäßig gering (550 000 t oder um rund 1 v. H. jährlich) ausgedehnt werden. Die Produktionssteigerung der niederländischen Landwirtschaft ist somit zu einem ganz überwiegenden Teil darauf zurückzuführen, daß preisgünstige sowie betriebswirtschaftlich und physiologisch günstige Betriebsmittel aus dem Ausland einge-

[11]) Die in Tabelle 4 ausgewiesenen, etwas geringeren Mengen der „Nettoerzeugung" erklären sich daraus, daß für die Zwecke der Aggregation ein (geringer) Abzug für die Wiederverwendung von hieraus erzeugten Futtermitteln tierischen Ursprungs (z. B. Magermilch) vorgenommen werden mußte.

setzt wurden. Im Ergebnis kann damit gerechnet werden, daß 1966/67 die Exporte der Niederlande an tierischen Erzeugnissen, die nach Abzug der entsprechenden Importe umgerechnet etwa 3,7 Mio. t G.E. ausmachen, vollkommen mit Hilfe von eingeführten Futtermitteln hergestellt worden sind. Darüber hinaus sind noch weitere 30 v. H. des niederländischen inländischen Absatzes an tierischen Erzeugnissen gleichfalls aus diesen Futtermittelimporten gewonnen worden. Ohne Zufuhren von landwirtschaftlichen Hilfsstoffen aus dem Ausland wären die Niederlande also Zuschußgebiet und nicht Exportland.

Dieses Beispiel zeigt, wie bereits heute eine moderne Landwirtschaft in großem Umfang flächenunabhängig organisiert werden kann. Natürlich ist zu erwarten, daß sich diese Entwicklung — unter der Voraussetzung, daß sie nicht durch agrarpolitische Eingriffe gestoppt wird — weiter fortsetzen und daß sie auf andere Gebiete Mitteleuropas verstärkt übergreifen wird.

Dabei sollte nicht nur allein an die Bundesrepublik gedacht werden, die im Durchschnitt je G.V.E. bereits rund 650 kg G.E. an Auslandsfutter einsetzt (das sind etwa 40 v. H. des für die Niederlande genannten Satzes). Vielmehr ist auch zu bedenken, daß die französische Landwirtschaft z. Z. noch in sehr weiten Gebieten völlig unberührt ist von dieser modernen betriebswirtschaftlichen Entwicklung des Zukaufes von Futterstoffen, die außerhalb des eigenen Landes gewachsen sind. Frankreich verfügt immerhin über 47 v. H. der landwirtschaftlichen Nutzfläche der Gemeinschaft und hat damit — bei bisher noch relativ geringen Erträgen — nahezu unvorstellbare Produktionsreserven.

4. Explosion der landwirtschaftlichen Erzeugung?

Aus dem bisher Gesagten ist zu folgern, daß sowohl die jüngsten technischen Fortschritte im Produktionsprozeß wie auch die zu erwartende Umstrukturierung der Landwirtschaft erhebliche zusätzliche Impulse zur Steigerung der landwirtschaftlichen Erzeugung geben werden. Es ist nicht ausgeschlossen, daß der Prozeß zur Ausweitung der landwirtschaftlichen Erzeugung im Zeitalter der Industrialisierung sogar noch wesentlich schneller vonstatten gehen wird als in der Vergangenheit.

Auf alle Fälle ist festzuhalten, daß sich die Steigerung der landwirtschaftlichen Erzeugung in Mitteleuropa, trotz stetiger Flächenverminderungen, im Verlaufe des letzten Jahrhunderts mehr und mehr beschleunigt hat. Voraussagen über den landwirtschaftlichen Fortschritt, z. B. gemessen an den Hektarerträgen, die vor weniger als zehn Jahren abgegeben wurden, haben sich als viel zu vorsichtig erwiesen. Nunmehr liegen Untersuchungen vor, die für die Zukunft ganz unerhörte Ertragssteigerungen erwarten, die selbst zu einer Verdoppelung (!) der bisherigen, oftmals bereits als sehr hoch angesehenen Erträge gelangen. Wenn auch der Zweifel nicht völlig zu überwinden ist, ob es gelingen wird, den Durchschnitt aller landwirtschaftlichen Betriebe bis an die Leistungen der heutigen Spitzenreiter heranzuführen, so ist doch zuzugeben, daß in der Gemeinschaft noch erhebliche Produktionsreserven mobil gemacht werden können.

Viele Anzeichen deuten darauf hin, daß in zehn oder zwanzig Jahren theoretisch wesentlich mehr erzeugt werden könnte, als an landwirtschaftlichen Erzeugnissen in der Gemeinschaft absetzbar ist. Bei den Plänen zur Umstrukturierung und Gesundung der europäischen Landwirtschaft spielt daher die Frage einer Stillegung von umfangreichen Flächen eine bedeutende Rolle. Es ist offensichtlich, daß eine starke Weiterentwicklung der landwirtschaftlichen Erzeugung allgemein erwartet wird. Damit wird der Absatz für landwirtschaftliche Erzeugnisse mehr und mehr auf Begrenzungen stoßen.

IV. Schlußfolgerungen für Raumordnung und Landesplanung

Die verstärkte Anhäufung von landwirtschaftlichen Überschüssen wird so lange ein Kernproblem der mitteleuropäischen Agrarpolitik bleiben, bis sich diese zu einer einschneidenden dauerhaften Beschränkung der Erzeugungskapazitäten entschließt.

1. Beschränkung der Erzeugungskapazitäten der Landwirtschaft

Z. Z. werden in der Europäischen Wirtschaftsgemeinschaft Prämien für das Abschlachten von Milchkühen und das Roden von Obstbäumen gezahlt. In diesen beiden Überschußbereichen bemüht sich die staatliche Agrarpolitik der laufenden Erzeugungsausweitung Herr zu werden. Der Verbrauch an Milch und Milcherzeugnissen sowie an bestimmten Obstarten stagniert oder weitet sich weniger stark aus als die gemeinschaftliche Erzeugung.

Obwohl diese Maßnahmen bereits den Einsatz beträchtlicher Mittel verlangen (genaue Zahlen liegen noch nicht vor, da das endgültige Ausmaß der verschiedenen, auf Freiwilligkeit beruhenden Aktionen noch nicht zu übersehen ist), sind sie nur als ein Anfang zu werten. Aller Voraussicht nach werden im Laufe der Jahre weitere Anstrengungen erforderlich werden.

In dem sogenannten Mansholtplan[12]) schlägt die Kommission der Europäischen Wirtschaftsgemeinschaft vor, bis zum Jahre 1980 rund 5 Millionen ha landwirtschaftlicher Nutzfläche aus der landwirtschaftlichen Produktion und 3 Millionen Kühe herauszunehmen. Bei rund 70 Millionen ha L.N. in der Gemeinschaft würde damit der vierzehnte Teil anderen Nutzungszwecken, hauptsächlich der Aufforstung, zugeführt werden. Diese Flächenverminderung um 7 v. H. bedeutet jedoch nicht automatisch auch eine Einschränkung der Produktionskapazität um den gleichen Satz, da sicherlich in erster Linie Grenzertragsböden umgewandelt werden, auf denen nur wesentlich geringe Erträge zu erzielen sind. Der Nutzeffekt dieser Flächenstillegung im Hinblick auf den Ausgleich der Versorgungslage kann aber auch aus zwei weiteren Gründen nur als nicht übermäßig groß bewertet werden.

Rechnet man mit den gleichen Steigerungsraten der landwirtschaftlichen Erzeugung wie im letzten Jahrzehnt (3 v. H.), dann absorbiert die Flächenstillegung von 5 Mio. ha in zehn Jahren (unter Berücksichtigung, daß es sich in erster Linie um ertragsschwache Böden handeln dürfte) kaum mehr als ein Zehntel oder ein Achtel des Erzeugungszuwachses während dieses Zeitraumes.

Zum anderen muß bedacht werden, daß in der modernen Zeit große Teile der landwirtschaftlichen (tierischen) Erzeugung mit Hilfe von eingeführten Futtermitteln (z. B. Mais, Sojaschrot) wie auch von Verarbeitungsrückständen aus eingeführten Rohstoffen (z. B. Ölkuchen aus der Einfuhr von Kopra) gewonnen werden können. Viele Gründe sprechen für eine weitere starke Bevorzugung dieser vergleichsweise billigen und hochwertigen Eiweißfuttermittel. Es wäre technisch auf diese Weise durchaus möglich, trotz Beschränkung der Bodenfläche sogar zu einer Ausweitung (anstelle einer Einschränkung) der Erzeugungskapazität zu gelangen. Es sei nur daran erinnert[13]), daß die in nur acht Jahren (Jahre um 1958/59 und um 1966/67) erfolgten *Mehr*einfuhren an derartigen Aus-

---

[12]) EWG-Kommission, Memorandum über die Reform der Landwirtschaft in der Europäischen Wirtschaftsgemeinschaft, Dokument KOM (68) 100.
[13]) G. Thiede: Höhere tierische Erzeugung in der EWG durch verstärkten Einsatz von Auslandsfutter. In: Agrarwirtschaft 3/1970, S. 77—84.

landsfuttermitteln so umfangreich waren, daß sie — in Getreideeinheiten umgerechnet — dem Gegenwert von 5 Millionen ha Produktionsfläche entsprechen.

In diesem Zusammenhang ist auch darauf zu verweisen, daß in einem Land der Gemeinschaft wesentlich stärkere Beschränkungen der Erzeugungskapazitäten vorgeschlagen worden sind als im sogenannten Mansholtplan. In dem Bericht der bereits erwähnten VEDEL-Kommission über die Perspektiven der französischen Landwirtschaft bis 1985[14] wird in mehreren, voneinander unabhängig erstellten Modellüberlegungen auch von der drohenden Überproduktion der französischen Landwirtschaft und den daraus zu ziehenden Konsequenzen gesprochen. Man kommt bei diesen verschiedenen Modellen zu den Ergebnissen,

— 11 Millionen ha L.N. (Modell A. 1) oder
— 11 bis 12 Millionen ha L.N. (Modell B. 1) oder
— mindestens 10 Millionen ha L.N. (Modell C. 1) oder
— 7 Millionen ha L.N. und wahrscheinlich mehr (Modell C. 3)[15]

aus der landwirtschaftlichen Produktion herausnehmen zu müssen.

Danach ist für Frankreich im Mittel mit einer Überkapazität von 10 Millionen ha im Jahre 1985 (verglichen mit 1968) zu rechnen. Bei 33 Millionen ha L.N., die heute in Frankreich vorhanden sind, müßten — rein rechnerisch — 30 v. H. (!) der Flächen stillgelegt werden. Eine derartige Maßnahme würde natürlich auch ihre starken Auswirkungen auf die deutsche Landwirtschaft und deren Flächenverwendung haben.

Noch sind die von der EWG-Kommission und dem VEDEL-Ausschuß vorgelegten Zahlen und Pläne formell lediglich als Vorschläge zu werten. Als Schlußfolgerung muß aber aus dem bisher Gesagten gezogen werden, daß sich die darin widerspiegelnden Entwicklungstendenzen und Größenordnungen nach aller heutigen Kenntnis als ziemlich wahrscheinlich erweisen, zumindest aber ernsthaft das schwerwiegende Problem der Überkapazität klarlegen.

2. Konsequenzen für die Entwicklung ländlicher Räume

Leitbilder müssen in starkem Maße zukünftige Entwicklungstendenzen berücksichtigen, falls sie möglichst lange wirklichkeitsnah bleiben sollen. Leitsätze zur Entwicklung ländlicher Räume müssen sich daher auch mit dem Problem der langristigen Entwicklung der Flächennutzung befassen, damit Entscheidungskriterien für flächengebundene Investitionen oder Alternativen für nichtlandwirtschaftliche Flächeninanspruchnahmen erarbeitet werden können[16].

Die Herausnahme von bisher landwirtschaftlichen Flächen aus der landwirtschaftlichen Erzeugung wird sich natürlich regional stark differenzieren. Das hängt von den jeweiligen Verhältnissen ab, die stark divergieren können. Daher ist auch kein allgemeines Rezept lieferbar. Eine Ordnung der Probleme unter dem Gesichtspunkt, wer es ist, der sich jeweils aktiv für die Freisetzung landwirtschaftlicher Flächen einsetzt, bietet sich an, sei es der Nichtlandwirt, oder sei es der Landwirt: Zunächst einmal ist die zunehmende Landinanspruchnahme für außerlandwirtschaftliche Bedürfnisse, also der aktive Zugriff der Nichtlandwirte, in Rechnung zu stellen. Diese Bewegung ist in Stadtnähe und in funk-

---

[14] Ministère de l'Agriculture: Perspectives à long terme de l'agriculture française 1968—1985; Paris 1969.

[15] Die anderen Modelle wenden sich vornehmlich anderen Problemen zu.

[16] Siehe hierzu im einzelnen F. GERCKE: Zur Nutzungseignung landwirtschaftlicher Flächen aus wirtschaftlicher Sicht. In: Grundlagen und Methoden der landwirtschaftlichen Raumplanung, Sonderveröffentlichung der Akademie für Raumforschung und Landesplanung, Hannover 1969, S. 307—315.

tionsfähigen gesamtwirtschaftlich günstigen Gebieten naturgemäß wesentlich stärker als in gesamtwirtschaftlich ungünstigen Gebieten. Sie sollte im Prinzip gefördert und nicht gebremst werden.

Es ist zu bezweifeln, ob die derzeitige gesetzliche, konservierende Auffassung (Bundesraumordnungsgesetz, Bundesbaugesetz, verschiedene Landesplanungsgesetze), gut geeignete landwirtschaftliche Böden seien „nur in dem unbedingt notwendigen Umfang für andere Nutzungsarten" vorzusehen, in Anbetracht der jüngsten Erkenntnisse über die landwirtschaftliche Überproduktion wirklich als optimal anzusehen ist. Je mehr gute Böden freigegeben werden, um so leichter kann das Problem der Überkapazität beherrscht werden. Deshalb sollte die persönliche Entscheidungsfreiheit, seinen (guten) Boden weiter zu bewirtschaften oder (günstig) zu verkaufen, nicht unnötig eingeengt werden.

Wenn man zunächst, z. B. aus Überlegungen über die Versorgung in Notzeiten, einer Bebauung von guten Böden in Stadtnähe nicht zustimmen will, so sollten daraus zumindest Grünflächen oder Erholungsflächen geschaffen werden können, bei denen ja die Wandlungsfähigkeit in der Bodennutzung erhalten bleibt.

Bei den Fällen, bei denen die Landwirtschaft den Rückzug aus der Fläche antritt, bei denen also die Initiative zur Veräußerung in der Hauptsache beim Landwirt liegt, wird es gleichfalls — je nach Gebiet — zu stark unterschiedlichen Intensitäts- und Erscheinungsformen kommen. GERCKE[17]) unterscheidet drei Faktorengruppen, die zur Bewertung der Nutzungseignung herangezogen werden und die auch zur Aufgabe landwirtschaftlicher Nutzflächen führen können:

— natürliche Produktionsbedingungen,
— betriebsstrukturelle Bestimmungsfaktoren,
— sozialökonomische Einflüsse.

Als vierte Gruppe könnte der Einfluß des Absatzes hinzugenommen werden.

Bei der Beurteilung der natürlichen Produktionsbedingungen hat heute beispielsweise die natürliche Ertragsfähigkeit des Bodens seiner rationellen Benutzbarkeit (mechanische, d. h. arbeitssparende Bewirtschaftung zu jeder Jahreszeit — wenig Gefälle — günstiger Wasserstand — keine extremen Witterungsbedingungen — mechanisierungsfähige Bodentypen usw.) stark an Bedeutung verloren.

Unter den betriebsstrukturellen Bestimmungsfaktoren seien nur die Flurverfassung (Teilstücksgröße, Zersplitterung, Feldentfernungen usw.), die Betriebsgröße (im Verhältnis zum jeweiligen Optimum der gebietlichen Gegebenheiten) und insbesondere auch die einschätzbaren, wirtschaftlich sinnvollen Verbesserungsmöglichkeiten erwähnt.

Schließlich ist auf die sozialökonomischen Einflüsse einzugehen, die nicht allein aus der infrastrukturellen Gestaltung eines Raumes entstehen, sondern auch aus der Qualität und dem Umfang an Arbeitsplätzen der anderen Bereiche. Die Nutzungseignung der Böden unterliegt somit einem Wandel, daher wird auch der Entschluß, seinen Boden aufzugeben, im Laufe der Zeit weiterhin von der jeweiligen Situation beeinflußt werden. Daß hierbei der Einfluß der Absatzmöglichkeiten (gesteuert durch die Preisverhältnisse) von überragendem Einfluß sein wird, versteht sich von selbst. Landwirtschaftliche Vorranggebiete werden auf die Dauer nur als solche erhalten werden können, wenn die damit verbundenen Auflagen oder Maßnahmen angemessen sind. Revisionen in unseren bisherigen Wertvorstellungen werden sich von selbst ergeben, auch und besonders im Hinblick auf die Begrenzung der Produktionskapazitäten.

Die Anpassungsmöglichkeiten und der Anpassungsprozeß müssen — je nach Mischung der verschiedenen Merkmale in den einzelnen Gebieten — sehr unterschiedlich beurteilt

---

[17]) A. a. O., S. 309 ff.

werden. Schon heute gibt es einzelne Kreise, in denen bis zu einem Drittel der landwirtschaftlichen Böden brachliegen[18]); im Dillkreis wurden sogar Gemeinden mit Anteilen bis zu 90 v. H. ermittelt[19]). Es dürfte wahrscheinlich werden, daß diese Beispiele, die heute zwar noch als Extrem anzusehen sind, in zehn oder zwanzig Jahren gar nicht mehr als ungewöhnlich empfunden werden, falls nicht rechtzeitig geeignete raumordnerische Maßnahmen einsetzen.

Dazu zählen nicht zuletzt die Fragen des Umweltschutzes. Das gilt nicht nur für die Beurteilung, ob landwirtschaftliche Flächen freigesetzt werden können oder nicht. Das gilt unter Umständen auch im Hinblick auf die Produktivitätssteigerung der landwirtschaftlichen Erzeugung, wie z. B. in der verstärkten Verwendung von Mineraldüngern in Gebieten, in denen der Grundwasserstand ungünstig ist.

Die Schwelle, an der heute die Umwandlungsnotwendigkeiten gemessen werden, verschiebt sich fortlaufend und zusehends. Im Hinblick auf die sogenannten Grenzböden ist nicht zu vergessen, daß die landwirtschaftliche Überproduktion in letzter Konsequenz in den Gebieten zu suchen ist, in denen schlechte Produktions- und Strukturbedingungen vorherrschen.

Dieser Ausschuß hat bereits 1959, als noch in starkem Maße der Produktionssteigerung das Wort geredet wurde[20]), darauf verwiesen, „die europäische Landwirtschaft ... (wird) also damit rechnen müssen, in der Zukunft mehr als bisher die Gefahr der Überproduktion in ihre Dispositionen einzubeziehen".

---

[18]) K. SCHAFER: Landnutzung und Eigentum. In: Agrarwirtschaft 2000, H. 214, der AVA in Hessen, Wiesbaden 1968, S. 127.
[19]) Ebenda.
[20]) G. THIEME: Nahrungsaufkommen und Nahrungsverbrauch in den EWG-Ländern. In: Die Landwirtschaft in der Europäischen Wirtschaftgemeinschaft, Forschungs- und Sitzungsberichte der Akademie für Raumforschung und Landesplanung, Bd. XI, Hannover 1959, S. 40.

Entwicklungstendenzen der Agrarstruktur und ihre Bestimmungsgründe

von

Hellmuth Bergmann, Luxemburg

I. Die Entwicklung von 1945 bis 1970

Die tatsächliche Entwicklung der Agrarstruktur[1]) der Bundesrepublik Deutschland ist in den 25 Jahren, die seit dem Ende des letzten Krieges verstrichen sind, von so unterschiedlichen Kräften geprägt worden, daß es niemand verwundern darf, wenn sich die Tendenz selbst in diesem Zeitraum mehrfach deutlich geändert, ja sogar umgekehrt hat. Dabei haben sich die bestimmenden volkswirtschaftlichen Kräfte, zumindest in der letzten Phase der Entwicklung, sehr häufig als stärker erwiesen als die Bestrebungen der offiziellen Agrarpolitik und die von ihr eingesetzten Mittel.

1. Die Nachkriegszeit

Unmittelbar nach dem Kriege, etwa bis zum Abschluß der Koreakrise, konnte von einer Fortsetzung der Entwicklung, wie wir sie schon vor dem Kriege verzeichnen konnten (Landflucht), nicht die Rede sein. Der allgemeine Nahrungsmittelmangel einerseits und die durch die Zerstörung der Produktionsstätten der Industrie und den Flüchtlingsstrom verursachte städtische Arbeitslosigkeit andererseits übten einen starken Druck auf den Boden aus, der zu einer kräftigen Zunahme der ländlichen Bevölkerung und der in der Landwirtschaft Beschäftigten führte. Die Folge war eine sehr beachtliche Intensivierung der Nutzung des Ackerlandes, insbesondere eine Ausdehnung des Hackfrucht- und Gemüsebaus, sowie eine Zunahme der Anzahl der landwirtschaftlichen Betriebe. Soziale und politische Überlegungen führten zu mehr oder weniger umfangreichen Bodenreformen, bei der der Großgrundbesitz einen Teil seiner Flächen zur Aufsiedlung abgeben mußte.

Gleichzeitig nahm die landwirtschaftliche Nutzfläche zu, da Nachfrage nach Bau- und Industrieland und nach Verkehrsflächen noch nicht bestand, andererseits aber zahlreiche Programme zur Ödlandkultivierung und Rodung in Angriff genommen und auch durchgeführt wurden. Bei der Ansiedlung war man bestrebt, die Betriebsgröße klein zu halten, um möglichst viele Menschen auf dem Land unterbringen und neue Existenzen schaffen zu können. Diese Bestrebungen führten naturgemäß dazu, Intensivbetriebe, häufig gärtnerischer Art oder auch kleine Nebenerwerbsbetriebe, zu schaffen.

Die Viehwirtschaft konnte sich demgegenüber zunächst nur zögernd entwickeln, weil hier schnell wirkende Maßnahmen nicht zu treffen waren. Im übrigen begünstigte das damalige Preissystem zunächst einmal die Intensivkulturen und dann die Viehwirtschaft und den Getreidebau.

---

[1]) Unter Agrarstruktur wird hier die Gesamtheit der Struktur der landwirtschaftlichen Produktionseinheiten und ihre Ausstattung mit Produktionsmitteln verstanden, d. h. die Betriebsgrößenstruktur, die Form der Bewirtschaftung als Eigentums-, Pacht-, Haupt-, Zu- oder Nebenerwerbsbetrieb, der Grad der Spezialisierung und zwischenbetrieblichen Arbeitsteilung und der Besatz mit Arbeits- und Zugkräften, Vieh und Maschinen.

2. Von der Koreakrise zum Landwirtschaftsgesetz

Der Boom der Koreakrise, der der Währungsreform sehr bald folgte, führte zu einer ersten Veränderung der Entwicklungstendenz. Der unmittelbare Druck auf den Boden ließ nach, die Industrie fing an, nach Kräften zu produzieren und zu exportieren, und die Nachfrage nach Nahrungsmitteln begann sich zu wandeln. Die höhere Kaufkraft der Bevölkerung gestattete es ihr, mehr höher konzentrierte und hochwertigere Erzeugnisse, insbesondere Brot und tierische Produkte, zu verzehren. Der Bedarf an Grobgemüse aller Art und auch an Kartoffeln begann rasch zurückzugehen, der an Brot- und Futtergetreide aber zu steigen.

Die offizielle Agrarpolitik, immer noch geprägt von dem Bestreben, die sehr erhebliche Einfuhrlücke — insbesondere für Getreide — nachdrücklich zu verkleinern und Devisen für Industrierohstoffe frei zu machen, setzte die Getreidepreise im Jahre 1950/51 drastisch herauf. Die Preise für Schweinefleisch und Eier folgten dieser Entwicklung bis zu einem gewissen Grade, diejenigen für Hackfrüchte und insbesondere für Grobgemüse jedoch nicht. Eine Ausnahme machten lediglich die staatlich festgelegten Preise für Zuckerrüben. Deren Niveau wurde aus den gleichen Gründen wie beim Getreide recht günstig festgelegt.

Der Zuckerrübenbau dehnte sich demzufolge auf Kosten des Grobgemüse- und Kartoffelbaus immer weiter aus und eroberte sowohl in Norddeutschland als auch in Süddeutschland zahlreiche Gebiete, in denen vor und nach dem Kriege noch niemals Zuckerrüben angebaut worden waren.

Obwohl das neu eingeführte Preissystem den leichter mechanisierbaren Getreide- und Zuckerrübenbau und damit den größeren Betrieb unabsichtlich begünstigte, änderte sich die Agrarstruktur vorläufig noch nicht. Die Nachfrage der Industrie nach Arbeitskräften konnte ohne Schwierigkeiten aus dem noch großen Reservoir der Arbeitslosen und Flüchtlinge gedeckt werden. Eine Tendenz zur Abwanderung vom Lande im Sinne einer „Landflucht" der landwirtschaftlichen, ständigen Arbeitskräfte konnte noch nicht beobachtet werden, wohl jedoch eine langsame Abnahme der ländlichen Bevölkerung, insbesondere in den industriefernen Gebieten, die zu einem gewissen Rückgang der frei verfügbaren, saisonalen Arbeitskräfte führte. Die gleichzeitig beginnende Motorisierung und Mechanisierung konnte jedoch den Schwund an saisonalen Arbeitskräften ohne Schwierigkeiten ausgleichen.

Wenn auch in den Jahren nach der Koreakrise die agrarstrukturelle Entwicklung stillstand und die Tendenz der offiziellen Agrarpolitik nach wie vor noch von den gleichen Motiven, nämlich Verminderung der Nahrungsmitteleinfuhr und Ansiedlung möglichst vieler Menschen geprägt wurde, so begannen sich doch schon gewisse Änderungen, ausgelöst durch die ausgesprochen dynamische Entwicklung von Kaufkraft und Löhnen, abzuzeichnen. Die steigenden Einkommen im gewerblichen Sektor hatten zur Folge, daß man auch in der Landwirtschaft die notwendigen oder „angemessenen" Einkommen anders einschätzte als vorher und damit begann, im Rahmen der nach wie vor im Gange befindlichen Siedlung, die Mindestbetriebsgrößen, die „Ackernahrung", Schritt um Schritt heraufzusetzen.

Auch die Berufsvertretung wurde sich der Tatsache bewußt, daß sich das Verhältnis zwischen städtischen und landwirtschaftlichen Einkommen zu verschieben begann, und daß möglicherweise die Zeit endgültig vorüber war, in der eine „Ackernahrung" ein in jedem Fall sicheres und auch höheres Einkommen als das eines gelernten Arbeiters garantierte.

Diese Erkenntnis mündete sehr bald in die Diskussion um die Erhaltung der „Parität" der landwirtschaftlichen zu den gewerblichen Einkommen, die letztlich zur Verabschiedung des „Landwirtschaftsgesetzes" führte, in dem allerdings der Ausdruck „Parität" bewußt vermieden wurde.

3. Vorbereitung auf die EWG

Nicht mehr die Steigerung der Erzeugung zur Sicherstellung des Bedarfs an Nahrungsmitteln der Bevölkerung und zur Verminderung der Einfuhrlücke war das alleinige Ziel der offiziellen Agrarpolitik, sondern gleichzeitig auch eine positive Beeinflussung der Einkommen der Landwirte. Da die Preispolitik hierfür allein keine ausreichende Handhabe mehr bot — die Preise für Getreide, Butter und andere Veredlungsprodukte waren, gemessen am Weltmarkt und an der Kaufkraft, schon hoch genug —, förderte man mit Zuschüssen der verschiedensten Art die Rationalisierung und auch die „Verbesserung der Agrarstruktur".

Weniger jedoch als die doch sehr stark gestreuten Maßnahmen der Agrarpolitik, die häufig auch noch sehr langfristiger Natur waren, wirkten sich die weitere Steigerung des Lebensstandards in den Städten und der beginnende Mangel an Arbeitskräften in der gewerblichen Wirtschaft auf die Entwicklung der Agrarstruktur aus.

War in der Mitte der fünfziger Jahre auch noch keine Änderung der Betriebsgrößenstruktur zu beobachten, so begann die Zahl der in der Landwirtschaft beschäftigten Arbeitskräfte doch schon fühlbar zurückzugehen. Waren es zunächst einmal die Lohnarbeitskräfte, die in andere Sektoren der Wirtschaft abwanderten, so folgten gegen Ende der fünfziger und zu Beginn der sechziger Jahre die mitarbeitenden Familienangehörigen nach.

Eine Änderung der Betriebstypen und Bodennutzungssysteme hatte dieser Schwund von Arbeitskräften jedoch nicht zur Folge. Die inzwischen von der Landmaschinenindustrie für größere und auch für kleinere und Kleinstbetriebe angebotenen Mechanisierungsmöglichkeiten waren so groß, daß die fehlenden Arbeitskräfte ohne Schwierigkeiten durch Maschinen ersetzt werden konnten.

Das Preisniveau für Agrarprodukte, das sich ohne offizielle Anhebung des Getreidepreises als „Eckpreis" für tierische Erzeugnisse doch der zunehmenden Kaufkraft dank einer der Landwirtschaft wohlgesonnenen Handhabung der Grenzschleusen ständig anpaßte, erlaubte im übrigen diese Mechanisierung ohne nennenswerte Schwierigkeiten. Die Agrarstruktur im weiteren Sinne änderte sich also beträchtlich, wenn auch das Bild der Betriebsgrößen und Betriebstypen in etwa das gleiche blieb.

Bei Eintritt in die Europäische Wirtschaftsgemeinschaft war daher die deutsche Landwirtschaft die am höchsten mechanisierte, vielleicht sogar zu stark mechanisierte Landwirtschaft aller Mitgliedsländer. Ihre Betriebsstruktur hatte sich jedoch den Erfordernissen der Mechanisierung noch nicht anpassen können.

4. Die Übergangsphase der EWG

Die langsame Verwirklichung der EWG war für die übrige Wirtschaft weiterhin mit einer recht stürmischen konjunkturellen Entwicklung verbunden, die schon im Jahre 1961 zu einer ersten Aufwertung der DM führte, der eine zweite Ende 1969 folgte. Das Reservoir an einheimischen Arbeitskräften erschöpfte sich so vollständig, daß die Industrie auf mehr und mehr Gastarbeiter aus dem Mittelmeerraum zurückgreifen mußte. Die Löhne und damit die reale Massenkaufkraft stiegen weiter, und der Sog auf die noch in der Landwirtschaft verbliebenen Arbeitskräfte verstärkte sich so weit, daß wirklich von einer sichtbaren Veränderung der Agrarstruktur gesprochen werden konnte. Denn mit der An-

Tabelle 1:   *Zahlen zur Entwicklung der Agrarstruktur in der Bundesrepublik Deutschland*

	1935/38	1951	1957	1960	1962	1965	1967	1969	1969	1970
Landwirtschaftliche Nutzfläche (1000 ha)	14 612	14 122	14 257	14 252	14 179	14 071	13 996	13 871	13 848	—
Zahl der landwirtschaftlichen Betriebe (1000)	—	1 937	—	1 618	—	—	—	1 377	1 342	1 243
Durchschnittliche Betriebsgröße (ha)	—	6,59	—	8,11	—	—	—	9,34	9,58	10,26
Getreide (1000 ha)	5 152	4 368	4 874	4 899	4 897	4 924	4 972	5 086	5 152	5 184
Hackfrüchte (1000 ha)	1 910	2 006	1 927	1 859	1 758	1 503	1 397	1 345	1 267	—
Familien- und Lohnarbeitskräfte (Voll-AK) (1000)	3 852	3 885	2 997	2 561	2 318	1 911	1 798	1 713	1 624	1 477
AK je 100 ha LN insgesamt	28,0	29,0	22,6	19,5	17,7	15,1	14,2	13,6	12,9	11,8
AK je 100 ha LN in Betrieben ab 10 ha LN	17,3	18,3	14,4	12,7	11,9	10,9	10,2	9,9	9,5	8,9
Milchkühe (1000 St.)	5 990	5 734	5 572	5 763	5 956	5 850	5 862	5 883	5 878	5 848
Pferde (1000 St.)	1 527	1 570	967	710	559	360	283	264	254	—
Schlepper (1000 St.)	20	139	614	857	949	1 099	1 162	1 178	1 340	—
Index der landw. Erzeugerpreise (1961/63 = 100)*)	45,1	74,9	95,5	99,9	99,2	107,2	109,3	99,8	102,9	106
Betriebseinkommen (DM je AK)*)	—	—	—	—	5 483	9 098	9 522	10 708	11 781	13 081
Arbeitseinkommen (DM je AK)*)	—	—	—	—	4 049	7 000	6 931	7 960	8 767	9 965
Getreideertrag (dz/ha)	20,4	24,6	27,7	31,7	31,1	28,2	36,3	37,5	36,7	33,4
Kartoffelertrag (dz/ha)	168,2	215,7	234,9	235,8	260,6	231,1	301,2	291,1	271,4	272,3
Zuckerrübenertrag (dz/ha)	327,2	327,3	374,3	419,9	328,3	366,1	465,4	470,0	438,7	445,8
Milchleistung (kg/Kuh)*)	2 480	2 643	3 060	3 395	3 448	3 626	3 687	3 769	3 765	3 797

*) Wirtschaftsjahr.

Quellen: Grüne Berichte 1965—1970, Agrarbericht 1971. — Statistisches Jahrbuch für Ernährung, Landwirtschaft und Forsten, 1965 und 1970.

zahl der in der Landwirtschaft Beschäftigten ging nun auch die Anzahl der Betriebe in stärkerem Maße als die gesamte landwirtschaftliche Nutzfläche zurück. Die durchschnittliche Betriebsgröße fing an, langsam zu steigen (siehe Tabelle 1).

Diese Entwicklung wurde im Zuge der Verwirklichung der gemeinsamen Agrarpolitik der EWG noch mehr akzentuiert. Deutschland gehörte zu den Hochpreisländern und war daher gezwungen, sein landwirtschaftliches Preisniveau etwas zu senken. Aus politischen Gründen blieb es zwar bei einer Senkung des Getreidepreises, der Zuckerrübenpreis wurde nochmals kurz vor der Vergemeinschaftung angehoben, auch der Milchpreis wurde eher höher als niedriger festgesetzt[2]). Dennoch stiegen die industriellen Einkommen real schneller als die landwirtschaftlichen Je-Kopf-Einkommen, obwohl die relative Produktivitätssteigerung in der Landwirtschaft größer war als in der Industrie.

Nicht nur die durchschnittliche Betriebsgröße begann zögernd zuzunehmen, sondern auch die Betriebsorganisation wurde infolge der immer weiter entwickelten Landtechnik einfacher. Zug um Zug wurden die allein der familiären und betrieblichen Selbstversorgung dienenden und wegen ihres geringen Betriebsumfanges nicht mechanisierbaren Betriebszweige abgestoßen und gleichzeitig die verbleibenden Betriebszweige, wenn sich Boden, Klima und Betriebsstruktur hierfür besonders eigneten, weiter ausgedehnt. In einer ganzen Reihe von Betrieben führte diese Tendenz zu einer weitgehenden Spezialisierung, allerdings steht hier die Entwicklung eben wegen der immer noch ziemlich kleinen mittleren Betriebsgröße erst am Anfang. Die Zunahme der mittleren Betriebsgröße wurde im übrigen insbesondere dadurch verursacht, daß vor allem die Betriebe der untersten Größenklasse, aus der Gruppe der Nichtvollerwerbsbetriebe, aus der Produktion ausschieden.

5. Regionale Entwicklungstendenzen

Die vorstehend generell für die BRD geschilderte Entwicklung ist regional sehr unterschiedlich verlaufen. Erstaunlicherweise ist bis jetzt jedoch nicht das eingetroffen, was man bei rein ökonomischer Betrachtungsweise erwarten müßte, nämlich eine um so drastischere Anpassung der Agrarstruktur, je ungünstiger Ertragslage, Betriebsgrößenstruktur und Einkommensverhältnisse sind. Es scheint viel eher so zu sein, daß vorhandene Strukturen um so hartnäckiger konserviert werden, je ungünstiger sie sind. Das war offensichtlich schon immer der Fall, denn bis zu einem gewissen Grade läßt sich sagen, daß in Europa ungünstige klimatische, pedologische und geologische Verhältnisse mit einer ungünstigen Agrarstruktur, d. h., relativ kleinen Betriebsgrößen, korrelieren (Bretagne, Auvergne, Mezzogiorno, Bayer. Wald, Hunsrück, Eifel, Alpen etc.).

So finden sich die flächenmäßig größten Betriebe auf den guten Böden Niedersachsens, Schleswig-Holsteins, Westfalens und Bayerns, wo die „Ackernahrung" durchaus kleiner bemessen sein könnte als auf den armen Böden von Heide, Geest und den Mittelgebirgen. Ganz besonders die Gebirgslagen zeichnen sich durch eine sehr ungünstige Betriebsgrößenstruktur aus, die sich auch nur zum kleinen Teil aus der wirtschaftshistorischen Entwicklung erklären läßt. In früherer Zeit waren diese Betriebe nämlich öfters Nebenerwerbsbetriebe, die zusätzliche Einkommen aus Wald, Heimarbeit (Spielwaren, Handweberei, Glasbläserei) und — längs der Paßstraßen der Mittel- und Hochgebirge — aus Vorspann für die Fuhrleute zogen.

---

[2]) Erst 1967/68 war zum erstenmal ein Absinken des Index der Erzeugerpreise zu beobachten, bis 1969/70 konnte, z. T. infolge der Abwertung, der Rückgang noch nicht wieder aufgeholt werden.

Alle diese Berufe starben mit der Industrialisierung, der Einführung von Eisenbahn und Lkw aus. Aber auch dort, wo es früher keinen Nebenerwerb gab, fällt fast immer eine schlechte Agrarstruktur mit ungünstigen Produktionsbedingungen zusammen, besonders verstärkt natürlich in Erbteilungsgebieten.

Auch in der neueren Zeit ist keine grundsätzliche Änderung festzustellen. Obwohl der Einkommensabstand dieser von Natur aus weniger begünstigten Agrargebiete zu den Industrie- und Ballungsgebieten gerade wegen ihrer schlechten Erträge und ihrer unbefriedigenden Agrarstruktur besonders groß war und ist, verläuft die sichtbare Entwicklung zum größeren Betrieb hin auch heute noch besonders langsam. In Schleswig-Holstein ist eine sich ständig steigernde Abnahme der Betriebe unter 30 ha festzustellen, die Zunahme der Betriebe über 50 ha lag 1968/69 bei 4,4 %; in Niedersachsen liegen die Verhältnisse ähnlich, obwohl die Betriebe von 20 ha — 30 ha dort noch zugenommen haben. In Bayern dagegen sind die Veränderungsraten, sowohl Abnahme als auch Zunahme, deutlich schwächer. In Hessen, in Baden-Württemberg und Rheinland-Pfalz, durchweg Länder mit sehr schlechter Agrarstruktur, z. T. zumindest sehr ungünstigen Produktionsbedingungen, andererseits jedoch mit einem erheblichen Bedarf an industriellen Arbeitskräften (Hessen 9,3 % Gastarbeiter, Baden-Württemberg 13 %), nehmen die Betriebe unter 15 ha langsamer ab als in Schleswig-Holstein, obwohl man das Gegenteil erwarten müßte.

In den industrienahen Standorten von Hessen, Rheinland-Pfalz und Baden-Württemberg, d. h. in Tagespendlerentfernung, ist allerdings nur die Betriebsgrößenstruktur im wesentlichen unverändert geblieben. Der Anteil der Nebenerwerbsbetriebe ist offensichtlich stark gestiegen, der der Vollerwerbsbetriebe entsprechend zurückgegangen. Sind die industriellen Arbeitsplätze jedoch so weit entfernt, daß landwirtschaftlicher Betrieb *und* Wohnort aufgegeben werden müßten, um höhere Einkommen zu erzielen, so besteht eher die Neigung, die vorhandenen Strukturen, wenigstens bis zum Generationswechsel, zu konservieren.

Mit anderen Worten: Die offensichtlich regionalen Unterschiede sowohl in der geschichtlichen als auch in der Entwicklung der letzten Jahre lassen sich nur zu einem kleinen Teil ökonomisch und durch die natürlichen Produktionsbedingungen, sondern weit eher soziologisch und psychologisch erklären. Offensichtlich sind die Maßstäbe, Kriterien und Zielvorstellungen dieser Menschen in den industriefernen und ärmeren und ländlichen Regionen andere, als die Wirtschaftswissenschaftler glauben annehmen zu können, und auch andere als die ihrer Berufsgenossen in den reicheren Agrargebieten. Auch heute noch scheinen die Bauern der ärmeren Landstriche wesentlich anspruchsloser und bescheidener zu sein als ihre reicheren Kollegen, und sie ziehen die bescheidene Stetigkeit dem ökonomisch angeblich so vielversprechenden Wechsel vor.

Versucht man, diese Verhaltensweisen zu erklären, so wird man wohl zuerst von der Jahrhunderte alten negativen Auslese in diesen Gebieten ausgehen müssen. Die schmale Existenzgrundlage zwang den Bevölkerungszuwachs, sich nicht nur außerhalb der Landwirtschaft, sondern außerhalb der Region eine auskömmliche Stellung zu suchen. Natürlich entschlossen sich zunächst die aktivsten und risikofreudigsten Burschen und Mädchen, den Schritt ins Ungewisse zu wagen. Zurück blieben die Zögernden und Ängstlichen beiderlei Geschlechts. So kommt es, daß auch heute noch die Bauern dieser armen, industriefernen Gebiete vor dem Risiko zurückscheuen, ihren Hof zu verlassen, um sich in der Fremde eine neue Existenz zu suchen. Hierzu kommt, daß gerade der Arme das Wenige, was er hat, ganz besonders schätzt, sich also viel schwerer zur Aufgabe des Erbes entschließt als der Reichere. Ganz allgemein kann man sicher sagen, daß die Risikofreudigkeit des einzelnen im umgekehrten Verhältnis zum Einkommen und zum Besitz steht. Besitz und Einkommen geben eine Sicherheit im Auftreten und Handeln, die den Ärmeren fast immer mangelt.

Auch gab es bestimmt in früheren Zeiten — und wahrscheinlich auch noch heute — eine positive Korrelation zwischen Bildung und Einkommen, denn solange Pfarrer und Lehrer von der Gemeinde selbst bezahlt wurden, hatten natürlich die reicheren Gemeinden auch die besseren Lehrer. Auch heute noch fühlen sich die Lehrer wahrscheinlich — die Wirtschaftsberater bestimmt — von wohlhabenden Gemeinden, die meist verkehrsgünstig liegen und auch sonst bessere Möglichkeiten bieten, eher angezogen als von ärmeren Bezirken, denen es an kultureller und sonstiger Infrastruktur mangelt.

Von Bedeutung mag ferner sein, daß Besitz, auch wenn er objektiv wenig wert ist, subjektiv um so mehr gilt, je ärmer die Verhältnisse sind. Das soziale Ansehen der besitzenden Kleinbauern in diesen armen Gegenden mag vergleichsweise so hoch sein, daß sich der Hoferbe einfach nicht entschließt, durch den Verkauf in die Klasse der Grundbesitzlosen herabzusteigen. Jahrhunderte alte Traditionen und überkommene Verhaltensweisen bestimmen hier offensichtlich die Entwicklung der Agrarstruktur weit mehr als rationelle Überlegungen und die objektiven Einkommensverhältnisse.

II. Kriterien zur Beurteilung der Funktionserfüllung von Agrarstrukturen

Die Aufgaben, die der Landwirtschaft von der Volkswirtschaft gestellt werden, ändern sich im Zuge der wirtschaftlichen und technischen Entwicklung und ergeben sich außerdem aus den politischen Zielen der jeweiligen Regierung. Agrarstrukturen lassen sich daher nicht objektiv anhand bestimmter Kriterien beurteilen, sondern nur daraufhin, ob und wie weit sie dazu beitragen, die der Landwirtschaft gerade gestellten Aufgaben zu erfüllen. Maßstäbe zur Beurteilung von Agrarstrukturen müssen daher immer orts- und zeitgebunden sein und aus den der jeweiligen Aufgabenstellung entsprechenden, stets wechselnden Kriterien abgeleitet werden.

So haben wir gerade in Deutschland in den letzten 40 Jahren Gelegenheit gehabt, nahezu alle Standpunkte, von denen aus sich die Zweckmäßigkeit der Agrarstruktur betrachten läßt, nacheinander einzunehmen, um schließlich feststellen zu müssen, daß wirtschaftliche und politische Zielvorstellungen sich wesentlich schneller ändern, als das der Agrarstruktur im allgemeinen möglich ist.

1. Wechselnde Zielvorstellungen für die Landwirtschaft

So sollte die Landwirtschaft und damit letztlich die Agrarstruktur in dieser Zeitspanne von etwa einer Generation nacheinander oder auch mehr oder weniger gleichzeitig:

1. 1930—1934 und 1945—1953 möglichst viele Arbeitsplätze bereitstellen;
2. 1934—1955 die Bevölkerung maximal mit Lebensmitteln versorgen;
3. 1933—1945 Lebensgrundlage für möglichst viele „biologisch gesunde" und kinderreiche Familien bieten (Blutsquell der Nation);
4. ab 1952 in der DDR das Entstehen und Fortbestehen privaten Grundbesitzes als Hindernis auf dem Wege zur „sozialistischen Gesellschaft" — bei gleichzeitiger maximaler Produktion und größtmöglichster Freisetzung von Arbeitskräften für die Industrie — verhindern;

5. ab 1956 die landwirtschaftliche Bevölkerung ein der übrigen Bevölkerung vergleich bares Einkommen erzielen lassen;

6. ab 1958 dem einzelnen oder der Gesellschaft die Befriedigung immaterieller Bedürfnisse gestatten und schließlich

7. ab 1970 einen hohen Beitrag zum Umweltschutz und zur Landschaftspflege leisten.

Welche Kriterien sich aus den vorstehenden, sehr unterschiedlichen Zielvorstellungen hinsichtlich Sinn und Zweck der dementsprechenden Agrarstruktur ergeben, und welche Maßstäbe, an denen sich eventuell ihre Zweckmäßigkeit ablesen läßt, denkbar und praktikabel wären, soll nachstehend untersucht werden. Infolge der rasch fortschreitenden wirtschaftlichen, technischen und politischen Entwicklung werden sich allerdings Maßstäbe nur selten in exakte Zahlen fassen lassen.

2. Bereitstellung von Arbeitsplätzen

Die Forderung an die Landwirtschaft, möglichst viele Arbeitsplätze bereitzustellen, d. h. möglichst vielen Menschen eine Existenzgrundlage zu geben, ist wohl die älteste aller Aufgaben, die je der Landwirtschaft gestellt wurden. Erst im Laufe der Industrialisierung hat sie nach und nach an Bedeutung verloren und wurde nur in Krisenzeiten, in denen die industrielle Arbeitslosigkeit groß war, wieder für wichtig gehalten, wie etwa in den Jahren 1930—1934 und 1945—1953.

Die Höhe des Einkommens der in der Landwirtschaft Beschäftigten ist in diesem Fall ohne Bedeutung, denn es kommt nur darauf an, das Existenzminimum zu sichern, weil es außerhalb der Landwirtschaft keine alternativen Existenzmöglichkeiten gibt. Für viele Entwicklungsländer ist das auch heute noch die wichtigste Aufgabe, die die Landwirtschaft zu erfüllen hat.

Möglichst viele Arbeitsplätze kann die Landwirtschaft nur bereitstellen, wenn der Arbeitskräftebesatz sehr hoch, die Betriebe also sehr klein, nicht mechanisiert und äußerst arbeitsintensiv organisiert sind. Abgesehen davon muß jedoch sehr aufwands- und kapitalextensiv gewirtschaftet werden. Sollen möglichst viele Leute in der Landwirtschaft ihre Existenz finden, muß der Eigenverbrauch hoch, die Marktleistung niedrig sein. Ertragssteigernde Hilfsmittel aller Art können kaum zugekauft werden, weil der Bargeldumsatz, gemessen am Rohertrag, sehr klein ist und die Absatzmöglichkeiten, sei es wegen hoher industrieller Arbeitslosigkeit, sei es wegen des geringen Anteils städtischer Bevölkerung an der Gesamtbevölkerung, beschränkt sind.

Vieh kann nur in dem Umfang gehalten werden, wie absolutes Futter vorhanden ist, denn der Veredlungsverlust bei der Verfütterung auch für die menschliche Ernährung geeigneter Produkte ist zu groß, als daß er in Kauf genommen werden könnte, weil jeweils 250 k verlorener Stärkeeinheiten eine menschliche Existenz weniger bedeuten. Natürlich muß absolutes Futter zunächst dem Zugvieh vorbehalten bleiben, und es müssen vorzugsweise Rinder gehalten werden, die gleichzeitig Fleisch und Milch liefern.

Eine Agrarstruktur, die den vorstehenden Kriterien entspricht, findet sich auch heute noch in den meisten Entwicklungsländern. Auch bei uns wurde sie in den Jahren der Not wieder angestrebt, in dem u. a. kleine „Nebenerwerbsstellen" ausgelegt wurden, groß genug, um die Ernährung der Familie, also das Existenzminimum, größtenteils zu sichern. Inwieweit eine Agrarstruktur dem Ziel, möglichst viele Existenzen je 100 ha bereitzustellen, entspricht, wird sich am ehesten am Anteil der Kleinbetriebe an der Gesamtzahl der Betriebe messen lassen. Ihnen müßten diejenigen Betriebe gegenübergestellt werden, die suboptimal sind, d. h. weniger Nahrungsmittel erzeugen, als zur Ernährung der Bauernfamilie erforderlich sind.

3. Nahrungsmittelversorgung

Die möglichst reichliche Versorgung einer städtischen Bevölkerung, die vier- oder fünfmal so zahlreich ist wie die landwirtschaftliche, mit Nahrungsmitteln war die Hauptforderung an die Agrarstruktur in den Hungerjahren nach den Kriegen, aber auch während der Autarkiebestrebungen vor dem letzten Kriege. Sie steht auch heute noch im Vordergrund der agrarpolitischen Diskussion in der Schweiz.

In diesem Falle ist eine Agrarstruktur optimal, die es gestattet, bei gegebenem Preisniveau hohe Arbeitsintensität mit hoher allgemeiner Intensität zu verbinden, also den Anbau leistungsstarker Kulturen unter höchstem Einsatz ertragssteigernder Hilfsmittel ermöglicht. Natürlich kann die Intensität um so höher sein, je günstiger die Preisverhältnisse für die Landwirtschaft sind.

Die Mechanisierung ist nur insofern von Bedeutung, als sie kalorienverbrauchende, tierische Zugkräfte einzusparen hilft und die Erzeugungsleistung je ha LN und je Kopf der zu versorgenden Bevölkerung, also nicht etwa ausschließlich die Produktivität je landwirtschaftlicher Arbeitskraft, steigert. Technisch gesehen ist also die Stufe der Zugkraftmotorisierung und der Halbmechanisierung am angemessensten, da die Vollmechanisierung zwecks Auslastung der Vollerntemaschinen bereits relativ große Anbauflächen und damit eine erhebliche Spezialisierung erfordert, die nicht mit einer Maximierung der Leistung je ha einhergehen kann.

Diesen Kriterien entspricht an sich der kleine bis mittlere Familienbetrieb — vorausgesetzt, sein Leiter ist gut ausgebildet und hat eine ordentliche Wirtschaftsberatung zur Seite —, der bei relativ hoher Marktleistung und relativ niedrigem Eigenverbrauch doch so viele Arbeitskräfte je ha hat, daß er mit der auf dem jeweiligen Standort höchstmöglichen Arbeitsintensität zu wirtschaften gezwungen ist. Größere Familienbetriebe oder Lohnarbeitsbetriebe können nicht mit gleicher Intensität wirtschaften; die ersteren, weil maximale Intensität sie zur Einstellung bezahlter Arbeitskräfte zwingen würde, deren Lohn höher als die von ihnen erzeugte zusätzliche Netto-Produktionsleistung wäre, die letzteren, weil sie nicht das Familieneinkommen ohne allzu große Rücksicht auf die gearbeitete Zeit, sondern den Reinertrag maximieren müssen.

Der Grenznutzen bezahlter AK oder auch AKh ist aber wesentlich niedriger als der unbezahlter Familienmitglieder. Mit anderen Worten: Das agrarpolitische Ziel der maximalen Erzeugungsleistung je ha kann nur auf Kosten der landwirtschaftlichen Familienbetriebe und deren Angehörigen erreicht werden, die bei relativ hohem AK-Besatz gezwungen werden, weit unter dem „Landarbeitertarif" bezahlte „Überstunden" zu leisten.

Auch der Kleinstbetrieb ist nicht in der Lage, mit maximaler Intensität zu wirtschaften, weil seine Größe ihm die Auslastung eines Schleppers nicht gestattet und seine relativ und absolut geringen Betriebseinnahmen ihm nicht erlauben, genügend ertragssteigernde Hilfsmittel zuzukaufen. In diesem Zielkonflikt zwischen „Bereitstellung von landwirtschaftlichen Arbeitsplätzen" und „maximaler Nahrungsmittelversorgung" liegt im übrigen die Tragik der meisten Entwicklungsländer. Eben weil zuviele Menschen eine Existenz in der Landwirtschaft finden müssen, können nicht genug Nahrungsmittel für die Gesamtbevölkerung produziert werden.

Die Zweckmäßigkeit der Agrarstruktur ließe sich in diesem Fall am ehesten am prozentualen Anteil der schlepperfähigen Familienbetriebe an der Gesamtzahl der Betriebe und am Anteil ihrer Wirtschaftsfläche an der LN messen. Beide sollten möglichst hoch, der Anteil der Kleinst- und Nebenerwerbsbetriebe, der Familienbetriebe mit Lohn-AK und der Lohnarbeitsbetriebe dagegen möglichst niedrig sein. Die Schwierigkeit, den Begriff

„Schlepperfähiger, halbmechanisierter Familienbetrieb mit hoher relativer und absoluter Marktleistung" statistisch brauchbar zu definieren, soll hier nicht weiter erörtert werden.

Die vorstehenden Kriterien und Maßstäbe dürften im übrigen auch der dritten Zielvorstellung entsprechen, denn in einer solchen Agrarstruktur finden relativ viele Familien eine gesunde Lebensgrundlage, d. h. sie werden reichlich ernährt und brauchen nicht unter Mangel an Eiweiß und Vitaminen zu leiden. Der ökonomische Zwang zu hoher Arbeitsintensität regt gleichzeitig die Geburtenfreudigkeit an, während eine Landwirtschaft, die lediglich das Existenzminimum zu sichern vermag, ökonomisch gesehen zur Geburtenbeschränkung (Aufklärung vorausgesetzt) führen sollte.

4. Sozialistische Großbetriebe

Neben ökonomischen und ernährungswissenschaftlichen Zielen kann die Änderung der Agrarstruktur auch vorwiegend politischen Zielen dienen, denen sich alle anderen unterzuordnen haben. Die vollständige Vergesellschaftung des Eigentums erfordert die Auflösung der einzelbetrieblichen Struktur und den Übergang zu verschiedenen juristischen Formen von sozialistischen Großbetrieben, die sich allerdings in ihrer ökonomischen Struktur nicht allzu sehr von einander unterscheiden. Den ökonomischen Bedingungen in den meisten sozialistischen Ländern entsprechend, sollte 1952 aber dennoch viel erzeugt und sollten außerdem noch Arbeitskräfte für die Industrialisierung freigesetzt werden.

Schon aus dem vorher Gesagten ergibt sich, daß „maximale Produktion" und „Hochmechanisierung", die ja zur Freisetzung von Arbeitskräften notwendig ist, miteinander nicht vereinbar sind. Selbst im halbmechanisierten Großbetrieb von 1 000 ha—5 000 ha, der an sich noch nicht gezwungen ist, zu extensivieren, sinken die Leistungen je ha, weil allein schon das Zusammenfassen unterschiedlicher Bodenarten in großen Schlägen von 10 ha oder 1 000 ha zur Ertragsminderung führt, weil Bodenart, Düngung, Kultur und Sorte nicht mehr optimal einander angepaßt werden können. Die Hochmechanisierung zwingt dann tatsächlich zur Extensivierung, weil zwangsläufig nur voll mechanisierbare Kulturen angebaut werden können, wenn man innerbetriebliche Ungleichgewichte vermeiden will. Das Ziel, landwirtschaftliche Arbeitskräfte an die Industrie abzugeben, wurde im Ostblock entweder nur mit erheblicher Verzögerung oder durch starke Extensivierung und Leistungseinschränkung erreicht, weil die Industrie nicht gleichzeitig mit der Sozialisierung auch schlagartig genügend Großmaschinen anbieten konnte.

Im übrigen sind der Rationalisierung durch Mechanisierung in der Landwirtschaft im Vergleich zur Industrie sehr enge Grenzen gesetzt. Landmaschinen können nicht beliebig groß konstruiert werden, weil die Landmaschinen zum Feld und nicht umgekehrt — wie in der Industrie — das Material, d. h. der Boden, die Ernte auf dem Halm usw. zur Maschine gebracht werden.

Mit wachsender Betriebsgröße steigen daher die Transportkosten der Maschinen und Produkte, ohne daß noch Rationalisierungseffekte möglich wären. Der zweite, vollausgelastete Mähdrescher arbeitet nicht rationeller als der erste, die Gemeinkosten für Betriebsleitung und Aufsicht steigen jedoch mit der Zahl der Maschinen progressiv an.

Die Zweckmäßigkeit einer Agrarstruktur, deren wirtschaftliche Ziele in Widerspruch miteinander stehen, läßt sich daher auch nicht mit agrarstatistischen, sondern nur noch mit politischen Maßstäben messen.

4. Angemessene landwirtschaftliche Einkommen

Nachdem die Menschen bei uns in der BRD auch außerhalb der Landwirtschaft leicht eine Existenz finden konnten und die Bevölkerung infolge des erheblichen produktionstechnischen Fortschrittes und unserer Mitgliedschaft in der EWG sowie einer positiven Devisenbilanz reichlich mit Nahrungsmitteln versorgt wird, wird diejenige Agrarstruktur als zweckentsprechend angesehen, die den landwirtschaftlichen Arbeitskräften wenigstens ein industriegleiches Einkommen ohne Rücksicht auf die Zahl der in der Landwirtschaft Beschäftigten und ohne Rücksicht auf die Höhe der Nahrungsmittelerzeugung ermöglicht.

Dieses Ziel wird sich nur bei hoher Netto-Arbeitsproduktivität erreichen lassen, d. h. bei hoher spezieller Intensität, weitgehender Spezialisierung und Vollmechanisierung. Im Gegensatz zu einer weit verbreiteten Auffassung erfordert die Hoch- und Vollmechanisierung jedoch nicht den Großbetrieb von 500 ha—1 000 ha oder mehr, oder besser gesagt, den großen Lohnarbeitsbetrieb. Um die Rationalisierungsmöglichkeiten der Vollmechanisierung auszuschöpfen, genügt es vielmehr, von jeder vollmechanisierungsfähigen Kultur soviel anzubauen, daß die jeweils größte (leistungsfähigste) Maschinen-Kombination vollständig ausgenutzt werden kann. Eine Verdoppelung von Flächen und Maschinen bringt keinerlei Rationalisierungseffekt. Aus den Gesetzen der Fruchtfolge und dem Zwang zum Arbeitsausgleich ergibt sich dann die Zahl der mindestens notwendigen Feldfrüchte und damit die optimale Betriebsfläche. Aus der Tatsache, daß bereits eine voll ausgelastete Maschine der jeweiligen Kategorie optimal ist, eine Vervielfachung der gleichzeitig eingesetzten Maschinen dagegen die Gemeinkosten unverhältnismäßig stark ansteigen läßt und moderne Großmaschinen größtenteils nur einen Mann zur Bedienung erfordern, ergibt sich, daß der Betrieb mit zwei bzw. drei Arbeitskräften durchaus in der Lage ist, die bei den jeweiligen technischen und wirtschaftlichen Verhältnissen höchstmöglichen Einkommen je AK zu erwirtschaften. Zwei bis (zeitweilig) drei Arbeitskräfte sind immer dann nötig, wenn unterschiedliche Maschinen zu Arbeitsketten zusammengestellt werden müssen (z. B. Ernten, Abfahren, Lagern). Der Lohnarbeitsbetrieb, d. h. der Betrieb mit 20 oder 200 Arbeitskräften, kann — technisch gesehen — unmöglich höhere Einkommen je AK erzielen. Besondere Vorteile auf dem Markt hat auch der Großbetrieb heute nicht mehr, weil er, gemessen an der Nachfrage, nur kleine Mengen anbieten kann und genauso wie der Zwei-Mann-Betrieb sich in Erzeugergemeinschaften oder Genossenschaften zusammenschließen muß. Lediglich bei niedrigem Ausbildungsstand der Agrarbevölkerung hat der Großbetrieb mit Tausenden von Hektar den Vorzug, neuere Produktionstechniken mit weniger Agrar-Ingenieuren auf großen Flächen schnell anwenden zu können.

Wie weit eine Agrarstruktur den vorstehenden Kriterien entspricht, läßt sich natürlich nur schwer messen. Der technische Fortschritt bringt jedes Jahr neue, größere und leistungsfähigere Maschinen heraus. Die optimale Fläche für den Zwei-Mann-Betrieb wächst also ständig. Im übrigen ist es auch denkbar, daß auf bestimmte Kulturen spezialisierte Nebenerwerbsbetriebe Hochleistungsmaschinen einsetzen (siehe Abschnitt III).

Da die optimale Flächenleistung der einzelnen Landmaschinen und die jeweiligen Anbauflächen bekannt sind, wäre es möglich, im Stadium der Vollmechanisierung die Auslastung der in einem bestimmten Gebiet vorhandenen Landmaschinen als Maßstab für die Zweckmäßigkeit der Agrarstruktur zu nehmen. Je niedriger die Auslastung, desto schlechter ist die vorhandene Agrarstruktur (Übermechanisierung, wie wir sie heute in der BRD antreffen). Dieser Maßstab scheint sinnvoller als die Höhe der je AK erzielten Einkommen, die einmal sehr schwer objektiv zu berechnen sind und immer nur mit den in anderen Wirtschaftszweigen erzielten Einkommen verglichen werden können. Mit der absoluten Höhe der Einkommen ist jedoch nichts darüber ausgesagt, ob die landwirtschaftlichen Einkommen deshalb so hoch oder so niedrig sind, weil die Preis-Kosten-Verhältnisse so sind, oder aber weil die Agrarstruktur eben nur eine mehr oder weniger suboptimale Kombination der Produktionsfaktoren und gute oder schlechte Ausnutzung der technischen Hilfsmittel erlaubt. Im übrigen würde dieser Maßstab auch nicht den Neben- oder Zuerwerbsbetrieb diskreditieren, wie das etwa die „durchschnittliche Betriebsgröße" als Kennziffer tat, und gleichzeitig die segensreiche Einrichtung der Maschinengemeinschaften und Maschinenringe mit einbeziehen.

Ein weiterer Maßstab könnte insbesondere in Grünlandgebieten der Anteil optimal großer Viehherden an der Gesamtzahl aller Viehherden einer Gattung sein. Die statistischen Unterlagen für solche Berechnungen wären ebenso wie die technisch-wissenschaftlichen vorhanden. Allerdings wäre auch dieser Maßstab quantitativ auf Grund des technischen Fortschrittes nur kurze Zeit gültig.

5. Befriedigung immaterieller Bedürfnisse und Umweltschutz

Seit einigen Jahren wird der Landwirtschaft und damit auch der Agrarstruktur eine neue Aufgabe gestellt, nämlich die Bedürfnisse der Allgemeinheit nach Luft und Licht, schöner Landschaft zum Wandern, Spazierengehen, Erholen in vielfältiger Form zufriedenzustellen. Im Gegensatz zu den immateriellen Bedürfnissen der in der Landwirtschaft Tätigen, wie etwa abwechslungsreiche, gesunde Arbeit im Freien, soziale Sicherheit, gesellschaftliches Ansehen, sind diese neuen Ziele, ebenso wie der Umweltschutz und die Landschaftspflege, nur schwer mit dem Ziel der „Einkommensmaximierung je AK" zu vereinbaren.

Eine schöne, von Bewuchs und Relief her vielfältig strukturierte, abwechslungsreiche Landschaft läßt sich kaum rationell bewirtschaften. Zahlreiche Hänge, Gehölze, Waldränder etc. stören — ebenso wie kleinere Parzellen — den Einsatz großer Landmaschinen erheblich, wenn sie ihn nicht gar unmöglich machen. Umgekehrt lädt eine rationell, großflächige und spezialisiert genutzte Landschaft den Erholungsuchenden kaum zum Verweilen ein, der im übrigen von der Landwirtschaft, Jägern und manchen Förstern auch nicht sonderlich gern gesehen wird, weil er den rationellen Betrieb stört oder gar Schaden durch Lagern, Querfeldeingehen etc. anrichtet, es sei denn, er beschränkt sich ausschließlich auf Feld- und Waldwege.

So zwingt vielleicht in Zukunft der Interessenkonflikt zwischen Einkommensmaximierung und den Bedürfnissen der Erholungsuchenden zu einer Entmischung der Nutzung und zu einer weitgehenden Spezialisierung der Landschaften in Erholungslandschaft einerseits und intensiv landwirtschaftlich genutzte Flächen andererseits. Das bedeutet nicht, daß die Erholungslandschaft nicht mehr intensiv landwirtschaftlich genutzt werden kann, sondern lediglich, daß sich extensive Nutzungsformen, wie etwa die Weidehaltung von Rindvieh, Schafen und Ziegen, die am besten gehütet werden, mit den Ansprüchen der Erholungsuchenden weitaus besser vertragen als intensiver Ackerbau.

Nur eine extensive Landwirtschaft könnte, ohne gegen eigene Interessen zu verstoßen, die Landschaft auch so pflegen und offenhalten, wie es zumindest ein Teil der Erholungsuchenden wünscht. Allerdings erlaubt die Agrarstruktur den meisten Erholungsgebieten z. Z. noch nicht eine derartige Nutzung. Eine Ausnahme machen lediglich die Hochalpen und Almen.

Auch Landschaftspflege und Umweltschutz scheinen mit der intensiven Landwirtschaft in einem gewissen Interessenkonflikt zu stehen. Es kann keinem Zweifel mehr unterliegen, daß intensiv genutzte Ackerflächen stärker erosionsgefährdet sind und weniger Wasser zu halten und zu speichern vermögen als — in ansteigender Reihenfolge — Weiden, Wiesen, verwilderte Flächen und Wald. Sorgfältige Drainierung, Ausbau von Vorflutern und Flüssen beschleunigen den Ablauf des von der Allgemeinheit immer dringender benötigten Wassers ins Meer, das eher als Grundwasser für Städte und Industrie benötigt wird. Intensive Düngung kann auf bestimmten Böden zur Anreicherung des Grundwassers mit

Düngesalzen führen. Gewisse Rückstände von manchen Pflanzenschutzmitteln in pflanzlichen und tierischen Erzeugnissen können unter Umständen gesundheitsgefährdend sein. Mit anderen Worten: Die intensive landwirtschaftliche Nutzung mit dem Ziel der Einkommensmaximierung je AK hat keineswegs immer und überall, auch dann nicht, wenn die Bodenfruchtbarkeit optimal erhalten wird, diejenigen Wirkungen automatisch zur Folge, die von Landschaftspflege und Umweltschutz seit kurzem im Interesse der Allgemeinheit gewünscht werden müssen.

Die Agrarstruktur, die vom Standpunkt der Landschaftspflege, des Umweltschutzes und der Erholung aus optimal ist, wird eventuell eine volle Ausnutzung der gegebenen technischen und ertragssteigernden Mittel nicht zulassen. Diese Gesichtspunkte sind allerdings so neu und bisher noch zu wenig quantifiziert, als daß Maßstäbe zur Beurteilung der Zweckmäßigkeit der Agrarstruktur in dieser Hinsicht weder formuliert noch qualifiziert werden können. Insbesondere wird man heute noch nicht sagen können, ob — und wenn ja, welche — Einkommensminderungen die Landwirtschaft im Vergleich zum — theoretisch — erzielbaren Maximal-Einkommen im Interesse der Allgemeinheit hinnehmen muß, da sich noch nicht einmal die Ansprüche der Allgemeinheit objektiv festlegen und auch quantifizieren lassen.

III. Spekulationen über die weitere langfristige Entwicklung

1. Allgemeine Entwicklungstendenzen der siebziger Jahre

Für die siebziger Jahre ist zunächst einmal zu erwarten, daß sich die Entwicklungstendenzen, die sich schon in der letzten Dekade statistisch genau verfolgen ließen, verstärkt durchsetzen werden. Auf Grund der Überschuß-Situation, die inzwischen wohl allen Landwirten bewußt geworden ist, rechnet kaum jemand mehr ernsthaft damit, daß sich die landwirtschaftlichen Einkommen durch eine reale Anhebung der Agrarpreise nennenswert verbessern ließen. Da auch, zumindest in Deutschland, Belgien und Holland, die Rationalisierungsreserven im Einzelbetrieb soweit ausgeschöpft sind, daß sich nennenswerte Einkommensverbesserungen ohne grundlegende Änderung der Betriebsorganisation nicht erreichen lassen, ist vielmehr zu erwarten, daß immer mehr und mehr Betriebe bzw. Betriebsleiter aus der Landwirtschaft ausscheiden werden. Diese an sich schon vorhandene Tendenz wird durch die von der Bundesregierung und der Europäischen Kommission angekündigten sozialen Maßnahmen für die Ausscheidungswilligen verstärkt werden. In dem Augenblick, in dem die Altersversorgung gesichert oder der Berufswechsel erleichtert wird, ist damit zu rechnen, daß zahlreiche Landwirte von diesen Möglichkeiten auch Gebrauch machen.

Die Zahl der Betriebe wird also in nennenswertem Umfange abnehmen (siehe Abb. 1), gleichzeitig natürlich auch die Zahl der landwirtschaftlichen Vollarbeitskräfte. Ein kontinuierliches Wachsen der durchschnittlichen Betriebsgröße wird die Folge sein. Allerdings steht zu vermuten, daß in Zukunft nicht nur die Zahl der Betriebe unter 20 ha abnehmen wird, sondern daß diese Entwicklung auch die Gruppe der Betriebe von 20 ha bis 30 ha erfassen wird, die bisher eher zugenommen hat. Gegen Ende der Periode werden auch die Betriebe unter 50 ha zur Gruppe der langsam verschwindenden Betriebe gehören, da weitere Mechanisierungs- und Rationalisierungsmöglichkeiten vor allem den Betrieben zwischen 50 ha und 150 ha zugute kommen werden. Freilich werden auch Betriebe dieser Größe dann als Familienbetriebe bewirtschaftet werden, es sei denn, sie sind bereit, sich zu größeren Unternehmensformen zusammenzuschließen. Der ausgeprägte Individualismus der bäuerlichen Bevölkerung wird jedoch die Verbreitung der „Kooperation" in Form von Unternehmen der verschiedensten Art erschweren.

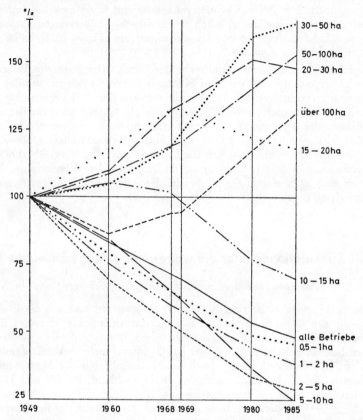

Abb. 1: *Bisherige und vermutliche künftige Entwicklung des Anteils der einzelnen Betriebsgrößenklassen an der Zahl der Betriebe 1949—1985*

Quellen: Grüner Bericht 1970, Seite 140. — PETERSEN, R.: Entwicklung der Agrarstruktur in der BRD bis 1985, DLP Nr. 24 — 1970.

So wahrscheinlich diese recht allgemeinen Voraussagen sind, so bedürfen sie doch im einzelnen der Modifizierung, und zwar sowohl in betriebsorganisatorischer Hinsicht als auch in Bezug auf die Bewirtschaftungsform und die Agrarregionen.

2. Tendenz zur Spezialisierung

Die in der Vergangenheit zu beobachtende Vereinfachung der Betriebe wird langsam in eine immer stärkere Spezialisierung der Betriebe einmünden. Dabei werden sich vermutlich nicht nur betriebstypische Spezialisierungsformen herausbilden, sondern die Spezialisierung zu einem erheblichen Teil auch von den natürlichen und ökonomischen Bedingungen der Region bestimmt werden. Damit dürfte dann, wie schon vor dem Ersten Weltkrieg, eine verstärkte interregionale Zusammenarbeit einhergehen.

144

Das allein schon deswegen, weil die Spezialisierung es dem einzelnen Betrieb gestattet, gewissermaßen einen erheblichen Teil des Rationalisierungseffektes der Betriebsvergrößerung vorwegzunehmen. Das Ausscheiden zu kleiner, nicht mechanisierungsfähiger Betriebszweige gestattet es ihm, den oder die verbliebenen Zweige quantitativ und umsatzmäßig soweit zu vergrößern, daß er sie voll mechanisieren kann. Der spezialisierte Familienbetrieb kann deshalb genauso rational wirtschaften wie der große Lohnarbeitsbetrieb mit 10 oder 20 Arbeitskräften, ohne dessen Nachteile (hohe feste Lohnkosten, hohe Gemeinkosten, unelastisches Angebot an Arbeitskräften) in Kauf nehmen zu müssen. Anders ausgedrückt: Die Spezialisierung und die damit verbundene zwischenbetriebliche und interregionale Arbeitsteilung ist die einzige Möglichkeit, die Vorteile des Familienbetriebes (2 AK) mit denen der Hochmechanisierung zu verbinden.

Folgende Spezialisierungsformen, die im Detail zu beschreiben hier nicht möglich ist, wären praktikabel:

— Abmelkbetriebe mit und ohne Kälbermast (mit und ohne Winterfuttergewinnung, auf Ackerbau- oder Grünlandbasis);
— Futterbau — Milchvieh — Aufzuchtbetriebe (Färsen und/oder Bullen) (mit und ohne Rauhfutterzukauf);
— Ammenkuhhaltung mit Rindermast;
— Jungbullenmast auf Basis von Grünland oder Ackerland;
— Färsenaufzucht auf Grünland (mit oder ohne Haltung während des Winters, mit oder ohne Winterfuttergewinnung);
— Verlängerte Jungrindermast;
— Magerviehaufzucht (nur während des Sommers), auch im Nebenerwerb;
— Koppelschafhaltung mit Lämmermast;
— Hüte — Schäferei;
— Schweinezuchtbetrieb auf Acker- und Grünlandbasis;
— Viehhaltung ohne LN (Schweine, Hühner, Hähnchen);
— Viehloser Futterbaubetrieb (Rauhfutterverkauf), besser im Nebenerwerb;
— Viehloser, vereinfachter Ackerbaubetrieb (spezialisiert auf Getreide und Rüben, Getreide und Kartoffeln);
— Getreidebaubetrieb, besser im Nebenerwerb;
— Vereinfachter Ackerbaubetrieb mit spezialisierter, winterlicher Viehhaltung (Schweine auf Kartoffelbasis, Bullen auf Rüben- oder Maisbasis);
— Obstbau, Gemüsebau, Blumen und Zierpflanzen.

Alle diese Formen gestatten, unter jeweils genau definierbaren natürlichen und betriebswirtschaftlichen Bedingungen ein Einkommen zu erzielen, das unter gleichen Bedingungen durch andere, weniger spezialisierte Formen nicht erwirtschaftet werden kann. Allerdings eignen sich Betriebsformen, die nur während der Sommermonate die Arbeitskräfte auslasten, eher für den Nebenerwerbsbetrieb, weil nur in Ausnahmefällen im Sommer genügend Einkommen für das ganze Jahr erwirtschaftet werden kann.

3. Nebenerwerbsbetriebe

In allen Gebieten, in denen den Bauern genügend attraktive gewerbliche Arbeitsplätze angeboten werden, könnte sich allerdings die Abnahme der Zahl der Betriebe und das Wachstum der durchschnittlichen Betriebsgröße sehr stark verlangsamen, wie sich das bis jetzt schon in den industrienahen Agrarzonen Hessens, Baden-Württembergs und des Rheinlands beobachten läßt, obwohl die landwirtschaftlichen Arbeitskräfte beschleunigt abnehmen.

In diesen Gebieten hat nämlich der Nebenerwerbsbetrieb auch in Zukunft so große Chancen, daß ökonomisch denkende Landwirte sicher davon Gebrauch machen werden. Das wäre dann der Fall, wenn die Nebenerwerbslandwirte lernen würden, ihre Betriebe nicht wie Mini-Betriebe, d. h. als vielseitige Selbstversorgerbetriebe, zu organisieren, sondern sich auf arbeitssparende, hoch spezialisierte Betriebsformen umstellen würden. Arbeitsspitzen, die leicht während des Urlaubs bewältigt werden können, müssen, im Gegensatz zur sonstigen Praxis, zugunsten einer Entlastung der täglichen Arbeit angestrebt werden. Die viehlose Bewirtschaftung wird sich am ehesten eignen. Sie gestattet, bei einseitiger, spezialisierter Betriebsform und Einsatz aller technischen Hilfsmittel (im Eigentum oder durch Maschinenringe), Flächen von 50 ha—100 ha auch im Nebenerwerb zu bewirtschaften und daraus ein beträchtliches Einkommen zu erzielen. Ein Deckungsbeitrag von DM 500/ha bis DM 1 000/ha kann durchaus erzielt werden. Die Festkosten sind recht niedrig, wenn die wenigen Maschinen gut ausgenutzt oder Leihmaschinen eingesetzt werden.

Folgende Formen wären denkbar:

— Viehloser Roggenbaubetrieb (bis 100 ha) (ewiger Roggenanbau mit Seradella-Einsatz, unter bestimmten Bedingungen auch als ewiger Gersten-Weizen-Anbau [mit Untersaat] möglich);

— Viehloser Futterbaubetrieb, verkauft Heu an spezialisierte Viehhaltungsbetriebe (bis 60 ha);

— Sommerviehhaltung (Ochsenmast, Pensionsvieh aller Art, Koppelschafhaltung) (bis 80 ha).

Würden sich die Landwirte entschließen, so radikal umzudenken und den Nebenerwerbsbetrieb nicht mehr als „Pütscher-Betrieb" anzusehen, bei dem im übrigen die Hauptlast der Frau aufgebürdet wird, so bestünde beim Berufswechsel innerhalb des Bereichs für sie keinerlei Anlaß mehr, ihre Flächen zu verpachten oder zu verkaufen. Die sichtbare, d. h. die an der Betriebsgröße gemessene Agrarstruktur bliebe erhalten, obwohl sich Organisation, Bewirtschaftungsform und Auslastung der Maschinen grundlegend geändert hätten.

4. Beschleunigung in begünstigten Gebieten

Auf jeden Fall dürfte die im statistischen Mittel zu erwartende Entwicklung regional sehr unterschiedlich verlaufen. Für die von Natur aus begünstigten Gebiete, die sich heute schon durch eine vergleichsweise günstige Agrarstruktur und trotzdem eine deutlicher sichtbare Tendenz zum größeren Betrieb hin auszeichnen, ist wohl mit einer weiteren Beschleunigung des Anpassungsprozesses zu rechnen. Die gut geleiteten, größeren Betriebe auf guten Böden sind am ehesten in der Lage, das zur Betriebsvergrößerung — Pacht oder Zukauf — notwendige Kapital zu bilden. Auch haben sie auf Grund ihrer hohen Bodenwerte eher die Möglichkeit, Fremdkapital aufzunehmen, ganz einfach, weil ihre Beleihungsfähigkeit größer und ihre „tragbare Belastung" höher ist. Auch spielt in diesen Gebieten der Verkauf von Bauland zur Kapitalbeschaffung eine größere Rolle.

Andererseits zeigt ein Blick in die Buchführungsstatistik, daß die Disparitäten innerhalb gleicher Gebiete um so größer sind, je besser die Ertragsverhältnisse sind. Hohen Reinerträgen und Arbeitseinkommen auf der einen Seite stehen beachtliche Betriebsverluste und relativ niedrige Netto-Einkommen auf der anderen Seite gegenüber. Gerade unter den größeren Betrieben auf besseren Böden findet sich eine erstaunlich große Zahl von sehr hoch verschuldeten Betrieben. Weniger aus ökonomischen, noch aus technischen, vielmehr aus soziologischen Gründen scheinen hier oft die Anpassungsschwierigkeiten besonders groß zu sein.

Der mit dem Rückgang der Arbeitskraft bei gleicher Flächenausstattung verbundene soziale Abstieg vom „Gutsbetrieb" zum „großbäuerlichen Betrieb" oder vom „Großbauern" zum Familienbetrieb mit dem Zwang, nicht nur zu leiten, sondern selbst mit Hand anzulegen, ist mindestens ebenso schwierig zu vollziehen wie die Mechanisierung. Nicht zuletzt deswegen, weil das zur Betriebsumstellung notwendige Eigenkapital nur durch Konsumverzicht (oder Landverkauf) aufgebracht werden kann, ein Verzicht, der um so schwerer fällt, als in bisher sozial vergleichbaren Schichten die Einkommen kräftig stiegen und auch der Landwirt, allein aus Gründen des Sozialprestiges, mithalten wollte.

Die Wahrscheinlichkeit, daß diese Betriebe in absehbarer Zeit aus wirtschaftlichen Gründen zur Aufgabe gezwungen sein werden, dürfte ziemlich groß sein. Deswegen könnten gerade in den bevorzugten Gebieten die Dinge schneller ablaufen, als dies im Durchschnitt für das Bundesgebiet zu erwarten ist, es sei denn, diesen Betrieben ist psychisch schon und finanziell noch der Übergang zum Nebenerwerbsbetrieb möglich.

5. Gebiete mit ungünstigen Produktionsbedingungen

In allen Gebieten, in denen die Agrarstruktur schlecht ist, die natürlichen Produktionsbedingungen wenig günstig und die Industriedichte, d. h. das Angebot an industriellen Arbeitsplätzen klein ist, wird wohl die Entwicklung, zumindest zunächst, noch sehr langsam verlaufen. Der Mangel an Alternativen einerseits und die in ärmlichen Gebieten, wie bereits gesagt, besonders ausgeprägte Angst vor dem Risiko, das jeder Berufswechsel und jede Änderung der Betriebsorganisation mit sich bringt, werden die bäuerliche Bevölkerung dazu veranlassen, am Boden festzuhalten und ihre Betriebe noch nicht aufzugeben. Da die Lebensführung bescheiden und die Verschuldung niedrig sind, ist das auch durchaus möglich. Erst der Generationswechsel, der auch in diesen Gebieten meist besonders lange auf sich warten läßt, wird hier Wandel bringen können.

Diese Tendenz zur Verzögerung einer unausweichlichen Entwicklung ist jedoch durchaus zu begrüßen. Denn gerade diese industriellen und agrarischen „Notstandsgebiete" neigen eher als andere dazu, völlig von der Bevölkerung aufgegeben zu werden, wenn es nicht gelingt, andere, befriedigende Einkommensquellen, wie Industrie und Fremdenverkehr, rechtzeitig zu erschließen. Solche regionalen Entwicklungsprogramme brauchen jedoch viel Zeit bis zu ihrem Wirksamwerden, und insofern ist die retardierende Haltung gerade der Bevölkerung dieser Gebiete eher von Vorteil als von Nachteil. Andererseits wünscht sich natürlich die anzusiedelnde Industrie eine aufgeschlossene und für die Industriearbeit auch geeignete Bevölkerung. Das bedeutet jedoch nicht, daß sich die Regionalpolitik mit der Industrieansiedlung Zeit lassen könnte. Im Gegenteil ist Eile geboten, denn es ist, entsprechend dem Raumordnungsbericht der Bundesregierung, anzunehmen, daß die langfristige konjunkturelle Entwicklung die Industrieansiedlung in ländlichen Räumen nach 1975 erheblich erschweren, wenn nicht gar unmöglich machen wird.

Werden jedoch keine originären, neuen Einkommensmöglichkeiten erschlossen, so besteht gerade in diesen Gebieten ohne Industrie und ohne Fremdenverkehr die große Gefahr, daß gleichzeitig mit dem relativen Rückgang der Einkommen der landwirtschaftlichen Bevölkerung auch das Einkommen der Derivativen zurückgeht und die Tertiären noch eher abwandern als die landwirtschaftliche Bevölkerung, die dann natürlich folgen wird. Die Gebiete werden sich, wenn nichts geschieht, langsam entleeren.

Ob allerdings der Ausdruck „langsam entleeren" zutreffen wird, ist fraglich. Eine schrittweise Vergrößerung der Betriebe durch Zukauf oder Zupacht scheitert nämlich nicht nur an der mangelnden Mobilität des Bodens, sondern auch daran, daß diese Betriebe kein Kapital zur Betriebsvergrößerung bilden können. Es wäre daher nicht ausgeschlossen, daß sich hier die Entwicklung nicht kontinuierlich, sondern stufenweise vollziehen wird, zumal bei einer Vergrößerung der Betriebe von z. B. 5 ha auf 10 ha sich die Einkommenslage nicht nennenswert ändert. Eine massenhafte Betriebsaufgabe zu einem späteren Zeitpunkt kann daher nicht ausgeschlossen werden.

6. Extensive Nutzung von Grenzböden

An dem Brachfallen größerer Flächen könnte die europäische Agrarpolitik, nicht nur der Verbesserung der Agrarstruktur wegen, ein erhebliches Interesse haben, da sie mehr und mehr mit dem Problem konfrontiert ist, daß langfristig die Erträge je ha erheblich schneller zu steigen scheinen als die Nachfrage. Anders ausgedrückt: Zur Versorgung der europäischen Bevölkerung mit Nahrungsmitteln wird langfristig immer weniger Fläche benötigt. Immer mehr landwirtschaftliche Nutzfläche wird also überflüssig. Für Frankreich hat die VEDEL-Kommission geschätzt, daß ca. 33 % der heutigen LN bis 1980/85 brachliegen müßten, um Angebot und Nachfrage im Gleichgewicht zu halten. In Deutschland wird es kaum weniger sein, also 3—4 Millionen ha.

Folgt man der ökonomischen Logik, so müßten natürlich diejenigen Flächen aufgegeben werden, die den Bauern bei der gegenwärtigen Agrarstruktur die kleinsten Einkommensmöglichkeiten bieten, also die „Grenzböden" im eigentlichen Sinne. Ob das Problem wirklich in dieser Größenordnung auftreten wird, ist noch nicht ganz sicher, denn noch (1970) gibt es in der BRD laut der offiziellen Statistik nicht mehr als 212 000 ha Brache, das sind allerdings 35 % mehr als im Durchschnitt der Jahre 1964/69[3]. Es dürfte daher gut sein, sich schon jetzt die Frage vorzulegen, was aus diesen Flächen eigentlich wird:

— Bleiben sie brach liegen und verwildern langsam?
— Werden sie von privater oder öffentlicher Hand aufgeforstet?
— Werden sie als Erholungslandschaft und Naturparks genutzt?
— Werden sie von lufthungrigen Städtern aufgekauft und zum Konsumgut, oder
— gibt es etwa noch andere, agrarische Nutzmöglichkeiten?

Tritt das Problem wirklich in der skizzierten Größenordnung auf, so können diese Flächen weder von der Forstwirtschaft noch von den erholungsuchenden Städtern vollständig absorbiert werden. Sie werden daher brach liegen bleiben und verwildern, wenn sie nicht neuen agrarischen Nutzungsmöglichkeiten zugeführt werden.

Es ist nämlich durchaus denkbar, daß sich völlig neue Betriebsformen auf diesen Grenzböden herausbilden, die in dem Moment ökonomisch sinnvoll werden, in dem der Wert des Bodens sich Null nähert. Dann müßten sich auch unter europäischen Verhältnissen extensive Betriebsformen, wie der ewige Getreidebau auf großen Flächen, die von Wirtschaftsgebäuden und Hofstätten nicht belastet werden, oder die extensive Weidewirtschaft lohnen.

Dabei darf keineswegs an die sehr extensive Weidehaltung Nord- und Südamerikas und Afrikas gedacht werden, bei der nur ein Stück Großvieh auf 10 ha oder gar 20 ha gehalten werden kann. Die klimatischen Verhältnisse Mittel- und insbesondere West-

---

[3]) Man kann vermuten, daß die Dunkelziffer erheblich ist, da anscheinend auch die Nebenerwerbsbauern nur widerstrebend zugeben, Flächen nicht mehr zu nutzen.

europas einerseits und die Lebendviehpreise andererseits sind hier um so viel günstiger und werden es auch bleiben, daß eine regelrechte „Bewirtschaftung" dieser Flächen rentabel sein dürfte. Während es sich in Übersee um eine reine Aneignung von vorhandenem Futter handelt, bei der sich Investitionen lediglich für Tränken und Krankheitsbekämpfung lohnen, würden die europäischen Verhältnisse einen weit höheren Einsatz rechtfertigen. Einfriedung, Unterteilung und Pflege der Flächen, wahrscheinlich auch Düngung, sowie die Haltung europäischer Intensivrassen würden auch bei relativ extensiver Wirtschaftsform rentabel sein.

Problematisch wäre lediglich die Versorgung des Viehs mit Futter während des Winters. Eine Reihe sehr verschiedener Möglichkeiten ist jedoch denkbar. Am rentabelsten dürfte die Arbeitsteilung mit den intensiven Ackerbaubetrieben sein, die auf dem Acker im Sommer Winterfutter erzeugen, das im Winter an das Vieh der Weidebetriebe verfüttert wird. Diese Form der Arbeitsteilung ist im Prinzip seit langem bekannt und brauchte nur den jeweiligen Bedingungen und Vieharten angepaßt werden. Insbesondere muß geprüft werden, ob es besser ist, das Vieh zum Futter oder das Futter zum Vieh zu transportieren.

An zweiter Stelle stünde die Winterfuttergewinnung im Weidebetrieb selbst. Sie stößt gerade in hängiger Lage, auch dann, wenn sie möglichst extensiv betrieben wird, auf größere Schwierigkeiten, weil sich Maschinen zur Heu- und Silagegewinnung nicht leicht einsetzen lassen. Die hängigen Grenzböden bedürfen unter diesen Umständen einer gewissen Ergänzung durch mechanisierungsfähige Flächen für die Winterfuttergewinnung.

Im Rahmen der sehr extensiven Viehhaltung könnte es sich sogar um relativ kleine Mengen handeln, da die Tiere nicht im Stall, sondern auch im Winter auf der Weide bleiben könnten und nur einen Teil des Erhaltungsfutters bekämen, den Rest müßten sie sich selbst suchen. Ob es allerdings tatsächlich wirtschaftlich sein wird, in der Extensivierung und der Flächenverschwendung so weit zu gehen, scheint zumindest fraglich. Gerade die Preise für Rind- und Schaffleisch werden in Europa voraussichtlich immer eine solche Höhe behalten, daß sich das Erhaltungswinterfutter und vielleicht auch noch etwas Leistungsfutter immer bezahlt macht.

Es gibt vermutlich sehr zahlreiche Möglichkeiten, sei es mit Rindern, Schafen, Pferden oder Ziegen, extensive Weidewirtschaft auf großen Flächen zu betreiben, die gleichzeitig eine befriedigende Rendite abwirft und im übrigen nebenher die Aufgaben des Landschaftsschutzes und der Landschaftspflege übernimmt. Eine Aufrechterhaltung der bisherigen, bäuerlichen Agrarstruktur um jeden Preis ist hierfür bestimmt nicht notwendig. Welche Nutzungsformen auf Grenzböden denkbar scheinen, geht aus Tabelle 2 hervor.

Der Flächenbedarf der einzelnen Formen ist außerordentlich unterschiedlich und wird zwischen 50 ha bei den Nebenerwerbsformen und 500 ha—1 000 ha bei den extensiven Weidewirtschaften schwanken.

Hier kann selbstverständlich nicht erörtert werden, unter welchen natürlichen und wirtschaftlichen Bedingungen die einzelnen Formen in Frage kommen. Das muß späteren Untersuchungen vorbehalten bleiben. Die Vielfalt der Möglichkeiten scheint zumindest eines deutlich zu machen, nämlich, daß auch in Zukunft die mitteleuropäische Landschaft genutzt werden wird. Mit einem Verwildern von riesigen Flächen braucht nicht gerechnet zu werden, wohl jedoch mit einem Verschwinden der gegenwärtigen Agrarstruktur auf weiten Flächen und einer beachtlichen Veränderung auf anderen. Sache der Landesplanung ist es, mittels Industrieumsiedlung, Fremdenverkehr etc. das Entleeren dieser Räume zu verhindern. Das Problem ist dringender und größer, als dies die meisten glauben.

Tabelle 2:

Schematische Darstellung extensiver agrarischer Nutzungsformen von Grenzböden

	Vieh-zukauf	Rauh-futter-zukauf	Winter-fütterung auswärts	Sommer-vieh-haltung allein	Verkauf nach
I. Rindviehhaltung					
A. Haupterwerb					
1. Produktion und Aufzucht von Magervieh	nein (Mutterkuh-haltung)	nein (Winterfutter-gewinnung, Winterweide)?	nein	nein	18—30 Monaten
2a. Aufzucht v. Magervieh, Färsen	ja (6-12 Mon., Frühjahr)	nein	nein	nein	18 Monaten
2b. Aufzucht v. Magervieh, Färsen	ja	nein	ja	nein	18 Monaten
2c. Aufzucht v. Magervieh, Färsen	ja	ja	nein	nein	18 Monaten
B. Nebenerwerb					
1. Sömmerung von Färsen und Magervieh	12 oder 24 Mon.	nein	nein	ja	6 Monaten
II. Schafhaltung (Ziegen)					
A. Haupterwerb (Hüten)					
1a. Wolle-Fleisch-Produktion	nein	nein	nein	nein	
1b. Wolle-Fleisch-Produktion	nein	ja	nein	nein	
1c. Wolle-Fleisch-Produktion	nein	nein	ja	nein	
2a. Wolle-Fleisch-Milch	nein	nein	nein	nein	Lämmer nach 6 Monaten und Merzen
2b. Wolle-Fleisch-Milch	nein	ja	nein	nein	
2c. Wolle-Fleisch-Milch	nein	nein	ja	nein	
B. Nebenerwerb					
1a. Wolle-Fleisch-Koppelhaltung	nein	nein	nein	nein	
1b. Wolle-Fleisch-Koppelhaltung	nein	ja	nein	nein	
III. Pferdehaltung					
A. Haupterwerb					
1. Zucht	nein	nein	nein	nein	Remonten 2½- bis 3½jährig
2. Zucht	nein	ja	nein	nein	
B. Nebenerwerb					
1. Aufzucht	ja	nein	nein	ja	
IV. Pflanzliche Produktion					
A. Haupterwerb (in Form des 2 AK-Betriebes auf Grenzböden nicht möglich)					
B. Nebenerwerb					
1. Ewiger Roggenbau					mit Pflügen
2. Ewiger Getreidebau unter Anwendung von Zwischenfrüchten					pfluglose Bestellung
3. Futterbau (Heuwerbung)					

IV. Zusammenfassung

Die Entwicklung der Agrarstruktur der BRD von 1945 bis 1970 ist recht unterschiedlich verlaufen. Sie wurde in der Nachkriegszeit durch den Zwang zur maximalen Produktion bei gleichzeitigem maximalen Einsatz von Arbeitskräften geprägt. Mit fortschreitender wirtschaftlicher Entwicklung wurden mehr und mehr Arbeitskräfte vom Land abgezogen und durch Maschinen ersetzt, ohne daß sich die Betriebsgrößenstruktur nennenswert änderte. Die rasche Steigerung der Einkommen im gewerblichen Sektor führte zum Landwirtschaftsgesetz, mit dem zum erstenmal die Einkommenspolitik in den Vordergrund der Agrarpolitik rückte. In diesem Sinne wurden dann auch Maßnahmen zur Verbesserung der Agrarstruktur und zur Förderung der Kapitalbildung ergriffen, die zusammen mit der allgemeinen wirtschaftlichen Entwicklung einen weiteren Rückgang der Arbeitskräfte und — zum ersten Male — der Zahl der Betriebe bewirkten.

Die generelle Entwicklung ist regional allerdings sehr unterschiedlich verlaufen und keineswegs allein von den erzielten landwirtschaftlichen Einkommen bestimmt worden. Viel eher läßt sich beobachten, daß gerade besonders ungünstige Agrarstrukturen auch besonders hartnäckig konserviert werden, während sich größere und objektiv besser situierte Betriebe eher anpassen.

Die Zweckmäßigkeit von Agrarstrukturen läßt sich natürlich nur anhand der Anforderungen beurteilen, die von Volkswirtschaft und Agrarpolitik an die Landwirtschaft und ihre Betriebe gestellt werden. Je nachdem, ob viele Arbeitsplätze bereitgestellt werden sollen, maximal erzeugt werden muß, die landwirtschaftlichen Einkommen besonders gesteigert oder der Umweltschutz von der Landwirtschaft wahrgenommen werden sollen, ändern sich Kriterien und eventuell auch die Beurteilungsmaßstäbe. Allgemeingültiges läßt sich nicht sagen, sondern nur Kriterien ableiten, nach denen die jeweilige Zweckmäßigkeit beurteilt werden kann.

Spekulationen über die weitere langfristige Entwicklung sind schwierig. Die Entwicklung zum größeren, hochmechanisierten und spezialisierten Familienbetrieb wird sich jedoch verstärkt fortsetzen. Der Familienbetrieb von 50 ha bis mehr als 100 ha dürfte auch in Zukunft die gleichen Einkommensmöglichkeiten je AK bieten wie der kapitalistische oder sozialistische Großbetrieb.

Allerdings wird die unternehmerische und individuelle Freiheit durch gewisse materielle Nachteile (ungeregelte Arbeitszeit, Feiertagsarbeit), die bessere soziale Stelle als selbständiger Landwirt durch höheres Risiko erkauft werden müssen.

Daneben könnte — bei fortschreitender Industrialisierung — der Nebenerwerbsbetrieb weit mehr an Bedeutung gewinnen, da bei entsprechender Organisation und Mechanisierung leicht Flächen von 50 ha bis 100 ha im Nebenerwerb bewirtschaftet werden können.

Regional gesehen wird die Entwicklung stark variieren. Im Gegensatz zu dem, was man erwarten könnte, werden gerade in Gebieten mit größeren Betrieben sehr bald sehr stürmische und sehr schmerzhafte Anpassungsprozesse zu beobachten sein, während in Gebieten mit ungünstigeren Produktionsbedingungen die Entwicklung noch einige Zeit stagnieren wird. Es könnte jedoch späterhin zu sehr großen Sprüngen kommen, die zu einer raschen Entleerung und Verödung dieser Gebiete führen könnten, wenn sie nicht rechtzeitig industrialisiert werden.

Allerdings scheint es unwahrscheinlich, daß diese Gebiete überhaupt nicht mehr landwirtschaftlich genutzt und sich selbst überlassen bleiben. Nimmt die Fläche der Grenzböden oder die Sozialbrache so weit zu, daß wirklich große Flächen sich zu anderen Nutzungsformen anbieten, so werden diese Möglichkeiten auch sehr bald genutzt werden. Bei niedrigen Bodenkosten und großen Flächen gibt es sehr zahlreiche Möglichkeiten extensiver Bewirtschaftung. Ein Brachenfallen größerer, zusammenhängender Flächen ist daher unwahrscheinlich.

Literaturverzeichnis

BERGMANN, H.: Künftige Formen von Nebenerwerbsbetrieben, D.L.P. Nr. 1, 1970.

BERGMANN, H.: Arbeitsteilung und Spezialisierung, Essen 1962.

BERGMANN, H.: Landschaftspflege, eine Aufgabe der Bauern? D.L.P. Nr. 21, 1969.

BERGMANN, H.: Zum Problem der Zersiedlung der Landschaft, Zeitschrift für Raumforschung und Raumordnung, Nr. 2, 1971.

DAMS, TH.: Daten und Überlegungen zur Agrarstrukturpolitik in der EWG. In: Die Landwirtschaft in der Europäischen Wirtschaftsgemeinschaft, 3. Teil: Aspekte und Wege der Integration, Forschungs- und Sitzungsberichte der Akademie für Raumforschung, Bd., Hannover 1962.

Deutscher Bauernverband: Grundsätze für Naturschutz und Landschaftspflege.

GEIRSBERGER, E.: Die Eingliederung der Landwirtschaft in die Industriegesellschaft, Mitteilungen zur Beratung 70/6, Bayr. Staatsministerium für Ernährung, Landwirtschaft und Forsten.

HARTMANN, U. und MERKEL, G.: Walderwartungsland im Odenwald, Natur und Landschaft, 43 (1968), Nr. 12, Seite 304.

HEIDHUES, T.: Voraussetzungen und Möglichkeiten einer Neuorientierung in der Agrarpolitik, Agrarwirtschaft, Sonderheft 33.

HEIDHUES, T.: Technik und Strukturwandel in der Landwirtschaft, Grundlagen der Landtechnik, Bd. 19, Nr. 6, Düsseldorf 1969.

KÖHNE, M.: Neue Formen der Entwicklung größerer Betriebseinheiten, Agrarwirtschaft, Heft 4, April 1969.

KÖHNE, M.: Kapazitätsabbau in der Landwirtschaft? Archiv der D. L. G., Band 48, S. 58.

KÖHNE, M.: Entwicklungstendenzen im Ackerbau aus ökonomischer Sicht, Schriftenreihe der Landw. Fakultät, Universität Kiel, Heft 47 (1970).

KUCKS, W.: Entwicklung der Bodennutzung und Ernteerträge in der Bundesrepublik Deutschland von 1950—1980, Agrarwirtschaft, H. 6, Jhg. 19, 1970.

KUHLMANN, F.: Kapitaleinsatz und Einkommen in den Wirtschaftsbereichen Landwirtschaft und produzierendes Gewerbe, Berichte über Landwirtschaft, Bd. 47, S. 626.

Ministère de l'Agriculture, Paris: Perspectives à long terme de l'agriculture française 1968—1985 (Rapport VEDEL).

PADBERG, K. und SCHOLZ, H.: Die Entwicklung der Produktivität in der westdeutschen Landwirtschaft, Berichte über Landwirtschaft, Bd. 39 (1961), S. 648—684.

PLATE, P. und WOERMANN, E.: Landwirtschaft im Strukturwandel der Volkswirtschaft, Agrarwirtschaft, Sonderheft 14 (1962).

SCHOLZ, H.: Untersuchungen zum Problem der landwirtschaftlichen Grenzbetriebe, Forschungsgesellschaft für Agrarpolitik und Agrarsoziologie, e. V., Bonn 1957.

SCHOLZ, H.: Entwicklungen in der Landwirtschaft der Bundesrepublik und der EWG bis zum Jahre 1980, Beitrag zum Materialband „Theorie und Praxis der Infrastrukturpolitik", Verein für Sozialpolitik, Sommer 1970.

STEINHAUSER, H., RADES, H. und HÖLK, C. H.: Die betriebswirtschaftliche Stellung der Koppelschafhaltung, Arbeiten der D.L.G., Band 122.

STEINHAUSER, H. und RADES, H.: Betriebswirtschaftliche Probleme der Schafhaltung, Der Tierzüchter, Heft 10, 1970.

STEINHAUSER, H. und LANGBEHN, C.: Entwicklungsmöglichkeiten landwirtschaftlicher Betriebe in Schleswig-Holstein, Schriftenreihe der Landwirtschaftlichen Fakultät, Universität Kiel, Heft 44 (1968).

STEINHAUSER, H. und LANGBEHN, C.: Entwicklung und Entwicklungstendenzen landwirtschaftlicher Betriebe in Schleswig-Holstein, Möglichkeiten und Grenzen der Agrarpolitik in der EWG, BLV-Verlaggesellschaft, München, Basel, Wien.

THIEDE, G.: Raumrelevante Einflüsse aus der Entwicklung von Produktivität und Absatzmöglichkeiten der Landwirtschaft, im gleichen Band.

WEBER, A.: Entwicklung der französischen Landwirtschaft bis zum Jahre 1985, Agrarwirtschaft, Heft 5, Jhg. 19 (1970).

WEINSCHENCK, G. und MEINHOLD, K.: Die Landwirtschaft im nächsten Jahrzehnt, Stuttgart 1969.

Grüner Bericht 1970.

Agrarbericht 1971.

Raumordnungsbericht 1970.

Der Wald im ländlichen Raum
– Einige Entwicklungstendenzen und forstpolitische Folgerungen –

von

Udo Hanstein, Gießen

I. Raumordnerisch bedeutsame Besonderheiten des Waldes

Der Versuch, sich mit der Rolle des Waldes im ländlichen Raum auseinanderzusetzen, wird durch den je nach dem Standort des Betrachters sehr unterschiedlichen Charakter von Wald und Forstwirtschaft erschwert. Um Mißverständnisse zu vermeiden, muß auf einige wesentliche Aspekte zunächst hingewiesen werden. Da dieser Beitrag in einem agrarpolitischen Rahmen gegeben wird, erscheint es ratsam, dabei die Unterschiede zwischen Land- und Forstwirtschaft besonders hervorzuheben. Die beiden Wirtschaftszweige haben in Wirklichkeit viel weniger gemeinsam, als es die häufige Nennung in einem Atemzug vermuten läßt.

Der Wald läßt sich einerseits als die natürliche, sehr hoch entwickelte und in sich differenzierte *Vegetationsform* betrachten, die Deutschland mit Ausnahme gewisser Hochgebirgs-, Küsten- und Moorgebiete vor dem Eingreifen des Menschen bedeckt hat und die auch, wo sie nicht gehindert wird, vom Menschen waldfrei gemachte Flächen zurückerobert. Auch ohne eine Bewirtschaftung würde der Wald eine wertvolle Funktion für die Erhaltung der natürlichen Lebensgrundlagen des Menschen erfüllen.

Der Wald ist andererseits *forstwirtschaftliche Nutzfläche*. Unter den Bodennutzungsarten ist Forstwirtschaft die extensivste und zugleich naturnächste, indem sie die Produktion noch weitgehend den Naturkräften überläßt. Damit berühren sich die beiden genannten Wesenszüge des Waldes oder gehen sogar ineinander über.

Schließlich war der Wald — und ist es in Teilen des ländlichen Raumes noch — die unter den jeweils herrschenden Verhältnissen nicht für intensivere Nutzungen geeignete oder für andere Zwecke in Anspruch genommene Restfläche oder *Flächenreserve*.

Urwald, d. h. vom Menschen unbeeinflußter Wald, kommt in nennenswerten Flächen in der BRD nicht mehr vor. Die „Natürlichkeit" heutiger Waldbestände — im Sinne einer Verwandtschaft mit einem auf demselben Standort denkbaren Urwald — ist recht unterschiedlich; sie ist besonders groß, wo autochthone Baumarten natürlich verjüngt werden, sie ist geringer, so Baumarten außerhalb ihres natürlichen Verbreitungsgebietes durch Saat oder Pflanzung angebaut sind. Was für forstliche Verhältnisse schon naturfern scheint, ist im Vergleich zur Landwirtschaft noch naturnah. Im Wald wird noch fast ausschließlich mit den genetisch unveränderten Pflanzenarten gearbeitet, ein Freiliegen oder eine Bearbeitung des Bodens kommen nicht oder nur einmal im Jahrhundert vor, gedüngt wird bisher in unbedeutendem Umfang, chemische Unkraut- oder Insektenbekämpfung beschränken sich nach der Fläche und dem Bestandesleben bisher auf kleine Ausschnitte. Die Lenkung der natürlichen Produktionsfaktoren vollzieht sich in der Forstwirtschaft fast ausschließlich über die Wahl der Baumarten und Herkünfte sowie die Pflege im Laufe des meist 80—140jährigen Bestandeslebens. Fehlgriffe in der Wahl der Baumart können sich biologisch wie wirtschaftlich sehr nachhaltig auswirken und sind nur schwer zu korrigieren.

Im Gegensatz zur landwirtschaftlichen Produktion, die aufhört, wenn ein Acker nicht mehr bestellt oder eine Wiese nicht mehr gemäht wird, wachsen Wald und damit Holz in gewissem Umfang auch ohne menschliches Zutun, d. h. die forstliche Produktion läßt sich nicht stillegen, sie läßt sich höchstens mit Gewalt verhindern.

Grundlegende Unterschiede bestehen zwischen forstlicher und landwirtschaftlicher *Besitzstruktur*. Während die landwirtschaftlichen Betriebe und ihre Böden sich fast ausschließlich in Privathand befinden, gehören von der Waldfläche der BRD 57 % dem Staat, den Gemeinden oder anderen öffentlich-rechtlichen Kprperschaften, nur 43 % sind Privatbesitz (HASEL, 13)*). Dieser ist in sich wiederum höchst verschieden strukturiert, vom Gemeinschaftswald[1]) mit ideellen Besitzanteilen über Kleinprivatwald, der allein 28 % der Waldfläche des Bundesgebietes umfaßt, bis zum Großprivatwald von mehreren tausend ha Besitzgröße (13). Forstbetriebe, die dem Familienvollerwerbsbetrieb in der Landwirtschaft entsprechen, gibt es kaum. Sie anzustreben wäre nicht sinnvoll.

Der *Waldanteil* an der Landesfläche und seine räumliche Anordnung, die Aufteilung auf die Besitzarten und deren Lage zueinander sind regional so verschieden (13), daß generelle Aussagen über die Rolle des Waldes schon von dieser Seite her nicht möglich sind.

Die forstliche *Gesetzgebung* — und damit zusammenhängend auch die Verwaltungsorganisation — ist in den Bundesländern, oft sogar innerhalb derselben, sehr unterschiedlich, was auf ihre weitgehende Differenzierung in den deutschen Territorialstaaten des 18. und 19. Jahrhunderts zurückgeht (HASEL, 12).

Eine weitere Besonderheit der Forstwirtschaft besteht darin, daß sie aus der ökologischen Eigenart des Waldes wie aus der Besitzstruktur heraus eine *Vielzahl von Funktionen* in örtlich sehr unterschiedlicher Kombination erfüllt. Neben der Rohstofferzeugung gehören dazu die Haltung einer Holzreserve für Krisenzeiten, das Einkommen für die Waldbesitzer und die Bereitstellung von Arbeitsplätzen, die auch heute in dünnbesiedelten, waldreichen Gebieten noch eine wesentliche Rolle spielt (HANSTEIN, 6). Von besonderem Interesse sind heute die in sich wiederum weit aufgefächerten Schutz- und Erholungsfunktionen des Waldes. Forstwirtschaft ist, um es noch einmal deutlich zu betonen, nach heutiger Auffassung der wissenschaftlichen Forstpolitik „das Streben nach planmäßiger, nachhaltiger, sachkundiger und wirtschaftlicher Pflege und Nutzung der Waldungen zur Verwirklichung der ihr von der menschlichen Gesellschaft gesetzten Aufgaben und Ziele" (12).

II. Wesentliche forstliche Tendenzen im ländlichen Raum

1. Schutz- und Erholungsfunktionen

Die Bedeutung der Schutz- und Erholungsfunktionen des Waldes steigt ständig und übertrifft bereits die der Holzerzeugung[2]) (25). Der Wald ist wie keine andere Nutzungsart oder Einrichtung vergleichbarer Größenordnung in der Lage, sowohl dem mit Wohlstand und Freizeit wachsenden Erholungsbedarf wie dem Kampf gegen die mit der Tech-

---

*) Namen und Zahlen in Klammern verweisen auf die Literaturhinweise am Schluß dieses Beitrages.
[1]) Die Zuordnung des Gemeinschaftswaldes zum Privatwald ist funktionell richtig, rechtlich allerdings zumindest zweifelhaft.
[2]) Dies gilt für die BRD insgesamt, d. h. einschließlich der Verdichtungsräume.

nisierung zunehmenden Umweltschäden zu dienen. Noch vor einem Jahrzehnt konnte die Ansicht gelten, daß ein nach den Regeln der Nachhaltigkeit und Standortgerechtigkeit mit dem Ziel höchsten Reinertrages bewirtschafteter Wald zugleich auch die Schutz- und Erholungsfunktionen am besten erfülle (sog. Kielwassertheorie, z. B. bei RUPF, 20). Neuerdings setzt sich eine stärker differenzierende Betrachtungsweise durch. Die Gründe dafür liegen zum einen darin, daß an die Schutz- und Erholungswirkungen konkretere Anforderungen gestellt und die Zusammenhänge zwischen Waldaufbau und spezieller Funktionsfähigkeit genauer erforscht werden. Andererseits veranlaßt die sinkende Rentabilität die Waldbesitzer, auf mancherlei bisher freiwillig und stillschweigend für die Allgemeinheit erbrachte Leistungen besonders hinzuweisen (z. B. Wegebau), sie u. U. auch einzuschränken. Ein weiterer Grund liegt in der Sorge, daß die Mechanisierung des Forstbetriebs negative Wirkungen auf die Sozialfunktion des Waldes haben könnte (ABETZ, 1).

Eine Folge der stärker differenzierten Betrachtung des Waldes nach seinen Funktionen ist zunächst, daß mehrere Landesforstverwaltungen diese erstmalig kartenmäßig erfassen, woraus sich auch für die Landesplanung eine nützliche Unterlage zur Beurteilung des Waldes ergibt (HANSTEIN, 8). Dennoch ist man weit davon entfernt, die sozialen Leistungen des Waldes in Geld quantifizieren zu können.

Konflikte zwischen rationeller Holzproduktion und Schutz- und Erholungsaufgaben treten bisher hauptsächlich in den Verdichtungsgebieten und anderen stadtnahen Wäldern auf. Wenn das durch das Europäische Naturschutzjahr 1970 geweckte Umweltbewußtsein sich im Laufe der kommenden Jahre in konkrete Forderungen und Maßnahmen umsetzt, werden sich diese auf die Gestaltung des Waldes auch im ländlichen Raum auswirken.

Die Allgemeinheit macht dabei keine Unterschiede zwischen den einzelnen Eigentumsarten, rechtlich gesehen bestehen sie aber in erheblichem Maße. Nur vom öffentlichen Wald kann vorbehaltlos verlangt werden, daß er den öffentlichen Belangen mit Vorrang dient.

2. Holzbedarf

Der Holzbedarf der Welt hat steigende Tendenz (SPEER und BARTELHEIMER, 22). In der Bundesrepublik hat vor allem die schwachholzverarbeitende Industrie ihre Kapazitäten in den letzten Jahren erheblich erweitert. Sie ist dabei auch bewußt zur Strukturförderung in industriearmen Gebieten angesiedelt worden. Die Lage auf dem Holzmarkt ist angespannt und wird es voraussichtlich für das nächste Jahrzehnt oder länger bleiben.

Die volkswirtschaftliche Bedeutung der Holzproduktion wird wegen ihres geringen Anteils von 0,2 % am Bruttoinlandsprodukt (SPEER, 21) leicht unterschätzt. Es wird übersehen, daß die überwiegend auf heimischem Holz basierende holzbe- und -verarbeitende Industrie eine bedeutende, in manchen ländlichen Gebieten sogar die führende Branche ist, die einen nennenswerten Anteil der industriellen Arbeitsplätze stellt und z. T. hohe Zuwachsraten aufweist. Berücksichtigt man Industrie, Handwerk und Verkehrsgewerbe bei der Be- und Verarbeitung des Holzes, so beziffert sich die von der Forstwirtschaft induzierte Leistung auf etwa 4 % des BIP (21).

Eine Verdrängung des Holzes durch andere Stoffe (z. B. Kunststoffe) ist wohl in einzelnen Bereichen, nicht aber auf breiter Front wahrscheinlich, da auch für das Holz ständig neue Anwendungstechniken und -gebiete erschlossen werden. Gewachsenes Holz als Baustoff des gehobenen Bedarfs dürfte wegen seiner Individualität seine Bedeutung behalten.

Angesichts des Importholzanteils von 50 % für die Bundesrepublik (21) ist ein Überschußproblem — etwa wie bei der Landwirtschaft — auf eine nach landesplanerischen

Maßstäben lange Frist nicht zu erwarten. Naturkatastrophen (wie z. B. Windwurf) oder wirtschaftliche Zwangslagen für den Privatwald können allerdings zu zeitweiligen Holzüberangeboten führen.

3. Forstliche Ertragslage

Der Reinertrag aus der Forstwirtschaft nimmt ab und ist bei vielen Betrieben negativ — wegen steigender Lohnkosten bei stagnierenden Holzpreisen (11; 21). Diese Entwicklung trifft die verschiedenen Besitzarten unterschiedlich. Um sie aufzufangen, wären u. a. in kurzer Zeit sehr große, die eigene Kraft der Forstwirtschaft übersteigende Mechanisierungsinvestitionen notwendig. Eine starke Mechanisierung und damit verbundene Umstellungen können sich nachteilig auf die biologische Gesundheit und die für die Erholung erwünschte Vielfältigkeit des Waldes auswirken (z. B. durch Großkahlschläge, großflächige Reinbestände, höhere Schädlingsgefährdung).

Die Ausscheidung ertragsschwacher Standorte wird auch in der Forstwirtschaft vorgenommen, vollzieht sich jedoch in anderer Art als bei der Landwirtschaft. Aus der in Abschnitt I beschriebenen Eigenart des Waldes heraus und wegen der stärkeren Sozialpflichtigkeit der Forstwirtschaft bleibt auch auf solchen Flächen eine die Sozialfunktionen gewährleistende Bestockung erhalten und erfährt das nötige Mindestmaß an Pflege. Der Anteil der Waldfläche, der auch bei einer nach heutigen Erkenntnissen und Marktverhältnissen günstigen Bestockung keinen Reinertrag abwerfen würde, ist gebietsweise sehr verschieden. Problematischer und ausgedehnter sind jene Flächen, die nicht aus Standortgründen, sondern wegen ihrer nach Baumart oder Qualität unbefriedigenden derzeitigen Bestände als auf längere Sicht ertragsschwach gelten. Dazu gehören außer den noch vorhandenen Niederwäldern vor allem die Kiefern-, Buchen- und Eichenbestände geringer Leistung. Sie werden deshalb z. Z. in großem Umfang in Fichte oder Douglasie umgewandelt. Ob diese Umwandlungen sich noch auszahlen werden und welche unbekannten Risiken der großflächige Anbau der fremdländischen Baumart Douglasie in sich birgt, sind offene Fragen.

Unter diesen Umständen wird in zunehmendem Umfang Wald aus privater Hand zum Kauf angeboten. Private Käufer finden sich im eigentlichen ländlichen Raum selten oder sind u. U. unerwünscht (s. Abschn. III/5, letzter Abs.), die Gemeinden kaufen i. allg. nur in bescheidenem Umfang, und auch die Landesforstverwaltungen erwerben vorwiegend Flächen, die zur Arrondierung des vorhandenen Staatswaldes dienen. Zum Teil, besonders bei ungünstigen Standorts- oder Bestandsverhältnissen, bleiben die Flächen unverkäuflich. Auch bei den Gemeinden im ländlichen Raum wächst die Neigung, sich vom Gemeindewald zu trennen, um kommunale Bauvorhaben finanzieren zu können. (Im hier nicht zu behandelnden dichtbesiedelten Raum liegen die Verhältnisse vollkommen anders.)

III. Einige Voraussetzungen, Mittel und Wege konstruktiver Forstpolitik

1. Grundlinien

Die wenigen in Abschnitt II dargestellten Tendenzen machen schon die Konflikte sichtbar. Generelle Lösungsvorschläge für die anstehenden Probleme werden bei der sehr heterogenen Struktur der Forstwirtschaft nicht möglich sein. Die bisher von den einzelnen Landesforstverwaltungen relativ eigenständig und landeseinheitlich geführte Forstpolitik wird abgelöst werden müssen durch *sorgfältig durchdachte, gebietlich differenzierte forstpolitische Programme*, die sich in die Regionalplanung einfügen und auf die Agrarpolitik abgestimmt sind. Dabei ist als eine Grundlinie zu beachten: *Indem die Bewirtschaftung und Gestaltung des Waldes immer stärker eine Angelegenheit öffentlichen Interesses wird, wird der Anteil des öffentlichen Waldes zu Lasten des Privatwaldes zunehmen.*

Ein Blick in die Geschichte des deutschen Waldes (12) zeigt, daß das Waldeigentum in Mittelalter und Neuzeit viel stärker in Bewegung war, als man gemeinhin annimmt. Dabei lagen die Ursachen nur zum geringen Teil in der forstlichen Sache selbst (z. B. bei der Aufteilung von Wald zur Ablösung von Forstrechten). Überwiegend waren die Veränderungen am Waldeigentum die Folgen allgemeinpolitischer Ereignisse oder Entwicklungen (Siedlungsgeschichte, Verhältnis des Reichs zu den Fürsten, der weltlichen zur geistlichen Macht, Kriege und Kriegsfolgen, Säkularisation). Es gibt keinen Grund zu der Annahme, daß die heutige gebietsweise sehr unterschiedliche Eigentumsstruktur ein Endstadium und die für die Erfüllung der künftigen Aufgaben des Waldes beste Lösung wäre. Vielmehr gilt es, in dem durch unsere Gesellschaftsordnung gesteckten Rahmen nach besseren Lösungen zu streben.

Die Forstgeschichte lehrt ferner, daß das Privateigentum am Wald in Deutschland großenteils erst relativ spät entstanden ist (Großprivatwald aus landesherrlichem Wald durch die Mediatisierung, Gemeinschaftswald durch Wandel in der Rechtsauffassung unter römisch-rechtlichem Einfluß). Besonders die Aufteilung von Gemeinschaftswald unter die Bürger und damit die Schaffung des Kleinprivatwaldes in der Zeit des Liberalismus hat sich nachträglich als folgenschwerer Irrweg erwiesen (12). Der jetzige Zug zum öffentlichen Wald bedeutet deswegen zum Teil nur die mühsame und langwierige Korrektur einer früheren Fehlentwicklung, zum Teil die Anpassung an veränderte Ansprüche.

Das Grundprinzip muß dabei sein, daß vorrangig solche Waldflächen in die öffentliche Hand übergehen, die überwiegend Schutz- und Erholungsaufgaben haben oder die wegen unüberwindlicher struktureller Schwierigkeiten oder wegen ihres schlechten Standortes privatwirtschaftlich keinen Reinertrag mehr abwerfen.

Die zweite Grundlinie ist die, daß für eine planmäßige, funktionsgerechte und rationelle Waldpflege die Verwaltung und Bewirtschaftung möglichst großer, räumlich zusammengehöriger Waldgebiete in eine Hand kommen sollte.

Damit ist — im Grundsatz unabhängig von der vorher genannten Besitzartenverschiebung, aber schneller, großflächiger und ohne Kapitaleinsatz durchführbar — eine räumliche Neuordnung der Waldbesitzverhältnisse gemeint. Dies nicht im Sinne von Waldflurbereinigungen im Kleinstwald, sondern im Sinne großräumigen und großzügigen freiwilligen Waldtausches zwischen den größeren und mittleren öffentlichen und privaten Waldbesitzern. Von seiten des Privatwaldes besteht an solchem Arrondierungstausch Interesse. Beim öffentlichen Wald drängt die Gemenglage solche Überlegungen geradezu auf. Die bei kleinen Gemeinden vorhandenen Hemmungen oder traditionellen Bindungen dürften bei den künftigen Großgemeinden entfallen. Die Länder, auf die letztlich eine Unwirtschaftlichkeit des Waldes in Form von Beihilfe- und Zuschußforderungen doch zurückschlägt, könnten durch strukturfördernde oder steuerliche Maßnahmen Anreize zum Waldtausch geben und wo sie selbst beteiligt sind von vornherein bewußt die Rolle des Verlierers im privatwirtschaftlichen Sinn übernehmen.

Ergänzend zu den beiden genannten Grundlinien werden einige weitere Voraussetzungen, Mittel und Wege genannt und begründet, die zu einer konstruktiven Forstpolitik führen könnten.

2. Zielsetzung der Landesforstverwaltungen

Die Länder besitzen die Forsthoheit und zugleich große Anteile des Waldes. Eine unerläßliche Voraussetzung aller forstpolitischen Einzelmaßnahmen sind deshalb *leistungsfähige, auf die richtigen Ziele orientierte Forstverwaltungen der Länder*. Diese sind zwar als Verwaltungsapparat meist vorhanden[3]), doch verstehen sie sich in vielen Ländern noch zu einseitig als Wirtschaftsbetriebe, die dem Staat einen Überschuß abzuliefern haben. Wo Überschüsse nicht mehr erwirtschaftet werden, wird das vielfach als Versagen empfunden. Die Landesforstverwaltungen müssen sich aber ganz eindeutig primär als Leistungsverwaltungen verstehen, die die Erhaltung und Pflege des Waldes und seiner Funktionen für die Allgemeinheit zu gewährleisten und möglichst große Erholungsmöglichkeiten bereitzustellen haben.

Für die zur Zeit verbreitete These von der prinzipiellen Gleichrangigkeit aller Funktionen des Waldes lassen sich gewiß gute Gründe anführen. Dennoch scheint es richtiger und der Stellung des Waldes im Bewußtsein der Öffentlichkeit angemessener, wenn die der Allgemeinheit unmittelbar dienenden und vom einzelnen Bürger direkt nutzbaren Leistungen des Waldes grundsätzlich als erstrangig gelten. Viele Konflikte zwischen fiskalischem und öffentlichem Interesse wären damit von vornherein ausgeräumt. Die Notwendigkeit, die speziellen Prioritäten im Einzelfall stets neu zu bestimmen, bleibt dennoch bestehen.

Die Forderung, die Staatsforstverwaltungen primär als Dienstleistungsverwaltungen zu sehen, soll auch keineswegs heißen, daß die absolute Bedeutung der Holzproduktion geringer wird. Aber die Ausgaben des Staates für den Ankauf von Wald und Aufforstungsgelände, für Waldneuanpflanzung, für Erholungsanlagen im Wald aller Besitzarten, für die Sicherung der Schutzfunktionen und für das dabei notwendige Personal werden bei einer zeitgemäßen Zielsetzung so groß sein, daß sie den Reinertrag aus der Holzerzeugung mehr als aufzehren, selbst wenn dieser durch Produktionssteigerung und Rationalisierung wieder steigen sollte. Damit diese Zusammenhänge deutlicher werden, sollten die Landesforstverwaltungen eine sorgfältige rechnerische Aufgliederung ihrer Haushalte in die verschiedenen Aufgabenbereiche vornehmen.

3. Verhältnis zum Umweltschutz

Unbedingt notwendig für alle anderen forstpolitischen Zielsetzungen und Entscheidungen ist es, die Frage zu klären, welche Aufgaben der Wald in Zukunft auch im ländlichen Raum für die *Gesunderhaltung der Umwelt und der Menschen* zu erfüllen hat und wie diese Aufgaben sich zur Holzerzeugung verhalten (s. Abschn. II).

Wenn die Situation der Menschheit — nicht allein, aber zum wesentlichen Teil wegen der fortschreitenden Umweltzerstörung durch die technische Entwicklung — so kritisch ist, daß Experten ihr für das Überleben des 20. Jahrhunderts nur 50 % Wahrscheinlichkeit geben (MYRDAL, 19), so kann man die heutigen Maßnahmen in unseren Wäldern eigentlich nur auf einen möglichst großen und wirksamen Beitrag zur Umweltgesundung ausrichten. Das wird dadurch erleichtert, daß sich selbst eine sehr weitgehende Änderung waldbaulicher Zielsetzung auf den Umfang und die Zusammensetzung des Holzangebotes zunächst nur gering, erst nach 50 und mehr Jahren nennenswert auswirken würde, daß also die Versorgung der Holzindustrie und ihrer Arbeitsplätze im ländlichen Raum auf absehbare Zeit nicht gefährdet wäre.

---

[3]) Das gilt mit der Einschränkung, daß in Niedersachsen und Schleswig-Holstein die Verwaltungs-, Hoheits- und Betreuungsaufgaben am Wald noch nicht in einer Landesforstverwaltung zusammengefaßt sind.

Zur Beantwortung der Frage, wie und wodurch der Wald den besten Beitrag zur Gesunderhaltung oder Wiedergesundung der Umwelt leisten kann, fehlt es noch weitgehend an wissenschaftlicher Kenntnis. Forstliche Forschung und Ausbildung müssen deshalb stärker ökologisch ausgerichtet werden (LAMPRECHT, 16; LEIBUNDGUT, 17). Aktuell und von genereller Bedeutung wären Fragestellungen wie diese: Wenn rd. 30 % der Bundesrepublik bewaldet sind und die Wälder großenteils die niederschlagsreichen Höhenlagen bedecken, fällt vermutlich die Hälfte des Niederschlages auf Wald. Wie muß der Wald beschaffen sein und behandelt werden, um über den Bestand, vor allem aber über die lebende obere Bodenschicht, eine maximale Reinigung des mit Verunreinigungen befrachteten Niederschlages oder den höchstmöglichen Grundwasserzufluß zu erreichen?

Ein anderer Aspekt ist der der höchsten biologischen Gesundheit des Waldes als einem über seine Grenzen hinauswirkenden Beitrag zur Erhaltung der Regenerationsfaktoren des Landschaftshaushaltes. Im Gegensatz zur Landwirtschaft mit ihren sehr weitgehenden flächenhaften Eingriffen in den Naturhaushalt (intensive Bodenbearbeitung, Dränage, Bewässerung, Düngung, Verwendung von Giften und Wuchsstoffmitteln) kann der Wald bei entsprechender Bewirtschaftung Positives leisten. Dazu gehören — als Mindestforderung — stabile Waldbestände, bei denen Sturmwurf und Dürre, Insektenkalamitäten und schwerwiegender Pilzbefall so gut wie möglich ausgeschlossen sind (LAMPRECHT, 15).

Als erste werden die Bundesländer ihre Waldbewirtschaftung vorrangig und vorbildlich auf den Umweltschutz ausrichten müssen. Die Grundhaltung muß dabei so sein, daß nicht nur die Maßnahmen unterlassen werden, die im Sinn der Umweltpflege unmittelbar und mit Sicherheit nachteilig sind, sondern daß alles getan wird, wovon anzunehmen ist, daß es sich positiv auswirkt. Praktische Schritte wären z. B.:

— auf Pestizide im Wald vorbeugend zu verzichten — abgesehen von Notfällen, in denen sonst noch größere Schäden im Naturhaushalt aufträten;
— weitere Umwandlungen von Laub- in Nadelwald auf risikoarme Standorte zu beschränken und Obergrenzen für den nicht autochthonen Baumartenanteil im bestimmten Waldgebiet und für die Ausdehnung von Reinbeständen dieser Baumarten festzusetzen;
— Rückumwandlungen labiler Nadelbestände in stabile Bestockungen vorzunehmen, auch wenn es mit relativ hohen Kulturkosten verbunden ist;
— die Waldaußenränder mit dem Ziel höchster ökologischer Wirksamkeit umzubauen;
— auf die Nutzung von Beständen auf geringeren Standorten zu verzichten, um sie zur Förderung des biologischen Gleichgewichts und des Erholungswertes ihrer natürlichen Entwicklung zu überlassen;
— die Waldfläche in waldarmen Gebieten planvoll zu vermehren;
— eine für den Naturhaushalt günstige Verteilung des Waldes anzustreben.

Im Rahmen der unter III/2 geforderten Zielsetzung für den Staatswald ist solches Vorgehen folgerichtig. Die Gefahr besteht im ländlichen Raum darin, daß dieses Problem nicht in seiner Schärfe erkannt wird, weil die akuten und erkennbaren Schäden, verglichen mit den Verdichtungsräumen, meist noch gering sind. Darin liegt aber zugleich die Chance, vorbeugend zu arbeiten.

4. Gemeinwohl und Privatwald

So selbstverständlich ein Primat der Dienstleistungsaufgaben beim Staatswald gefordert werden kann, so schwierig stellt sich die entsprechende Frage beim Privatwald. Hier muß einerseits geklärt und bis zur Nachprüfbarkeit konkretisiert werden, was generell oder auf bestimmten Flächen vom Waldbesitzer im Interesse der Öffentlichkeit gefordert werden muß. Andererseits ist festzulegen, was ihm davon im Rahmen der Sozialpflichtigkeit des Eigentums unentgeltlich zuzumuten ist (z. B. das freie Betreten des Waldes für jedermann), was sich rechnerisch einwandfrei vom Forstbetriebsaufwand trennen und vom Staat in Geld erstatten läßt (z. B. Anlage und Pflege von Erholungseinrichtungen, Sauberhaltung des Waldes), was über Steuervergünstigungen ausgeglichen werden kann (z. B. Grundsteuerfreiheit für überwiegend der Allgemeinheit dienende Flächen). Methodisch schwierig wird die Beurteilung von Verlusten durch einen im Interesse der Allgemeinheit nötigen Rationalisierungsverzicht oder gar von Ertragsminderungen, die in ferner Zukunft wegen bestimmter Auflagen in der Baumartenwahl zu erwarten sind. Ob Pauschalvergünstigungen dafür geeignet sind oder man besser durch Gutachterkommissionen die Auflagen fixieren und die Entschädigung schätzen lassen soll, ist in praxisnaher Weise zu klären. Die Forstgesetzgeber sind in dieser Sache am Zuge. Sie schieben das Problem schon unzulässig lange vor sich her (HASEL, 11). Auf die Möglichkeiten, manche Probleme durch Tausch oder Ankauf zu lösen, ist an anderer Stelle hingewiesen (s. Abschn. III/1 und III/5).

5. Privatwaldförderung

Die staatliche Förderung des Privatwaldes steht, wenn man sehr stark vergröbert, vor dem Dilemma, daß sie einerseits beim kleinen Privatwald volkswirtschaftlich unergiebig ist, andererseits beim Großgrundbesitz gesellschaftspolitisch unzeitgemäß erscheint. Auch als Gegenstand der privaten Vermögensbildung für breite Bevölkerungsschichten ist der unvermehrbare Boden generell und der dem Gemeingebrauch verpflichtete und als Kleinbestand risikoreiche Wald problematisch. Drei typische Besitzkategorien seien herausgegriffen:

Die Existenzberechtigung des *Kleinstprivatwaldbesitzes* (bis etwa 5 ha), der in seiner durchschnittlichen Produktionsleistung stets weit hinter den übrigen Besitzarten zurücklag, wird immer fragwürdiger. Das gilt besonders in Realteilungsgebieten, wo ein Waldbesitz häufig in viele Parzellen aufgeteilt ist, die schmaler sind als der Standraum eines Waldbaumes. Unabhängig davon, ob seine Eigentümer noch Landwirtschaft treiben oder nicht, erlischt die alte Funktion dieses Waldes für den Hof (FISCHER, 5). Soweit die ausgeschiedenen Landwirte abwandern, lockert sich die Bindung zu ihrem Waldbesitz weiter. Die Besitzgrößen sind häufig so gering, daß eine im Wald sehr langwierige und kostspielige Flurbereinigung sinnlos ist, weil selbst danach die Parzellen für eine planmäßige Bewirtschaftung zu klein und als zusätzliche Einkommensquelle nahezu uninteressant sind.

Eine zielbewußte Entwicklung der Schutz- und Erholungsfunktionen ist im Kleinstprivatwald ebenfalls nicht möglich. Standortsgemäße Baumartenwahl, räumliche Ordnung, Erzeugung von Stark- und Wertholz in langer Umtriebszeit, waldbauliche Mittel also, in denen ein nachhaltiger Forstbetrieb den Forderungen der Allgemeinheit entgegenkommt, sind beim kleinparzellierten Waldbesitz so gut wie ausgeschlossen, erst recht z. B. eine biologisch und ästhetisch befriedigende Gestaltung der inneren und äußeren Ränder (s. Beispiel in Abschnitt III/6). Hinzu kommen die Schwierigkeiten der Erschließung.

Öffentliche Zuschüsse sollten dem Kleinstprivatwald nur noch dann gewährt werden, wenn für größere, räumlich zusammenhängende Flächen echte Zusammenschlüsse, d. h. solche mit gemeinsamer Bewirtschaftung, gebildet werden. Die Neigung dazu ist bei den Beteiligten gering, da die Verfügbarkeit über ihr Eigentum dadurch eingeschränkt wird. Für die Schaffung von Gesamthandeigentum als wirksamste Form des Zusammenschlusses besteht zur Zeit keine gesetzliche Handhabe.

Kleinstwaldbesitzern sollte die Möglichkeit eines Verkaufs an die öffentliche Hand geboten werden, wobei der Kaufpreis auf Wunsch auch als endliche Rente gezahlt werden könnte. Zweifellos wären diese Ankäufe und die Verwaltung und Bewirtschaftung des Splitterbesitzes für die Staatsforstverwaltungen eine enorme Belastung, die jedoch im Interesse der Sache ertragen werden müßte.

Günstiger ist *echter Bauernwald* zu beurteilen, wie er in Anerbengebieten häufig vorkommt, d. h. Wald zwischen 5 und 100 ha, der im Besitz von Landwirten steht und nach seiner Größe und Standortgüte geeignet ist, selbständig bewirtschaftet zu werden und einen nennenswerten Beitrag zur Existenz des Besitzers zu geben (wenn nicht jährlich, so doch periodisch). Hier erscheint die Förderung durch fachliche Beratung, Zusammenlegung und Zuschüsse für Umwandlung, Aufforstung, Wegebau und Mechanisierung weiterhin als forstpolitische Begleitmaßnahme zur Agrarpolitik sinnvoll.

Der größere Privatwald (Betriebe ab 1 000 ha aufwärts) war im allgemeinen bisher die in der Holzproduktion leistungsfähigste Besitzkategorie und oft führend in der Fortentwicklung von Waldbau und Forsttechnik. Bei seinem Anteil von nur 6 % der Waldfläche in dem Bundesgebiet gibt er dem ländlichen Raum nur örtlich oder gebietsweise das Gepräge. Er sollte auch im volkswirtschaftlichen Interesse erhalten bleiben. Wo mit einem auf Nachhaltigkeit, Standortgerechtigkeit und Krisenfestigkeit bewirtschafteten, gut erschlossenen Wald die Ansprüche der Allgemeinheit ohne zusätzliche Opfer oder Aufwendungen zu erfüllen sind (BONNEMANN, 4), kann das der große Privatwald ebensogut wie der Staatswald. (Über die Problematik bei höheren und speziellen Ansprüchen für Schutz- und Erholungsaufgaben s. Abschn. III/4). Voraussetzung ist, daß die wirtschaftliche Lebensfähigkeit erhalten bleibt oder wiedergewonnen wird. Eine Hilfe dazu könnte in der Arrondierung durch Waldtausch bestehen (s. III/1). Hinzu müssen steuerliche Erleichterungen kommen, die zunächst bei der Grundsteuer im Zusammenhang mit der Steuerreform möglich wären, weiterhin Mechanisierungshilfen (21) sowie Verbesserungen der Holztransportmöglichkeiten. Wenn z. B. in passiven Sanierungsgebieten (Beirat für Raumordnung, 24; MALCHUS, 18) das öffentliche Straßen- und Bahnnetz vergröbert oder vernachlässigt wird, kann das die Absatzmöglichkeiten und Erlöse des Privatwaldes sehr negativ beeinflussen. Hier und da wird man Einnahmen aus Erholungsanlagen ziehen können.

Schließlich muß auch mit einer insgesamt nicht großen, aber vermutlich zunehmenden, örtlich interessanten Zahl privater Waldbesitzer und Aufforstungswilliger gerechnet werden, die den Wald von vornherein als *Luxus- oder Hobby-Angelegenheit* betrachtet, ohne Einnahmen oder gar Reinerträge aus der Holzerzeugung überhaupt anzustreben. Die Gründe mögen sehr verschieden sein, z. B. breite Streuung des Vermögens, Repräsentationsjagd, Freude an der Natur oder die Nutzung als Freizeitaufenthalt. In jetzigen oder künftigen Erholungsgebieten sind solche Waldbesitzer, die i. d. R. an die landschaftlich schönsten Stellen drängen, nicht erwünscht. In anderen Räumen mögen sie toleriert werden, wenn sie im Einzelfall keine Nachteile für die Nachbarn oder die Allgemeinheit bringen (Landschaftshaushalt, Landschaftsbild, öffentliche Folgelasten). Sie können als Käuferschicht für sonst schlecht nutzbare Grundstücke willkommen sein.

6. Neuaufforstung

Während in den Verdichtungsgebieten und im Umkreis größerer Städte der Wald in z. T. beängstigendem Maße abnimmt, findet in Teilen des ländlichen Raumes, in denen sich die Landwirtschaft aus der Fläche zurückzieht, eine Vermehrung des Waldes durch Aufforstung oder natürlichen Anflug statt und ist in noch weit größerem Umfang für die Zukunft zu erwarten (THIEDE, 23; Beirat für Raumordnung, 24).

Von Ausnahmen abgesehen (trockene Schafweiden, Weinberge) sind die aufgegebenen Acker- oder Grünlandflächen mittlere bis gute, nicht selten sehr gute Waldstandorte. Das für die Landwirtschaft nachteilige kühle, niederschlagsreiche Klima der Höhengebiete ist für die Hauptholzart Fichte ausgesprochen günstig. Die Neuaufforstungen führen in manchen Fällen zu betriebswirtschaftlich günstiger Vergrößerung und Abrundung bestehender Forstbetriebe, in anderen Fällen entsteht — oft mit Staatszuschüssen — neuer Splitterwaldbesitz[4]) mit allen seinen bekannten Nachteilen, auch in Gegenden, wo diese Besitzform bisher nicht vorkam (s. Abschn. III/5).

Die Waldzunahme ist häufig Gegenstand heftiger Kritik, die sich jedoch meist an der Veränderung des gewohnten Bildes entzündet. Die derzeitige Verteilung von Wald und offener Landschaft als die einzig richtige, schöne oder gar natürliche anzusehen, zeugt von einem Mangel an ökonomischem und ökologischem Verständnis. Für den *Landschaftshaushalt* — insbesondere Wasserhaushalt, Bodenschutz, Lokalklima — ist die Waldvermehrung im allgemeinen von Vorteil (BIERHALS/SCHARPF, 3). Im Einzelfall ist allerdings auch das Gegenteil möglich. In Entwicklungs-, insbesondere Fremdenverkehrs- und Ausflugsgebieten ist die stärkere Berücksichtigung des *Landschaftsbildes* oder anderer humanökologischer Momente durchaus berechtigt und erlaubt den Einsatz öffentlicher Mittel, um den Wald fernzuhalten. Allerdings sollte man sich über die dafür künftig verfügbaren Gelder keinen Illusionen hingeben. In passiven Sanierungsgebieten (18; 24) wird es selten vertretbar sein, landwirtschaftlich nicht mehr nutzbare Flächen mit hohen Kosten waldfrei zu halten. Diese Fragen können nicht pauschal, sondern nur an Ort und Stelle unter Abwägung aller ökologischen, ökonomischen und ästhetischen Gesichtspunkte entschieden werden.

Schließlich sei noch darauf hingewiesen, daß ein Verlust an Abwechslungsreichtum und ästhetischem Reiz, den Landschaftsteile durch umfangreiche Aufforstungen erleiden könnten, in mancher Weise ausgeglichen werden kann durch eine gute Erschließung und abwechslungsreiche, vielfältige und aufgelockerte Gestaltung des Waldes mit stärkerer Öffnung und Betonung der „inneren Waldränder" (HANSTEIN, 9). In dieser Beziehung sind die Möglichkeiten bei weitem nicht erschöpft.

Nicht die Aufforstung an sich, sondern die Konzeptlosigkeit, in der sie bisher weitgehend geschieht, ist also zu verurteilen, weil daraus leicht Nachteile für die Nachbarn, für die Allgemeinheit und — wenn auch oft erst später — für den Aufforstenden selbst zu erwarten sind.

Das Problem wird dadurch verschärft, daß der durch Neuaufforstung hinzukommende Wald in der Regel relativ ortsnah liegt. Anstatt dementsprechend besonders stark auf die vom Ort ausgehenden Sozialforderungen (Erholung, Lokalklima, Landschaftsbild) abgestellt zu sein, ist bei den privaten parzellenweisen Aufforstungen das Gegenteil der Fall.

Hierfür sei ein Beispiel erlaubt: Ein großer geschlossener Waldkomplex in öffentlichem Besitz grenzt an eine Feldflur. Der Waldrand, an den landschaftsbiologisch und ästhetisch besonders hohe Ansprüche gestellt werden (9; 10), ist z. T. in Form eines 30 m tiefen, abgestuften, artenreichen Laubbaum- und Strauchgürtels ideal gestaltet, z. T. muß er noch entsprechend umgebaut werden. Nun werden vom angrenzenden Feld die obersten Ackerstreifen in einer Breite von 20 bis 40 m längs des Waldrandes wegen Hangneigung und geringen Bodens, z. T. auch wegen Wurzelkonkurrenz und Beschattung durch den Wald, aufgegeben. Die Landwirte beantragen die Aufforstung mit Fichte, als der billigsten und am frühesten nutzbaren Kultur. Dadurch würde statt des bisher stabilen ein sehr labiler Waldrand geschaffen, der nicht seine landschaftsbiologische, wahrscheinlich auch nicht seine ästhetische Aufgabe erfüllt. Die schon vorhandene artenreiche Strauchzone würde vernichtet. Der Fichtenstreifen seinerseits wäre von allen

---

[4]) Nicht zu verwechseln mit Feldgehölzen, die in waldarmen Gebieten bei richtigem Aufbau sehr erwünscht sein können.

Randrisiken bedroht und würde einen großen Anteil geringwertiger astiger Randstämme produzieren. Er würde stärkere Randschäden am verbleibenden Feld verursachen als der bisherige Waldrand. Die Ideallösung könnte in diesem Fall darin bestehen, den Ackerstreifen zwar dem Wald zuzuschlagen, aber zur Verbreiterung der Waldrandzone zu verwenden, was u. U. durch natürliche Besiedlung mit Sträuchern erfolgen kann. Das ist jedoch nicht den bisherigen Eigentümern, wohl aber dem Besitzer des öffentlichen Waldes zuzumuten.

Wo nicht der räumliche Zusammenhang eine gemeinsame Bewirtschaftung privater Neuaufforstungen miteinander oder mit schon vorhandenem Kleinprivatwald erlaubt, sollten sie nicht gefördert, sondern verhindert werden. Im Sinne der beiden Grundlinien (Abschnitt III/1) wären die Flächen zunächst in den Besitz des angrenzenden größeren — vorzugsweise eines öffentlichen — Waldeigentümers zu bringen. *Insofern müssen die agrarpolitischen Vorschläge und Programme, die die landwirtschaftliche Nutzfläche durch Aufforstungsbeihilfen zu vermindern versuchen, sorgfältig unter forstpolitischen Aspekten überprüft* werden. Sonst werden die Schwierigkeiten nicht gelöst, sondern nur verlagert, indem aus einem landwirtschaftlichen ein forstliches Problem gemacht wird.

Abgesehen von Gebieten, in denen ein wesentlicher Zuwachs des Bodenwertes erwartet wird, dürfte eine Bereitschaft zum Verkauf des Brachlandes vorhanden sein oder sich allmählich einstellen. Für viele Besitzer, die ihren Hof aufstocken oder in einen anderen Beruf umsteigen wollen, kann der greifbare Verkaufserlös interessanter sein als die sehr langfristige Festlegung der Mittel in einer Aufforstung.

Das forstpolitische Instrumentarium, um die Neuaufforstungen in geordnete Bahnen zu lenken, fehlt in manchen Bundesländern ganz, in anderen ist es unterentwickelt (HASEL, 13). Dringend erforderlich sind gesetzliche Regelungen, geänderte Förderungsrichtlinien, klare mit Regional- und Agrarstrukturplanung abgestimmte Ziele und Prioritäten, eine bewegliche Grundstückspolitik der öffentlichen Hand und Geldmittel.

7. Rotwild

Die Liste drängender forstlicher Probleme im ländlichen Raum kann nicht abgeschlossen werden, ohne das Rotwild zu erwähnen, das in vielen großen, zusammenhängenden Waldgebieten der Bundesrepublik vorkommt, und zwar meist in so unnatürlich hoher Zahl wie nie zuvor (BIBELRIETHER, 2) oder nur in der Feudalzeit. Als größter Schadensfaktor im Wald verursacht der Hirsch Vermögens- und Ertragsverluste (HAUENSTEIN, 14), die wesentlich zu der schlechten Lage der Forstwirtschaft beitragen, die wiederum der Allgemeinheit zur Last fällt. Schwerer wiegt aber, daß ein hoher Rotwildbestand die waldbaulichen Maßnahmen weitgehend diktiert. Er führt zu einem Vordringen der Fichte auf Standorten, die die forstliche Planung anderen Baumarten zugedacht hat, läßt die Waldflora verarmen und mindert somit nicht nur die Wirtschaftlichkeit, sondern auch die Gesundheit, den landschaftsökologischen Nutzen und den Erholungswert des Waldes. Das Rotwild — das der Waldbesucher in freier Wildbahn übrigens fast nie zu Gesicht bekommt — sollte im öffentlichen Interesse auf einen angemessenen Platz im Gesamtgefüge des Waldes verwiesen, d. h. sowohl in der Menge wie nach dem Verbreitungsgebiet vermindert werden.

8. Gemeinschaftliche Bewirtschaftung des öffentlichen Waldes

Ein sehr naheliegender Schritt nicht nur zur Verwaltungsvereinfachung und funktionsgerechteren Waldpflege, sondern auch zu einer wirkungsvolleren Forstpolitik und einer besseren Abstimmung mit Regional- und Agrarpolitik wäre die Überwindung des Neben- und Durcheinanders verschiedener öffentlicher Waldbesitze. Das sind in der Hauptsache Wälder von Ländern und Gemeinden, in geringerem Umfang von Gemeindeverbänden und Kreisen; ferner von öffentlich-rechtlichen Fonds und Stiftungen. Mit gebietlich wechselndem Schwergewicht liegen sie häufig in engem räumlichen Gemenge. Ein auf den derzeitigen Zweck ausgerichtetes System — wie etwa bei der Verteilung der Verantwortung für die öffentlichen Straßen auf Bund, Länder, Kreise und Gemeinden je nach der Verkehrsbedeutung — wohnt der Verteilung des Waldes nicht inne. Sie entspringt weit zurückreichenden historischen Entwicklungen.

Zwar versieht in den meisten Bundesländern die Staatsforstverwaltung die fachliche Betreuung der übrigen genannten Besitzer[5]). Der forstliche Betrieb, z. B. Waldarbeiter- und Maschineneinsatz wie auch der Holzverkauf, können dabei gemeinschaftlich vorgenommen werden. Es bleibt jedoch die getrennte langfristige und jährliche Planung und die getrennte Haushaltsführung für jeden einzelnen Besitzer. Es bleibt auch die Gefahr, daß die verschiedenen öffentlichen Hände sich die unrentablen Aufgaben gegenseitig zuschieben und sich wechselseitig vorwerfen, ihre öffentlichen Pflichten zu vernachlässigen[6]). Es kommt zu den raumordnungspolitisch ziemlich sinnlosen Waldverkäufen von einem zum anderen öffentlichen Träger.

Hier bedarf es nicht unbedingt theoretischer Bestlösungen wie der Zusammenfassung allen öffentlichen Waldeigentums auf einer Ebene (z. B. Land oder Gemeinde). Es wäre eine Lösung denkbar, bei der das Grundeigentum jedem verbleibt, aber Nutzung und Pflege langfristig oder unbefristet in die Hand des Landes übergehen. Entsprechend der Fläche (und u. U. weiteren, leicht faßbaren Kriterien) könnten die Eigentümer im Umlageverfahren an einem eventuellen Überschuß oder, soweit der Staat sie nicht übernimmt, an den Kosten beteiligt werden. Verbindet das Land mit einem solchen System eine wirkungsvolle Förderung des übrigen öffentlichen Waldes und schließt es gleichzeitig die anderen Förderungswege, so dürfte es möglich sein, viele dieser Waldungen freiwillig einzubeziehen. Hier wäre in erster Stufe an solche Waldbesitzungen zu denken, die wegen ihrer geringen Größe keine jährliche, sondern nur eine gelegentliche Nutzung zulassen (sog. aussetzende Betriebe), an wegen ungünstiger Standorte oder Baumarten unrentable Waldungen, an Aufbaubetriebe (denen ältere, hiebsreife Bestände fehlen, so daß sie erst in Jahrzehnten Erträge erwarten können), schließlich an Wälder, die durch nicht auf die Eigentümergemeinde bezogene Sozialfunktionen stark belastet sind. Auf diesem Weg ließe sich ohne Zwang und Härte eine ideologisch unverdächtige, aber praktisch nützliche Zusammenfassung des öffentlichen Waldes einleiten. Daß dabei die verschiedenen Besitzkategorien ein wirkungsvolles Mitspracherecht erhalten müßten, versteht sich von selbst.

IV. Zusammenfassung

Je nach dem Standort des Betrachters erscheint der Wald vorwiegend als besondere Vegetationsform, als forstwirtschaftliche Nutzfläche oder als Flächenreserve. Die markantesten Unterschiede der Forstwirtschaft zur Landwirtschaft bestehen in der sehr langfristigen, naturgebundenen forstlichen Produktion und dem hohen Anteil öffentlichen Eigentums am Wald. Generelle Aussagen über die Rolle des Waldes im ländlichen Raum

---

[5]) In Nordrhein-Westfalen in Auftragsverwaltung durch die Landwirtschaftskammern; s. auch Anm. 3.

[6]) Häufig ist es der Fall, daß als gegebenes Erholungsgebiet vor den Toren der Gemeinde A der Wald der Gemeinde B liegt, die an dieser Funktion ihres Besitzes nicht das geringste Interesse hat. Aber auch A lehnt es ab, dort Wege zu bauen, die zugleich der Holzabfuhr von B dienen können.

sind wegen der sehr großen gebietlichen Unterschiede in Waldanteil und Verteilung, Eigentumsverhältnissen und Funktionen des Waldes nur sehr begrenzt möglich.

Drei Tendenzen kennzeichnen zur Zeit die forstliche Situation im ländlichen Raum: Die Reinerträge aus dem Wald sinken und sind zum Teil schon negativ, der Holzbedarf steigt weltweit und in der BRD, die Bedeutung der Schutz- und Erholungsaufgaben des Waldes nimmt noch stärker zu als der Holzbedarf.

Um Wald und Forstwirtschaft den veränderten Verhältnissen und Ansprüchen anzupassen, sind Maßnahmen nötig, die die Eigentumsverhältnisse zugunsten des öffentlichen Waldes und die Betriebsstruktur zugunsten größerer Einheiten verschieben. Kleinstprivatwald sollte nur noch gefördert werden, wenn die gemeinsame Bewirtschaftung größerer Flächen gewährleistet ist. Im gleichen Sinn sind bei der Aufforstung ehemaliger landwirtschaftlicher Nutzflächen neue strengere Maßstäbe anzulegen. Die Leistungen der privaten Forstwirtschaft für die Allgemeinheit sind zu konkretisieren, aber auch in angemessener Höhe zu ersetzen.

Von den Forstverwaltungen der Länder wird eine zeitgemäße Zielsetzung verlangt, damit sie ihre Dienstleistungsaufgaben — besonders auf dem Gebiet des Umweltschutzes — vorbildlich erfüllen und eine gebietlich differenzierte, in die Regionalplanung eingefügte und mit der Agrarpolitik abgestimmte Forstpolitik betreiben können. Die Zeit scheint reif für Regelungen, die eine gemeinsame Bewirtschaftung der öffentlichen Waldungen ermöglichen.

Literaturhinweise

1. ABETZ, P.: Der Einfluß moderner Erntemethoden auf den Waldbau. Allg. Forstzeitschrift 25, 387—392, München 1970.
2. BIBELRIETHER, H.: Grenzen der Rationalisierung des Waldbaus im Bayerischen Wald. Allg. Forstzeitschrift 25, 610, München 1970.
3. BIERHALS, E. und H. SCHARPF: Zur ökologischen und gestalterischen Beurteilung von Brachflächen. Natur und Landschaft 46, 31—34, Stuttgart 1971.
4. BONNEMANN, A.: Inwieweit kann der auf höchste Holzerträge gerichtete Waldbau die berechtigten Anliegen von Naturschutz und Landschaftspflege erfüllen? Natur und Landschaft 42, 219—224, Mainz 1967.
5. FISCHER, F.: Die Bedeutung des Waldes für die Landwirtschaft mit besonderer Berücksichtigung des bäuerlichen Privatwaldes. Schweiz. Zeitschrift für Forstwesen 121, 51—57, Zürich 1970.
6. HANSTEIN, U.: Sind Wald und Forstwirtschaft als Instrumente der Strukturpolitik brauchbar? Informationen 18, 479—499, Bad Godesberg 1968.
7. HANSTEIN, Z.: Gedanken zur Grundstückspolitik. Der Forst- und Holzwirt 24, 47—49, Hann. 1969.
8. HANSTEIN, U.: Die Sozialfunktion des Waldes in der Forsteinrichtung. Landschaft + Stadt 2, 68—71, Stuttgart 1970.
9. HANSTEIN, U.: Waldrandpflege. Natur und Landschaft 45, 83—86, Mainz 1970.
10. HANSTEIN, U.: Bewertung von Waldrändern für die Erholung. Erscheint demnächst in den Forschungs- und Sitzungsberichten der Akademie für Raumforschung und Landesplanung, Hannover.

11. HASEL, K.: Die Zukunft der deutschen Forstwirtschaft. Allg. Forstzeitschrift 23, 672—677 und 690—693, München 1968.
12. HASEL, K.: Forstgeschichte. Vervielf. Vorlesungsmanuskript, Göttingen 1971.
13. HASEL, K.: Waldwirtschaft und Umwelt — eine Einführung in die forstwirtschaftspolitischen Probleme der Industriegesellschaft. Berlin 1971.
14. HAUENSTEIN, F.: Der Hirsch und der Wildschaden. Frankfurter Allg. Zeitung vom 7. Oktober 1970.
15. LAMPRECHT, H.: Über allgemeingültige Grundlagen im Waldbau von heute und morgen. Forstarchiv 41, 199—205, Hann. 1970.
16. LAMPRECHT, H.: Über Zweckforschung und Grundlagenforschung im Waldbau. Schweiz. Zeitschrift für Forstwesen 122, 6—10, Zürich 1971.
17. LEIBUNDGUT, H.: Waldbau als wissenschaftliche Disziplin. Schweiz. Zeitschrift für Forstwesen 122, 11—19, Zürich 1971.
18. MALCHUS, V. FRHR. v.: Zielvorstellungen für die Entwicklung ländlicher Räume. In diesem Band.
19. MYRDAL, G.: Rede bei der Verleihung des Friedenspreises des Deutschen Buchhandels. Frankfurter Allg. Zeitung vom 28. Spetember 1970.
20. RUPF, H.: Wald und Mensch im Geschehen der Gegenwart. Allg. Forstzeitschrift 15, 545—552, München 1960.
21. SPEER, J.: Das Verhältnis der Forstwirtschaft zur Technik des Industriezeitalters. Allg. Forstzeitschrift 25, 579—581, München 1970.
22. SPEER, J. und P. BARTELHEIMER: Der westdeutsche Holzmarkt im Forstwirtschaftsjahr 1969. Allg. Forstzeitschrift 25, 647—656, München 1970.
23. THIEDE, G.: Raumrelevante Einflüsse aus der Steigerung der Produktivität der Landwirtschaft und ihrer begrenzten Absatzmöglichkeiten. In diesem Band.
24. Beirat für Raumordnung: Empfehlungen, Folge 2. Bonn 1969.
25. Unveröffentlichtes Umfrageergebnis der Hessischen Forsteinrichtungsanstalt Gießen, 1971.

Die Funktion des ländlichen Raumes aus der Sicht wachsender Freizeitbedürfnisse[1])

von

Birgit Koschnick-Lamprecht, Stuttgart

„Die Städte sind überfüllt mit Menschen, die Häuser mit Mietern, die Hotels mit Gästen, die Züge mit Reisenden, die Cafés mit Besuchern; es gibt zu viele Passanten auf der Straße, zu viele Patienten in den Wartezimmern...; Theater und Kinos, wenn sie nicht ganz unzeitgemäß sind, wimmeln von Zuschauern, die Badeorte von Sommerfrischlern. Was früher kein Problem war, ist es jetzt unausgesetzt: einen Platz zu finden."

(Ortega y Gasset, 1930)

Man meint, solche Worte seien heute geschrieben — und doch: sie stammen von 1930. Heute jedoch sind sie drängender denn je: Vom Mainauer Rundgespräch 1970 bis zum Nordrhein-Westfalen-Programm 1975, von Erholungs-Großprojekten an der schleswig-holsteinischen Ostseeküste bis zum Naturpark Bayerischer Wald spricht man von Freizeitlandschaft und Erholungsplanung und versucht, den sonntäglichen Bevölkerungsdruck in die Naherholungsgebiete unserer Verdichtungsräume und den Ferienverkehr zu steuern.

I. Problemstellung

Drei Problemkreise greifen ineinander über, wenn es darum geht, die Funktion des ländlichen Raumes beim Anwachsen der Freizeitbedürfnisse zu beurteilen:

— die ständig zunehmende Ausdehnung der städtischen Wohngebiete und die Eingemeindung einst ländlicher Gemeinden auf der Suche nach dem verlorengegangenen Freizeitwert der Stadt,

— der Versuch, den Druck des Erholungsverkehrs auf die Naherholungsgebiete zu steuern und Angebote für die zunehmende Freizeit zu schaffen und

— das Aufgeben unrentabler Landbewirtschaftung im weiteren Einzugsbereich der Verdichtungsräume (Sozialbrache).

Die Bedeutung, die der ländliche Raum in Zukunft für die Entwicklung der Freizeit hat, und die Chancen, die andererseits aus der Erholungsplanung für den ländlichen Raum erwachsen können, werden dabei recht unterschiedlich bewertet.

II. Begriffsabgrenzung

Wenn auch für den Begriff *„ländlicher Raum"* bisher eine eindeutige Definition nicht gefunden wurde, so kann hier jedoch auf andere Beiträge dieses Bandes verwiesen werden. In Übereinstimmung mit v. MALCHUS kann für diesen Themenkreis davon ausgegangen

---

[1]) Die Grundlagen zu diesem Beitrag wurden während der Tätigkeit in der Geschäftsstelle der AVA-Arbeitsgemeinschaft zur Verbesserung der Agrarstruktur in Hessen e.V., Wiesbaden, erarbeitet und im Juli 1970 anläßlich eines Planungsseminars an der Abteilung „Raumplanung" der Universität Dortmund vorgetragen.

werden, daß hier alle die Gebiete in die Überlegung einbezogen werden, die außerhalb der „Verdichtungsräume" (gemäß Beschluß der Ministerkonferenz für Raumordnung vom 21. 11. 1968) liegen (1)[2].

Für die Entwicklung der „Freizeitlandschaft der Zukunft" wird man — ausgehend von der Erholung und aus der Sicht der Landschaftsordnung — sein Hauptaugenmerk zunächst auf die unter besonderem Erholungsdruck stehenden Randgebiete legen müssen. Ausgehend von der zukünftigen Funktion des ländlichen Raumes sollte man der Entwicklung derjenigen Gebiete besondere Beachtung schenken, die „im Verhältnis zum Bundesdurchschnitt zurückgeblieben sind" (1).

Hier einen Ausgleich zu finden, wird in der Zukunft eine wesentliche Aufgabe von Raumordnung und Regionalplanung sein.

Unter *„Freizeit"* wird zunächst die freie Zeit zwischen Arbeit und Schlaf verstanden, d. h. heute bei einer 40-Stdn.-Woche etwa 72 Stunden/Woche (= Brutto-Freizeit = 43 % der Gesamtzeit). Entscheidender ist jedoch die echte „Netto-Freizeit" ohne zivilisatorische Pflichten, mit der Freiheit der Zeit, des Tuns, ohne Zwang zum Erfolg, aber mit der „Möglichkeit zur Selbstverwirklichung" (2), die in der Arbeitswelt häufig fehlt. Vom medizinischen Standpunkt aus ist der Sinn der Freizeit die Erholung als Pendant zur Arbeit, das Entspannen, „Umspannen", wozu neben dem Ausruhen ebenso die der Arbeit entgegengesetzte Betätigung (geistige ↔ körperliche Arbeit) wie das „Sich-Bilden" gehört.

Für unsere Fragestellung sind alle die Tätigkeiten von Bedeutung, die sich in besonderem Maße im ländlichen Raum, in Verbindung mit freier Landschaft, Natur- und Kulturerlebnis außerhalb der Verdichtungsräume anbieten.

III. Entwicklungstendenzen der Freizeit

Zur Beurteilung des ländlichen Raumes für die Befriedigung zukünftiger Freizeitbedürfnisse müssen die zeitliche Entwicklung der Freizeit und — daraus resultierend — ihre Ansprüche an den Raum zugrunde gelegt werden:

1. Zeitliche Entwicklung

Berechnungen über die Verteilung der verfügbaren Freizeit *heute* gehen von

3— 4 Freizeitstunden pro Tag werktags	ca. 35 %
8—13 Freizeitstunden pro Tag am Wochenende	ca. 50 %
10—13 Freizeitstunden pro Tag im Urlaub	ca. 15 %
Verfügbare Freizeit	100 %

aus (3; 4); d. h., etwa $1/3$ der Zeit steht am Feierabend und die Hälfte am Wochenende zur Verfügung. Geht man jedoch von den realeren (vor allem familienbedingten) Verhältnissen aus, daß nur jedes 3. Wochenende zum Aufenthalt außerhalb der Stadt benutzt wird (4), so verschiebt sich das Verhältnis wesentlich stärker zugunsten des Feierabends: d. h., etwa

70 % der Erholung finden in der Wohnung und in Wohnungsnähe statt,
20 % der Erholung am Wochenende außerhalb des Wohnortes,
10 % im Jahresurlaub.

---

[2]) Die Zahlen in Klammern verweisen auf die Literaturhinweise am Schluß dieses Beitrages.

Folgt man den *Prognosen* der Arbeitszeitentwicklung, die von einer Verkürzung der Arbeitszeit auf 36 Wochenstunden (3) oder gar auf 30 Stdn./Woche (5; 6) ausgehen, so kann dies erheblichen Einfluß auf die Raumplanung haben.

Entscheidend dabei ist die Verteilung der gewonnenen Freizeit:

— Verlängerung des Feierabends *oder*
— Freihalten des Freitagnachmittags, des ganzen Freitags, gar des Donnerstagnachmittags (3¹/₂-Tage-Woche) *oder*
— Anrechnung auf den Jahresurlaub (z. B. zweimaliger Jahresurlaub oder mehrmonatiger Sommerurlaub nach dem Vorbild Skandinaviens).

Entscheidend sind ebenso die Folgerungen, die aus solcher Entwicklung gezogen werden müßten oder könnten. Folgende Möglichkeiten sind denkbar:

— Schulfreier Samstag für die Kinder,
— Entlastung der Hausfrau (z. B. durch Kapitaleinsatz für Geräte),
— Änderung des Ladenschlußgesetzes (längere Öffnungszeiten abends, freier Samstag),
— halbwöchig wechselnder Schichtbetrieb in allen Arbeitsbereichen unter Aufgabe des „Sonntags" zur besseren Auslastung der Verkehrs- und sonstigen Infrastruktureinrichtungen für die Freizeit, Bereitstellung von Dienstleistungen an allen Wochentagen für Freizeiteinrichtungen aller Art.

Aus solchen Überlegungen eröffnen sich dem ländlichen Raum viel weitergehende Chancen, als sie bisher möglich waren.

2. Räumliche Aspekte der Freizeit

a) Wohnung und Siedlungsbereich

Aus dem Verhältnis der verfügbaren Freizeit am Feierabend, Wochenende und im Urlaub (35 : 50 : 15 %/o bzw. 70 : 20 : 10 %/o) ergeben sich die räumlichen Ansprüche: Der *überwiegende* Teil aller Freizeitaktivitäten wird in der Wohnung und in deren Nähe, also im *Siedlungsbereich*, gesucht. Das erklärt das starke Wachsen der Stadtrandgemeinden, das Übergreifen der Verdichtungsräume in den ländlichen Raum (7): Das Unbehagen über das Wohnen in der Stadt, die Suche nach dem Ausgleich zwischen Arbeits- und Freizeitangebot läßt die Bevölkerungszahlen am Rande der Ballungsräume wesentlich schneller wachsen als die der ballungsfernen Gebiete. Das bedeutet aber zugleich die Forderung an Architekten, Stadtplaner und Kommunalpolitiker:

— mehr freizeitorientierte Wohnungen zu bauen,
— mehr Freizeiteinrichtungen in Wohnungsnähe, d. h. im städtischen Bereich, zu schaffen (Sport, Bildung, allgemeine Erholung, Grünanlagen),
— Wohn- und Erholungsgebiete gegenseitig besser zu erschließen und miteinander zu verzahnen.

Durch solche Maßnahmen ließe sich ein ganz wesentlicher Teil des Erholungs- und Freizeitproblems wirksam bereits an der Quelle fassen.

b) Naherholung

Entscheidend für unsere Fragestellung, d. h. für die Zukunft des *ländlichen Raumes* wie der Freizeit in ihrer Wechselwirkung, aber kann erst die Freizeit am Wochenende und im Urlaub werden.

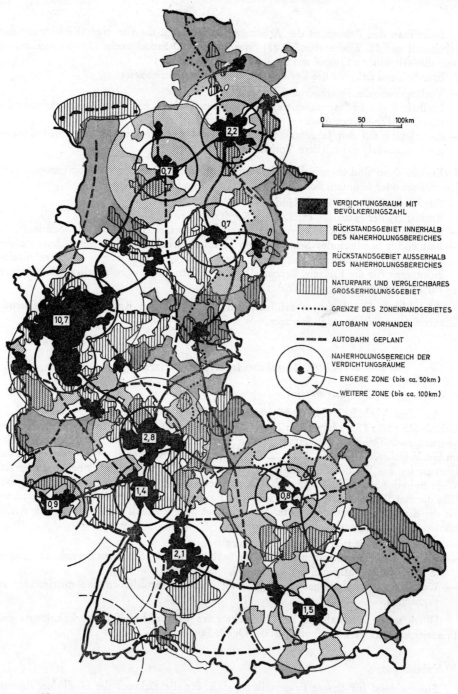

Legend text within the figure:

VERDICHTUNGSRAUM MIT
BEVÖLKERUNGSZAHL

RÜCKSTANDSGEBIET INNERHALB
DES NAHERHOLUNGSBEREICHES

RÜCKSTANDSGEBIET AUSSERHALB
DES NAHERHOLUNGSBEREICHES

NATURPARK UND VERGLEICHBARES
GROSSERHOLUNGSGEBIET

•••••• GRENZE DES ZONENRANDGEBIETES

——— AUTOBAHN VORHANDEN

— — — AUTOBAHN GEPLANT

NAHERHOLUNGSBEREICH DER
VERDICHTUNGSRÄUME

ENGERE ZONE (bis ca. 50 km)

WEITERE ZONE (bis ca. 100 km)

0   50   100 km

Abb. 1: Die Lage des ländlichen Raumes, insbesondere der Rückstandsgebiete,
zu den Verdichtungsräumen aus der Sicht der Naherholung

Umfragen haben ergeben, daß der Naherholungsbereich einer Großstadt bis zu einem Radius von 50—100 km bzw. 1—2 Autostunden reicht[3]); in Extremfällen ist der Großstädter sogar bereit, bis zu 200 km oder 2½ Stunden zu überwinden, um seine Freizeitansprüche zu erfüllen (11).

Dabei überwiegen heute noch die Eintagesfahrten; es kann also bei der Einführung des längeren Wochenendes theoretisch — und unabhängig von der Befürwortung solcher Entwicklungen — mit der Bereitschaft zur Überwindung noch größerer Entfernungen gerechnet werden.

Entfernungs- und Zeitaufwand sind selbstverständlich abhängig von der Nähe landschaftlich schöner Erholungsgebiete und von der Verkehrserschließung: ein Gebiet im Schatten z. B. des Naturschutzparkes Lüneburger Heide oder der Ostseebäder hat von Hamburg aus erst dann reale Entwicklungschancen, wenn die beiden anderen „überlaufen" oder wenn es bei geringerer Attraktivität wesentlich näher liegt (Harburger Berge).

Auf Abb. 1 wurde die Lage des ländlichen Raumes und insbesondere der Rückstandsgebiete zu den Verdichtungsräumen der Bundesrepublik aus der Sicht der Naherholung untersucht. Dabei ergibt sich, daß, wenn man rein schematisch Naherholungszonen mit einem Luftlinienradius von 75 km (rd. 100 Straßen-km) um die 10 großen Ballungen der BRD ausweist, fast alle Rückstandsgebiete erfaßt sind bis auf wenige Ausnahmen:

— Schleswig,
— Emsland,
— Rhön und Knüllgebirge,
— Teile von Eifel und Hunsrück,
— Bayerischer Wald,
— Südschwarzwald — Bodenseeraum.

Je nach natürlicher Eignung und Lage sind sie jedoch entweder so attraktiv, daß sie schon *heute* Fremdenverkehrs- und Urlaubsgebiet sind (Schwarzwald—Bodensee), bedürfen nur besserer Infrastruktur und Verkehrserschließung (Eifel, Bayerischer Wald) oder sind landschaftlich so wenig attraktiv (Flachland, nur Sommersaison), daß sie in Zukunft nur mit erheblichen Investitionen Chancen für die Entwicklung als Erholungsgebiete haben werden (Emsland). Dabei sind der geringe Waldanteil z. B. des norddeutschen Flachlandes, fehlende Reliefenergie und mangelnde Wasserflächen weniger für Naherholungsgebiete, mehr jedoch für zukünftige Ferienerholungsgebiete negativ zu beurteilen, da sie gar nicht oder nur mit hohen Kosten zu ergänzen sind. In Naherholungsgebieten kann mangelnde landschaftliche Attraktivität durchaus durch geringere Entfernung kompensiert werden.

Die Kernfrage ländlicher Raumplanung ist hier also, ob den *Rückstandsgebieten* im Einzugsbereich unserer Ballungen neue, aus der Freizeitentwicklung erwachsende Funktionen im Verbund mit den ihnen benachbarten Verdichtungsräumen und Bevölkerungsballungen zugewiesen werden können. Die wirtschaftliche Zukunft solcher Räume wird aus dieser Sicht davon abhängen, wieweit Gestaltung der Umwelt, Landespflege und infrastrukturelle Vorsorge als Staatsaufgabe oder privatisiert der Wirtschaftskraft solcher Gebiete zugute kommen können.

---

[3]) HANSTEIN nennt für den Ballungsraum Rhein-Main 50 Straßen-km oder 1 Autostunde als Grenze des Naherholungsverkehrs (8). — DENIG gibt für Wochenendhäuser in Holland maximale Entfernungen zwischen 60 und 150 km an (9). — RUPPERT und BERNT nennen für München bei Tagesfahrten einen Atkionsradius von 120 km (Bundesstraßen) bzw. 180 km (Autobahnen), bei Zweitagesfahrten mehr als 150 km (10).

c) Urlaub

Ein weiterer Faktor für den ländlichen Raum aus der Sicht der Freizeitentwicklung ist der *Urlaub*. Nach den o. g. Zahlen nimmt er z. Z. nur 10—15 % der Jahresfreizeit in Anspruch. Vergleicht man

— die klimatischen Bedingungen Deutschlands,
— die zur Verfügung stehenden oder möglichen Wasserflächen und Strände und
— die schneesicheren Wintersportgebiete der Bundesrepublik

mit dem Ausland, so wird die geringe Chance unseres Landes für den Erholungsurlaub — selbst bei Ausweitung der Saison wie des Angebotes — deutlich. Denn wenn auch die Zahl der deutschen Urlaubs- und Erholungsreisenden von (1962) 15 Mio. auf (1966) 20 Mio. zunahm, so steigen ebenso — durch staatlich unterstützte attraktive Angebote — die Erfolgsmeldungen des Auslandes und der Flugtouristik[4]).

Ca. 60 % des Fremdenverkehrs entfielen (1966) auf das Inland (13). Jedoch werden bevorzugt einige wenige, schon jetzt überfüllte, landschaftlich bevorzugte Gebiete gewählt.

Kurorte sind seit jeher eine gesonderte Kategorie und seien daher hier aus der Betrachtung ausgeschlossen, da sie zwar als Ansatzpunkte für die Entwicklung des Fremdenverkehrs in ihrem Nahbereich dienen, aber nicht typisch für *den* ländlichen Raum sein können. Nach Untersuchungen in Hessen überwiegen die Kurübernachtungen in der hessischen Mittelgebirgslandschaft weitaus die des Passanten- und Erholungsverkehrs (43 : 33 : 24 %) (14).

Bessere Möglichkeiten bieten sich dem ländlichen Raum, wenn man für die Zukunft einen zweiten Jahresurlaub als *Bildungs*urlaub einführt, wie er immer stärker auch ins politische Gespräch kommt, und wenn dafür infrastrukturelle Vorleistungen bevorzugt in schwach strukturierten ländlichen Räumen erbracht werden.

Andere Perspektiven eröffnen sich ferner, wenn man eine Verlängerung des Jahresurlaubs nach skandinavischem Muster auf 2—3 Monate im Sommer zugrunde legt: wenn nämlich aus dem Wochenendhaus die Sommerstuga nach schwedischem Muster oder das Ferienchâlet nach Schweizer Art wird, das von der Familie nicht nur am Wochenende für zwei Tage, sondern während des Sommers für mehrere Monate bewohnt wird; damit wird nicht nur die Frage der zumutbaren Entfernung und des vertretbaren Flächenverbrauches, sondern zugleich die des wirtschaftlichen Erfolges in den Erholungsgebieten angesprochen: durch die zeitweilige und längerfristige Verlegung des Wohnsitzes werden die Lebenshaltungskosten der Familie zu einem erheblichen Teil von der Stadt aufs Land verlegt, während für den Wochenendaufenthalt alle benötigten Güter aus der Stadt mitgebracht werden.

Aus diesen Überlegungen ergibt sich, daß bei der Entwicklung ländlicher Räume zu Erholungsgebieten das Hauptaugenmerk nicht so sehr auf die Urlaubserholung, sondern vorrangig auf die Freizeitnutzung für Wochenende und Naherholung gelegt werden muß.

3. Freizeitverhalten

a) Ausflugsverkehr

Über das Freizeitverhalten der Bevölkerung und über ihre Ansprüche an den Raum stehen Untersuchungen insbesondere aus dem Ruhrgebiet und Hamburg zur Verfügung.

---

[4]) Athen zahlt 70 % der Baukosten für Touristenhotels; Sizilien bezuschußt alle Charterflüge mit 5 %; 800 Mio. Franc wurden vom französischen Steuerzahler zur touristischen Erschließung der Languedoc ausgegeben. Über 1 Mio. Deutsche flogen 1969 in die Ferien, für 1975 rechnet man mit 2,3 Mio. deutschen Charterflugtouristen (12).

Nach CZINKI (15) sind vor allem folgende Ergebnisse von Interesse:

— die Ansprüche an Qualität und Quantität der Erholungsgebiete in angemessener Zuordnung zu den Wohnsiedlungen steigen;
— etwa ¹/₃ der Bevölkerung unternimmt regelmäßig Wochenendausflüge; — CHRISTALLER schätzt für 1990, daß 60 % der Bewohner der Kerngebiete von Großstädten und 45 % aus den Randgebieten einen Wochenendausflug machen werden (16) —;
— der Großteil dieser Ausflüge besteht z. Z. aus Eintagesfahrten;
— Kfz-Besitzer unternehmen häufiger Ausflüge als die Benutzer öffentlicher Verkehrsmittel.

Großstadtbewohner sind aktiver am Naherholungsverkehr beteiligt als die Bewohner von Mittel- und Kleinstädten (17).

Die Freizeitansprüche und -wünsche der einzelnen sind — nach einer Hamburger Untersuchung von ALBRECHT (5) — stark gestaffelt:

— Wasser und Wanderwege   50 %,
— Liegewiesen und „unberührte Landschaft"   35 %,
— Parkplätze und Spielwiesen   20 %,
— Campingplätze, Radwege   10 %,
— Tennis, Golf und Reitplätze   5 %,

— man sucht größtenteils weniger die Einsamkeit als die Gesellschaft,
— nur wenige dringen bis ins Innere der Wälder vor:
   Gesucht sind Waldrand und Straßenrand.

b) Zweitwohnsitze

Ein Sonderfall des Freizeitverhaltens, der auch bei uns — entsprechend der Entwicklung in Skandinavien — in Zukunft immer mehr Bedeutung erlangen wird, ist der Wunsch nach einem *Zweitwohnsitz.* Dabei reicht die Variationsbreite von Zelten und Wohnwagen oder Wohnbooten, d. h. flexiblen Formen des Freizeitwohnens, über Gartenlauben und Wochenendhäuser bis zu bungalowartigen Ferienhäusern oder Appartements in geschlossenen Ferienzentren.

Nach WERNICKE (18) besitzen oder benutzen von der groß- und mittelstädtischen Bevölkerung 1966 etwa

1 % Wochenendhäuser (Haushalte),
0,5 % feste Wochenendunterkünfte anderer Art,
2 % provisorische Unterkünfte auf eigener Parzelle,
1 % eigene Wochenendparzellen.

1968 hatten 7,3 % der Münchner Haushalte einen Zweitwohnsitz, während in den Bezirken außerhalb der Stadtregion der Anteil nur 3,3 % betrug (19).

Aus dem Ausland liegen umfassendere Untersuchungen und Prognosen vor (9; 20): So schätzt man in Holland einen jährlichen Zuwachs von 15 % und für 1980 mit der Relation von 1 Zweitwohnsitz auf 10 Haushalte, für das Jahr 2000 sogar 1 : 4¹/₂. Dänemark hat heute eine Relation von 1 : 20 bei einem jährlichen Zuwachs von 13 %; in der Landesplanung wird mit einer Entwicklung zu 1 Zweitwohnsitz auf 3 Haushalte gerechnet.

Für Frankreich werden (1969) Relationen von 1 : 10 und eine Verdreifachung der Zweitwohnsitze in 10 Jahren angegeben.

Schweden, das z. Z. die längsten Sommerferien hat, rechnet bei einem momentanen Stand von 1 : 5 mit einer weiteren Verdoppelung dieser Zahlen.

Auch bei uns wird sich unter den Aspekten

— des wachsenden Motorisierungsgrades (statt 6 Einw. = 3 Einw./Pkw, d. h. statt heute 11 im Jahr 1980 20 Mio. Pkw in der BRD,
— des weiteren Anstiegs des Realeinkommens und des freiverfügbaren Einkommens auf über 30 %,
— von noch stärker überfüllten Ausflugslokalen und anderen Freizeiteinrichtungen

der Wunsch nach einem Zweitwohnsitz erheblich erhöhen. Planung und Gesetzgebung sollten diese Entwicklung aufgreifen und vorbereitend Konsequenzen ziehen; m. E. kann hierdurch ein günstiger Ausgleich zwischen Massentourismus und individueller Freizeitgestaltung, zwischen Verkehrsbelastung der Straßen (eine Mehrtagesfahrt statt mehrere Tagesausfüge— und Erholungswunsch jedes einzelnen gefunden werden. Die Möglichkeiten vermietbarer, d. h. „mobilerer" Wochenendhäuser sollten hier — auch wegen des größeren finanziellen Effekts für den ländlichen Raum — in die Überlegungen einbezogen werden.

IV. Beurteilung der Entwicklungschancen eines Raumes

Gewiß sind nicht alle unsere ländlichen Gebiete gleichermaßen als Erholungsräume geeignet. Natürliche Eignung der Landschaft, Siedlungsstruktur und Bevölkerungsdichte und — darauf basierend — infrastrukturelle Eigenausstattung der Gemeinden sind die wesentlichen Ausgangskriterien und setzen mit geringerem oder höherem Investitionsbedarf der Entwicklung zum Erholungsgebiet Grenzen.

1. Natürliche Ausstattung

Die *natürliche Eignung* der Landschaft für die Erholung wurde erstmals von KIEMSTEDT 1966 quantitativ erfaßt und im „Vielfältigkeitswert" (V-Wert) einer Landschaft vergleichbar dargestellt.

Für eine Reihe von Gebieten und Ländern der BRD sind entsprechende Bewertungen vorhanden oder in Arbeit. Im Sinne der Raumordnungspolitik des Bundes wäre es für eine regionale Differenzierung bei der Vergabe entsprechender Förderungsmittel günstig, vergleichbare Daten für die ganze BRD zugrunde legen zu können.

Die natürliche Ausstattung kann mit Hilfe landschaftspflegerischer Maßnahmen zwar mit geringeren Kosten, allerdings auch nur mit relativ langer Anlaufzeit bis zur vollen Wirksamkeit verbessert werden (z. B. Verbesserung des Landschaftsbildes, des Kleinklimas durch Waldriegel, Windschutzpflanzungen usw.; Erhöhung des Waldanteils durch Aufforstungen). Auf der Grenze zur Infrastruktur liegen Maßnahmen wie die Schaffung von Liegewiesen, Wanderwegen, Parkplätzen, Rückhaltebecken als Badeseen wie allgemein die Einrichtung von Naturparken. Entscheidend ist jedoch — ausgehend von der Belastbarkeit der Landschaft — die Tragfähigkeit eines Raumes, über die quantitative Kriterien bisher erst in Ansätzen vorhanden sind (21).

2. Siedlungs- und Infrastruktur

Von gleicher Bedeutung wie die landschaftliche Eignung sind *Siedlungsstruktur, -kultur* und *Infrastruktur*. Vergleicht man die langgezogenen Fehnkolonien des Emslandes mit den wendischen Rundlingen des Kreises Lüchow-Dannenberg oder den Fachwerkdörfern Nordhessens, so wird die unterschiedliche Ausgangslage deutlich.

In besonderem Maße wirkt sich in ländlichen Gebieten die Siedlungsstruktur auf die infrastrukturelle *Eigenausstattung* der Gemeinden aus: Nach Berechnungen in Hessen wird für die Tragfähigkeit infrastruktureller Grundeinrichtungen eine Mindestbevölkerungsdichte von 40—50 Einw./qkm im Einzugsbereich benötigt, für die Landbewirtschaftung allein jedoch nur ca. 5—10 Einw./qkm (22). Manche der landwirtschaftlich geprägten Nahbereiche in Hessen, in denen der Strukturwandel der Landwirtschaft à la Mansholt kaum noch begonnen hat, liegen heute bereits an dieser Grenze. Werden in solchen Gebieten, die sich landschaftlich für die Freizeiterschließung eignen, ergänzende Infrastruktureinrichtungen durch den Erholungsverkehr tragfähig gemacht, so ist ein zusätzlicher Einsatz von Mitteln zum Ausbau der Infrastruktur zu rechtfertigen, die direkt auch der ansässigen Bevölkerung zugute kommen.

Eine entscheidende Rolle spielt dabei die Verkehrserschließung. Auch hier ergibt sich das Wechselspiel zwischen Forderungen des Erholungswesens in den Ballungsräumen und den Notwendigkeiten der Entwicklung von Rückstandsgebieten. Landschaftlich reizvolle, für die Erholung geeignete Räume, die abseits der Hauptstrecken im Einzugsbereich der Ballungen liegen, bedürfen guter Verkehrserschließung aus *Freizeit*gründen, wenn andere wirtschaftliche Gründe bisher nicht ausreichen (z. B. Erschließung der Rhön vom Ballungsraum Rhein-Main her, nicht nur in Nord-Süd-Richtung; Erschließung des Bayerischen Waldes; Anbindung des Naturparkes Elbufer-Drawehn im Kreis Lüchow-Dannenberg an den Verdichtungsraum Hamburg).

Unter dem Aspekt eines zukünftigen *Bildung*surlaubes bietet m. E. der ländliche Raum in der Kombination von *Bildung*sstätten (u. a. der Ausbau von Schlössern und Burgen) *und Erholung*sangebot mit dem Effekt, die Wirtschaftskraft des Gebietes dadurch zu stärken, besondere raumordnerische Vorteile.

Ein weiterer Faktor bei der Berechnung von Infrastruktureinrichtungen: auch das *Alter* bedeutet Freizeit und Freizeitansprüche, und mit weiterer Reduzierung des Renten- und Pensionsalters wächst der Anteil der alten Generation ständig. Der Wunsch des Alters nach Natur und gesunder Umgebung einerseits und nach geselligem Erlebnis andererseits läßt den Gedanken an eine bevorzugte Ausstattung der zentralen Orte des ländlichen Raumes mit entsprechenden Einrichtungen, d. h. auch der Altersfürsorge, Altenwohnheime, Pflegeheime usw., naheliegen.

3. Flächenangebot

Gegenüber den Verdichtungsräumen zeichnet sich der ländliche Raum durch freie oder in Zukunft freigestellte Flächen und Arbeitskräfte aus; dies um so mehr, je bedeutungsloser ein Raum in landwirtschaftlicher Sicht ist: Es mag eine glückliche Fügung sein, daß gerade landwirtschaftlich uninteressante Gebiete, z. B. der deutschen Mittelgebirge oder der norddeutschen Geestlandschaften, häufig landschaftlich und daher für die Erholung von besonderem Reiz sind. Ein weiterer Vorteil ist die Tatsache, daß Sozialbrache heute als „Wohlstandsbrache" gerade dort auftritt, wo auch der stärkste Erholungsdruck auf die Landschaft ausgeübt wird: am Rande der Verdichtungsräume. Die Freistellung von landwirtschaftlichen Grenzertragslagen für die Freizeitnutzung heißt also nicht unbedingt Landschaftsverbrauch durch Zersiedlung, sondern kann — *richtig gelenkt* — echte Landschaftsnutzung sein. Die Nachfrage nach Privatgrundstücken auf Kauf- oder Pachtbasis für alle Arten der Erholung: als Wochenendhausgebiet oder Wohnwagenparzelle, als Spiel- und Liegewiese oder Obstgarten, ist gerade hier besonders groß; die Bereitschaft, dafür die Pflege der Grundstücke zu übernehmen, ist vorhanden und sollte finanziell nicht unterschätzt werden. Hier müssen vom Gesetzgeber und von den Gemeinden und Kommunalverbänden Wege gefunden werden, Angebot und Nachfrage aufeinander abzustimmen: Durch gute Planung, d. h. durch richtige Standortwahl und Erschließung, durch gesetzliche Fixierung der planerisch notwendigen Forderungen und Planungsauflagen an den einzelnen, durch neue Formen der Eigentumsübertragung (Pacht des Bodens von der Gemeinde, einer Trägergesellschaft, einem ansässigen Privaten) und durchgreifende Kontrolle bei der Realisierung, erscheint es durchaus möglich, die Forderungen der Gesellschaft nach freier, vielfältig nutzbarer und naturnaher Landschaft und die Forderungen des einzelnen *in* der Gesellschaft nach Betätigung und Erholung in der freien Landschaft gleichermaßen zu erfüllen: Es ist zu überprüfen, ob es richtig ist, daß die Gesellschaft mit Steuermitteln Rückstandsgebiete subventioniert, Grenzertragsböden künstlich durch unrentable landwirtschaftliche Nutzung „offen"hält und Erholungsgebiete für den Massentourismus erschließt — zugleich aber dem einzelnen verwehrt, Grenzertragsflächen auf eigene Kosten zu Erholungsgebieten zu entwickeln. Voraussetzung ist allerdings, die gesetzlichen Minimalforderungen in Form von Bebauungsplänen zu stellen: Erholungsgebiete, die in reizvollem Wechsel von Ferienhausgruppen, Liegewiesen, Kinderspielplätzen, Gehölzgruppen, Campingplätzen, Reit- und Wanderwegen, d. h. im Wechsel von privaten und öffentlichen Grundstücken, gestaltet werden, brauchen das natürliche Landschaftsbild nicht zu stören und können den Träger solcher Maßnahmen durch Auflagen an den Benutzer erheblich entlasten, können durch Pachtpreise und Dienstleistungen sogar finanzielle Vorteile erbringen.

Ein Beispiel aus Hessen mag dies verdeutlichen: in einer Kleinstgemeinde im Naherholungsbereich Rhein-Main wurden vor Beginn der Flurbereinigung insgesamt 100 ha LN von Städtern für Erholungszwecke gekauft. Das sind ca 50 % der gesamten LN. Zu je $^1/_3$ hatten sie den Wunsch, die Grundstücke für Wochenendhäuser, Wohnwagenparzellen o. ä. und Liegewiesen bzw. Gärten zu nutzen. Die starke morphologische Gliederung der Taunusgemarkung würde eine Differenzierung nach verschiedenen Erholungsbereichen mit unterschiedlichem Erschließungsaufwand begünstigen. Jedoch fürchtete die Gemeinde, die gesamten Flächen als Wochenendgebiet nach Baunutzungsverordnung ausweisen zu müssen und entsprechend finanziell belastet zu werden. Die Erfassung des gesamten Bereiches von ca. 100 ha in Bebauungsplänen ist zwar heute auf Flächen, die nicht oder nur zum Teil Baugebiete, sondern überwiegend Grünflächen werden sollen, noch wenig praktiziert, hätte hier aber zu einem günstigen Ausgleich der öffentlichen und privaten Interessen führen können.

4. Angebot an Dienstleistungen und Gebäuden

Gleichzeitig mit dem Rückzug der Landwirtschaft aus der Fläche werden in gewissem Umfang *Arbeitskräfte* freigesetzt. Nicht alle werden mit fortschreitender Konzentration und Rationalisierung der gewerblichen Wirtschaft in zumutbarer Entfernung einen gewerblichen Arbeitsplatz bekommen können. Für einen ehemaligen Landwirt bieten sich auf dem tertiären Sektor jedoch im Haupt- oder Zuerwerb Möglichkeiten, sei es bei direkten Dienstleistungen für den Gast (Fremdenbeherbergung, „Ferien auf dem Bauernhof", im Handwerk durch Fertigung und Bereitstellung von Ferienhäusern, sei es im Kommunaldienst, zur Erhaltung und Steigerung der Wohlfahrtswirkungen eines Raumes (23)[5].

Insgesamt gesehen lassen sich jedoch in einem Gebiet durch den Erholungsverkehr primär nur zusätzliche Einkommen erzielen, die zu einer Hebung des Lebensstandards

---

[5] In Schweden läuft z. Z. ein Versuch, die Umgebung eines Ferienhausgebietes auf Kosten der Grundstücksbesitzer durch einen angestellten Landwirt landwirtschaftlich pflegen zu lassen (24).

führen: die Fremdenbeherbergung im Privatquartier, „Ferien auf dem Bauernhof", Bereitstellung von Ferienwohnungen, die Gastronomie usw. werden in kleineren Gemeinden vorwiegend von Frauen betrieben, handwerkliche oder sonstige Dienstleistungen sind häufig als außerlandwirtschaftlicher Zuerwerb zu betrachten; echte zusätzliche Arbeitsplätze werden in den Zentren der Erholung zwar geschaffen, sind — aufs ganze gesehen — jedoch nur als Sekundärerscheinung zu bewerten (14).

Schließlich werden beim Rückgang der Landwirtschaft durch Abwanderung der Bevölkerung in die zentralen Orte zahlreiche Häuser leerfallen. Hier bieten sich dem erholungsuchenden Städter Chancen für den Erwerb alter Bauernhäuser und für die Gemeinden eine neue Funktionsbestimmung — eine Tendenz, die vom Denkmalschutz dankbar aufgegriffen wird (Beispiele: Wendische Rundlinge im Kr. Lüchow-Dannenberg — Werraland/Kreis Eschwege (25).

Es brauchen also bei der Entwicklung von Erholungsgebieten nicht nur *neue* Feriendörfer oder Wochenendhausgebiete zu entstehen: die Umwidmung bestehender Dörfer — zumal in Gegenden mit interessanter historischer Bausubstanz — kann zu einem besonderen Anreiz werden. Auch hier könnten Skandinavien oder die Schweiz als Vorbild dienen: Zu Ferienwohnungen ausgebeutete Bauernhäuser, die wochen- oder jahresweise vermietet werden, ergeben neue Erwerbsquellen für das Dorf.

V. Planerische Konsequenzen

Die gesellschaftlichen Entwicklungen von einer arbeits- zur mehr und mehr freizeitorientierten „Dienstleistungs- und Freizeitgesellschaft" haben bereits heute und vornehmlich im Nahbereich der Verdichtungsräume zu einem z. T. erheblichen Strukturwandel der Verdichtungsrandzonen und der ländlichen Räume geführt. Zersiedlung der Landschaft, Landschaftsverbrauch, Verkehrsstau, Wasserverschmutzung, überfüllte Sportanlagen sind Stichworte, die diese Entwicklung des Erholungsverkehrs kennzeichnen. Wird solcher Entwicklungstendenz nicht begegnet, so wird in wenigen Jahren nicht nur das Landschaftsbild, sondern auch der Landschaftshaushalt im Umkreis der Ballungsgebiete in Gefahr geraten oder gar teilweise zerstört werden.

Der Flächenbedarf der Nah- und Ferienerholung muß mit den landschaftsökologischen Möglichkeiten eines Gebietes abgestimmt werden, Bedarf und Angebot der verschiedenen Erholungsarten sind miteinander in Einklang zu bringen; die rechtliche und finanzielle Steuerung von Strukturentwicklungen bietet Chancen, dem ungelenkten Anwachsen des Erholungswesens planerische Konsequenzen entgegenzusetzen.

1. Flächenbedarf der Naherholung

Über den Flächenbedarf des Erholungswesens liegen bisher nur sehr grobe Schätzwerte vor, die für die Anwendung in der Planungspraxis nur mit großer Skepsis verwendet werden können.

Für Nordrhein-Westfalen wurden — unter Zugrundelegung bestimmter Tragfähigkeitswerte — Schätzwerte für Erholungsräume außerhalb der Siedlungsbereiche, jedoch innerhalb von Konzentrationsbereichen von ca. 100 m²/Erholungssuchenden im Sommer berechnet; in der „freien Landschaft" kommt man bei entsprechender Grundlage zu Werten von ca. 1 000 m²/Erholungssuchenden, wobei im allgemeinen Erholungsbereich Doppelnutzungen nicht berücksichtigt sind (26).

Versucht man, den Flächenbedarf für Zweitwohnsitze zu schätzen, um daraus planerische Rückschlüsse für die Freistellung landwirtschaftlicher Grenzstandorte ziehen zu können, so kann man die auf Seite 175 genannten deutschen und ausländischen Entwicklungstendenzen zugrunde legen:

Geht man von der Annahme aus, daß im Jahr 2000 50 % der deutschen Bevölkerung in Groß- und Mittelstädten leben und daß 10 % bzw. 20 % der dort wohnenden Haushalte den Wunsch nach einem Zweitwohnsitz haben, so kommt man zu einem Wert von 1—2 Mio. Zweitwohnsitzen. Geht man dagegen davon aus, daß in Zukunft 80 % der Gesamtbevölkerung in Städten wohnen, so ergibt sich bei gleichem Anteil von 10 bzw. 20 % die Zahl von ca. 1,5—3,0 Mio. Zweitwohnsitzen.

Bei der für notwendig erachteten Grundstücksgröße ist die Schwankungsbreite außerordentlich groß: Sie reicht von maximal 500 m² je Grundstück bis zu minimal 1 ha. Als Argument wird einerseits die in der Nähe der Verdichtungsräume besonders große Gefahr der Zersiedlung der Landschaft und des Landschaftsverbrauchs genannt, die zu besonderer Konzentration solcher „Wochenendhausgebiete" mit fast städtischen Grundstücksgrößen führt; für die Bereitstellung von Grundstücksgrößen von mindestens 1 ha spricht die Notwendigkeit, im Rahmen der EWG-Agrarpolitik große Teile landwirtschaftlicher Nutzflächen aus der Produktion zu nehmen, die dann — unter Auflagen — vom Städer gepflegt werden können, und die Möglichkeit, durch die äußerst geringe Siedlungsdichte das Landschaftsbild nicht zu beeinträchtigen sowie gegenseitige Störungen weitgehend auszuschalten (27).

Zur Abschätzung des Flächenbedarfs auf Bundesebene seien diese Grenzwerte von 500 m² [6]) bzw. 1 ha zugrunde gelegt: Daraus ergibt sich ein Gesamtflächenbedarf von 100 000 ha bzw. 1 Mio. ha bei 1 Mio. Zweitwohnsitzen, von 300 000 ha bis 3 Mio. ha Fläche bei einer Nachfrage von 3 Mio. Zweitwohnsitzen.

Die Relationen zwischen Nachfrage nach Wochenendgrundstücken und Angebot an ausscheidender landwirtschaftlicher Nutzfläche werden deutlich, wenn man sich vergegenwärtigt, daß 1969 ca. 500 000 ha Grenzertragsböden geschätzt wurden (21) und man bis 1980 mit ca. 700 000 ha ausscheidender LN im Bundesgebiet rechnet (28).

Bedarf und Angebot sind sicher regional stark differenziert, jedoch werden die Probleme der Bewältigung des Erholungsverkehrs einerseits und die Pflege der Kulturlandschaft andererseits deutlich und bieten die Koppelung beider Problemkreise fast zwangsläufig an.

2. Konzentration und Differenzierung des Erholungswesens

Entwicklungstendenzen der Freizeit und Verhaltensweisen der Bevölkerung wurden in Abschnitt III dargelegt. Dabei wurde deutlich, daß der Druck des Erholungsverkehrs auf den ländlichen Raum im näheren Umkreis der Verdichtungsräume besonders groß ist und mit zunehmender Entfernung immer mehr abnimmt, daß aber in Zukunft mit immer größeren Entfernungen und immer mehr Raumbedarf gerechnet werden muß. Um im ballungsnahen Erholungsraum den Landschaftsverbrauch möglichst gering zu halten, und zugleich ausgehend vom Angebot und der Auslastung infrastruktureller Einrichtungen sowie von den begrenzt verfügbaren finanziellen Mitteln, wird man auch im Erholungswesen — wie bei allen raumordnenden Maßnahmen auf dem gewerblichen wie Versorgungssektor — zur Konzentration der Maßnahmen kommen müssen. In Holland werden Freizeitzentren für die Tageserholung und ganze Spiellandschaften für die Wochenenderholung geschaffen (26). In ähnlicher Form hat Nordrhein-Westfalen seit ca. 10 Jah-

---

[6]) Unter Hinzurechnung von 100 % Zusatzflächen für Erschließung und Gemeinschaftsflächen = 1 000 m².

ren Freizeitparks für die Tageserholung eingerichtet. Auch auf dem Gebiet des reinen Fremdenverkehrs ist eine Schwerpunktbildung festzustellen (14).

Bei der Entwicklung von Erholungslandschaften und bei der Ausweisung von allgemeinen, privaten oder gemischten Erholungsflächen ist eine Differenzierung des Erholungsangebotes ringförmig um die Ballungszentren in folgenden Stufen denkbar:

Unter Beachtung der
— Vorrangigkeit der Allgemeinheit,
— kürzeren Verweildauer von Tagesbesuchern, d. h.
— größerem Ausnutzungsgrad der Anlagen

wird man in einem ersten Kreis um die Verdichtungsräume nur Erholungseinrichtungen für die Allgemeinheit schaffen und jegliche privaten Flächenansprüche, z. B. nach Zweitwohnsitzen, ausschließen. Eine solche Zone wird je nach Größe der Verdichtungsräume und nach landschaftlicher Eignung des Umlandes ca. 20—50 km betragen (Abb. 2).

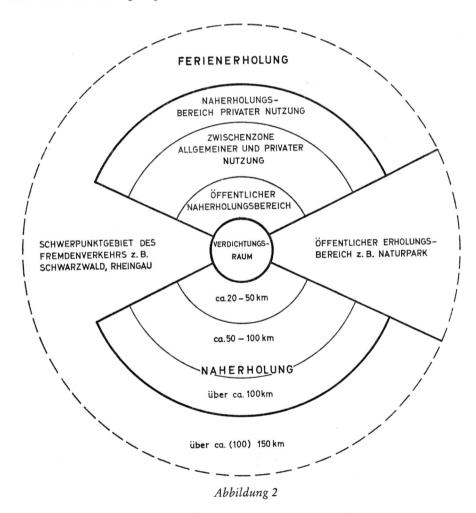

Abbildung 2

181

In einer zweiten Zone von 50—100 km Entfernung ist eine Mischung von allgemeinen und privaten Einrichtungen nach den Überlegungen, die in Abschnitt IV/3 angestellt wurden, und auf der Grundlage von Entwicklungs- und ggf. Bebauungsplänen denkbar.

Erst außerhalb dieser 2. Zone sollten landwirtschaftliche Grenzstandorte in größerem Ausmaß auch für die private Erholung, d. h. z. B. für die Einrichtung von Zweitwohnsitzen, freigestellt werden können: Da es sich für Inhaber von Zweitwohnsitzen am Wochenende in der Regel nicht nur um Ausflüge, sondern um Mehrtagesfahrten handelt, sind weitere Entfernungen zwischen Haupt- und Zweitwohnsitz als für Ausflügler durchaus zumutbar.

Ein besonderes Problem ist die Differenzierung zwischen Nah- und Feriénerholung. Eine Überlagerung beider Erholungsformen ist einerseits im Interesse einer besseren, d. h. gleichmäßigeren Ausnutzung der Erholungsinfrastruktur erwünscht, bringt jedoch u. a. erhebliche Störungen, die auch durch geschickte Steuerung des Reiseangebots kaum auszuschalten sind. Ferienerholungsgebiete sollten daher vorrangig außerhalb der Naherholungszonen unserer Verdichtungsräume schwerpunktmäßig ausgebaut werden (z. B. Rhön, Bayerischer Wald).

VI. Durchsetzung raumordnerischer Zielvorstellungen

Zur Verwirklichung solcher raumordnerischer Zielvorstellungen steht heute eine Reihe von *Gesetzen* zur Verfügung: Im Raumordnungsgesetz ist die „Sicherung und Gestaltung von Erholungsgebieten" in § 2 (1) 7. angesprochen. In seinem Vollzug sind entsprechende Forderungen in den Landesplanungsgesetzen und -entwicklungsprogrammen postuliert, ebenso in den Fachgesetzen wie z. B. in § 37 des FlurBG, im neuen Hess. Forstgesetz von 1970 oder in den Gesetzentwürfen von Bund und Ländern zu Naturschutz und Landespflege.

Flächenbezogene Durchsetzung erhalten diese Forderungen in der Regional- und Bauleitplanung. Dabei werden in wachsendem Maße Landschaftspläne als Planungsgrundlage gerade der Erholungsplanung gefordert und erstellt. Auch im „Außenbereich" nach den Begriffen des BBauG sollten Landschaftspläne, soweit sie Detailfragen klären, die Rechtsform des Bebauungsplanes bekommen, wie es heute im Wochenendhausgebiet bereits selbstverständlich ist; dadurch kann bei guter Planung der Zersiedlung der Landschaft Einhalt geboten werden, ohne die berechtigten Forderungen der Erholungssuchenden zu versagen. Gleichzeitig können damit für Teile der Landschaft die Kosten der Landschaftspflege durch Planungsauflagen privatisiert werden.

Im Vollzug der Planung kommt es entscheidend auf die *Kommunal-* und *Privatinitiative* sowie auf staatliche Hilfestellung an. Programmierter Urlaub und Wochenendhobby-Kurse werden im Wettbewerb um den Städter immer höher in Kurs kommen: „Ferien auf dem Bauernhof", Ponyreiten, Segelkurse, Führerscheinurlaub nehmen im Urlaubsangebot immer breiteren Raum ein.

Soweit wie möglich, sollte — unter Beachtung des Individualverhaltens — die Erholung „kommerzialisiert" werden, um notwendige Investitionen nicht dem Steuerzahler anlasten zu müssen. Das führt, wie KIEMSTEDT anläßlich der AVA-Jahrestagung 1970 anhand verschiedener Beispiele ausführte, eher zu ökonomischer Landschaftsnutzung als zu Landschaftsverbrauch (29).

Verlangt darüber hinaus die Gesellschaft eine Landschaft, die nach landschaftlicher und infrastruktureller Ausstattung in Zukunft ihren Forderungen als Erholungslandschaft

Rechnung tragen soll, so muß sie die Mittel, die über den ökonomischen Gewinn (Eintrittsgelder, Straßenmaud usw.) nicht zu beschaffen sind, aus Steuergeldern bereitstellen. Dabei ist die Schaffung von regionalen Erholungsräumen mit der Einrichtung städtischer Parks zu vergleichen: Anzustreben wäre ein *regionaler* Ausgleich durch Gemeindeverbund, soweit Erholungswerte vorwiegend von der städtischen Bevölkerung der Region beansprucht werden. Denkbar ist auch ein regionaler Erholungszweckverband (18), der alle Fragen der Planung, Durchführung und Finanzierung übernimmt und damit auch den kleinen, planerisch und finanziell überforderten Gemeinden Entlastung bieten kann (Beispiel: „Verein zur Sicherstellung überörtlicher Erholungsgebiete in den Landkreisen um München" oder die Naturparkträger).

In Baden-Württemberg wird z. Z. für das Gebiet der Schwäbischen Alb ein Programm zum Ausbau als Nah- und Ferienerholungslandschaft aufgestellt. Unter Einbeziehung aller raumrelevanten Planungen soll mit Hilfe der Land- und Forstwirtschaft, der kommunalen Infrastruktur und der gewerblichen Wirtschaft die Wahrung, Sicherung und Gestaltung der Kulturlandschaft als optimaler Erholungslandschaft auf kommunaler Basis und mit staatlicher Unterstützung gewährleistet werden.

VII. Zusammenfassung

1. Bei einem weiteren Rückgang der Arbeitszeit wird die nutzbare Zeit erheblich ansteigen. Davon werden vermutlich vor allem Feierabend und Wochenende profitieren.

2. Bei gleichzeitig wachsendem Motorisierungsgrad und größerem Einkommensspielraum ist damit die *Wochenenderholung* für den ländlichen Raum der entscheidende Faktor.

3. Der *Urlaub* nimmt vermutlich auch in Zukunft nur 10—15 % der Jahresfreizeit ein. Unter Berücksichtigung von Klima, Schneesicherheit und anderen Kriterien ist die Chance des ländlichen Raumes in Deutschland im Vergleich mit dem Ausland gering zu bewerten.

4. Die Erschließung von Erholungsgebieten ist neben landschaftlicher Eignung und infrastruktureller Ausstattung vor allem von der *Verkehrserschließung* abhängig. Legt man einen Naherholungsbereich von ca. 100 km um die Verdichtungszentren zugrunde, so könnten bis auf wenige Ausnahmen alle *Rückstandsgebiete* in den Naherholungsverkehr einbezogen werden.

5. Mit dem *Rückzug* der *Landwirtschaft* aus der Fläche bietet der ländliche Raum insbesondere ein hohes Flächen- und ein gewisses Arbeitskräftepotential, das als Erholungsflächen und für Dienstleistungen in Handel, Handwerk und im Erholungsgewerbe eingesetzt werden kann. Daneben kann durch Umwidmung leergefallener Bauernhäuser oder ganzer Dörfer eine neue Funktionsbestimmung ländlicher Bereiche befunden werden.

6 Insgesamt gesehen ist über den Erholungsverkehr jedoch primär mit zusätzlichen *Einkommen* und nur sekundär mit zusätzlichen Arbeitsplätzen zu rechnen.

7. In Mittelgebirgslagen bedarf das Problem der *Brachflächen* und Grenzertragsstandorte besonderer Beachtung. Große Flächenanteile sollten der *direkten Erholungsnutzung* zugeführt werden.

8. Der *Zweitwohnsitz* wird als Sonderform von Naherholung und Urlaub in Zukunft wachsende Bedeutung erlangen. Unter Beachtung landespflegerischer Notwendigkeiten ist ihm genügend Raum zu bieten.

9. Die Nachfrage nach *Zweitwohnsitzen* kann unter Heranziehung ausländischer Entwicklungstendenzen auf zukünftig ca. 1—3 Mio. geschätzt werden. Je nach Grundstücksgröße ergäbe sich theoretisch daraus ein Flächenbedarf von 100 000—3 Mio. ha, der vorzugsweise aus landwirtschaftlichen Grenzstandorten zu decken wäre. Diesen Zahlen stehen als Schätzung mindestens 700 000 ha ausscheidende LN bis 1980 gegenüber.

10. Auch im Erholungswesen kommt es zunehmend zu *Konzentrationserscheinungen.* Freizeitparks, Naherholungszentren und Fremdenverkehrsschwerpunkte kennzeichnen diese Entwicklung. Im Sinne konzentrischer Ringe um die Verdichtungsräume wird sich die Flächennutzung der Naherholung mit zunehmender Entfernung vom öffentlichen zum privaten Bereich hin entwickeln, bis sie in die Ferienerholung übergeht.

11. Zur Kontrolle des Planungsvollzugs in Erholungsgebieten sollten auch im Außenbereich in verstärktem Maße *Bebauungspläne* nach BBauG auf der Grundlage von Landschaftsplänen erarbeitet werden.

12. Soweit die Mittel für die Einrichtung von Erholungsgebieten nicht privatwirtschaftlich aus Einnahmen wie Eintrittsgeldern usw. oder Auflagen aufgebracht werden können, muß die Gesellschaft aus *regionalen* oder *staatlichen* Mitteln dafür aufkommen.

Wie alle anderen Einrichtungen für Umweltschutz und Freizeit (Sport, Bildung) ist dabei auch die *Landespflege* der *Infrastruktur* zuzurechnen (30).

Literaturhinweise

1. Raumordnungsbericht 1970 der Bundesregierung, Bundestags-Drucksache VI/1340, S. 32a.
2. RUPPERT-MAIER: Naherholungsraum und Naherholungsverkehr, Starnberg 1969, S. 17.
3. FÜSSLIN-KÖHL-RABE: Gedankenmodell für die Freizeitlandschaft der Zukunft (Mainau-Preis 1970).
4. CZINKI-ZÜHLKE: Erholung und Regionalplanung. In: Raumforschung und Raumordnung 4/1966, S. 155 f.
5. GREBE, REINHARD: Naherholungsgebiet Sebalder Reichswald, Nürnberg 1969.
6. NAHE, PETER-PAUL: Freizeit — eine Vision auf historischer Grundlage. In: der Landkreis 8—9/1969, S. 247.
7. Raumordnungsbericht 1968 der Bundesregierung, Bundestags-Drucksache V/3 958, S. 6.
8. HANSTEIN, UDO: Naturpark Hochtaunus, Zustandserfassung und Entwicklungsvorschläge ..., Darmstadt 1969, S. 19.
9. DENIA, IR. E.: Het kleine buitenverblijf, element bij de reconstructie van landelijke gebieden. In: Het kleine buitenverblijf (de tweede woning), ANWB Recreatie-brochure no. 10, 1969, S. 6 ff.
10. RUPPERT-MAIER: Der Naherholungsraum einer Großstadtbevölkerung, dargestellt am Beispiel München. In: Informationen 2/1969, S. 23.
11. RUPPERT-MAIER: Naherholungsraum und ..., a. a. O., S. 12.
12. Der Spiegel, Nr. 28/1970, S. 82 ff.

13. Akademie für Raumforschung und Landesplanung: Handwörterbuch der Raumforschung und Raumordnung, 2. Auflage, Hannover 1970.
14. Hess. Min. für Wirtschaft und Technik: Hessen '80 — Strukturverbesserung durch Fremdenverkehr, Wiesbaden 1970, S. 12.
15. CZINKI, LASZLO: Konsequenzen aus der Freizeitentwicklung für die Erholungsplanung. In: der Landkreis 8—9/1969, S. 264.
16. MENKE, ANTONIUS: Die Entwicklungsmöglichkeiten des Fremdenverkehrs im ländlichen Raum, dargestellt am Beispiel Schleswig-Holsteins. In: Schriftenreihe für Landschaftspflege und Naturschutz, Heft 3, Bad Godesberg 1968.
17. RUPPERT-MAIER: Naherholungsraum und . . ., a. a. O., S. 16.
18. WERNICKE, RUDOLF: Die Wochenendhaus-Erholung. In: der Landkreis 5/1970, S. 154.
19. DAVID, JÜRGEN: Freizeitwohnen. In: Handwörterbuch der Raumforschung und Raumordnung, 2. Aufl., hrsg. von der Akademie für Raumforschung und Landesplanung, Hannover 1970, Sp. 818 ff.
20. MAAS, IR. F. M.: Vormgeving van complexen buitenverblijven in het landschap. In: Het kleine buitenverblijf (de tweede woning), ANWB Recreatie-brochure no. 10, 1969, S. 34 ff.
21. Beirat für Raumordnung beim Bundesministerium des Innern: Empfehlungen — Folge 2, Bonn 1969.
22. LAMPRECHT, BIRGIT: Funktionswandel der Gemeinden. In: Raum und Siedlung 7/1969, S. 154. In: AVA-Sonderheft 37, S. 41 f., Wiesbaden 1969.
23. Siehe dazu: Deutscher Bauernverband: DVB zur Bildungspolitik. In: Deutsche Bauern-Korrespondenz 12/1970.
24. GESSLEIN, SVEN: Landwirtschaft und Landschaftspflege in Schweden. In: AVA-Sonderheft Nr. 42, S. 129, Wiesbaden 1971.
25. GANZAUGE-MIEHLING: Die Erhaltung und Weiternutzung historisch wertvoller Siedlungsteile und Baubestände in der Region Werraland, AVA-Sonderheft 33 d, Wiesbaden 1970.
26. KRYSMANSKI, RENATE: Z. Z. vorhandene Erfahrungswerte innerhalb der Freiflächenplanung, Münster 1970, unveröffentlichtes Manuskript.
27. BERGMANN, HELLMUTH: Zum Problem der „Zersiedlung der Landschaft". In: Raumforschung und Raumordnung 2/1971, S. 70 ff.
28. Raumordnungsbericht 1970, a. a. O., S. 17.
29. KIEMSTEDT, HANS: Landnutzung und Landespflege. In: AVA-Sonderheft 40, Wiesbaden 1970.
30. v. RANDOW, F. W.: Perspektiven zur Siedlungs- und Infrastruktur im ländlichen Raum. In: Zum Beispiel: Hessen — Landentwicklung, ASG Göttingen 1970, S. 55.

Forschungs- und Sitzungsberichte
der Akademie für Raumforschung und Landesplanung

Band XXXVI: Raum und Landwirtschaft 6

Der Beitrag der Landwirtschaft
zur regionalen Entwicklung

Aus dem Inhalt:

Der gesamte Band umfaßt 277 Seiten; Format DIN B 5; 1967; Preis 36,— DM.

GEBRÜDER JÄNECKE VERLAG · HANNOVER

Forschungs- und Sitzungsberichte
der Akademie für Raumforschung und Landesplanung

Band 47: Raum und Landwirtschaft 7

Versorgungsnahbereiche
als Kleinzentren im ländlichen Raum

Aus dem Inhalt:

Der gesamte Band umfaßt 244 Seiten; Format DIN B 5; 1969, Preis 36,— DM

GEBRÜDER JÄNECKE VERLAG · HANNOVER